2015

太原统计年鉴

TAIYUAN STATISTICAL YEARBOOK

太原市统计局编

中国统计出版社
China Statistics Press

图书在版编目(CIP)数据

太原统计年鉴. 2015 / 太原市统计局编. -- 北京：中国统计出版社, 2015.7
ISBN 978-7-5037-7441-6

Ⅰ. ①太… Ⅱ. ①太… Ⅲ. ①统计资料 – 太原市 – 2015 – 年鉴 Ⅳ. ①C832.251-54

中国版本图书馆 CIP 数据核字(2015)第 116185 号

太原统计年鉴－2015

作　　者／ 太原市统计局
责任编辑／ 陈越月
装帧设计(或封面设计) ／崔　晰
出版发行／ 中国统计出版社
地　　址／ 北京市丰台区西三环南路甲 6 号　邮政编码 / 100073
电　　话／ 邮购(010)63376909　书店(010)68783171
网　　址／ http://csp.stats.gov.cn
印　　刷／ 太原市中远新印刷有限公司
经　　销／ 新华书店
开　　本／ 890mm×1240mm　1/16
字　　数／ 1000 千字
印　　张／ 21.5 印张
版　　别／ 2015 年 7 月第 1 版
版　　次／ 2015 年 7 月第 1 次印刷
定　　价／ 400 元

如有印装差错，由本社发行部调换。

太原统计年鉴 2015

编委会和编辑出版人员

Taiyuan statistical yearbook 2015

The editorial committe and personel

编 者 说 明

一、《太原统计年鉴》收录了全市和各县(市、区)经济、社会各方面的统计数据,是一部统计信息密集、综合性强、全面反映太原市国民经济和社会发展情况的资料性年刊。

二、全书内容共分 14 个篇章,即:1.综合;2.人口、计划生育和社会治安;3.从业人员和劳动报酬;4.固定资产投资、建筑业;5.能源消费与库存;6.物价指数;7.住户调查;8.公用事业;9.农业;10.工业、交通运输和邮电;11.国内外贸易和旅游;12.财政、金融、税务和保险;13.科教、文卫、体育和民政;14.县(市、区)经济概况。

三、本年鉴总量指标计算所采用的价格,除注明外均为当年价格。

四、本年鉴资料主要来自年度统计报表、抽样调查和业务部门统计年报。

五、本年鉴表中符号使用说明:

"空格"表示该项统计数据不详、不足计量单位或无。

"#"表示其中主要项。

六、读者在使用历史资料时,凡与本年鉴有出入的,均以本年鉴为准。

七、本年鉴中部分数据合计数由于单位取舍不同而产生的计算误差,均未作机械调整。

八、本年鉴出版发行,受到社会各界的关心和支持,对此深表谢意,并欢迎提出宝贵意见。

Compiler´s Notes

Ⅰ. *Taiyuan statistical yearbook 2015* Covers major statistic data of Taiyuan society and economic in 2014.It is a reference book with sufficient and comprehensive information.

Ⅱ. The yearbook contains 14 chapters,That is:1.General Survey;2.Population, family planning and social security;3.Labour force and wages and remuneration;4.Investment in fixed assets and construction ;5.Energy consumption and inventory;6. Price index;7. Household survey;8. Public utility;9. Agriculture;10. Industry, transportation and telecommunications;11. Domestic trade, foreign trade and Touris m;12. Finance, banking, taxation and insurance ; 13. Science, education, culture, public health, sports and civil affairs;14.Basic economic statistics of districts, counties and cities at county level.

Ⅲ. The gross items in this yearbook are calculated at current prices unless otherwise specified.

Ⅳ. The data and materials in this yearbook are mainly obtained from annual statistical reports,the sample survey and the annual statistical bulletion of related department.

Ⅴ.Explanation for the marks used in this yearbook :the mark of "blank" indicates that the figure is not large enough to be measured with the smallest unit or the data are not available .The mark of "#" indicates the major items of the total.

Ⅵ.In case of any discrepancy between the historical information and this y earbook,the data in this yearbook shall prevail.

Ⅶ.Calculation errors for some data in the yearbook due to differences in the unit's choice are not mechanically adjusted.

Ⅷ. We would like to thank the people who give attentions and supports to this yearbook from each parts of our society. We earrestly hope that our readers will give us some advice.

太原市概况

太原，古称晋阳、并州，是山西省的省会和全省的政治、经济、文化、教育、科技和交通中心。

地形地貌：太原位于山西省境中央，太原盆地的北端，于华北地区黄河流域中部，黄河的第二大支流——汾河，自北向南横贯太原市全境。西、北、东三面环山，中、南部为汾河河谷平原。平原1240平方公里，占总面积的17.7%；山地3631平方公里，占52.0%；丘陵2117平方公里，占30.3%。

面积人口：太原国土面积6988平方公里，占全省的4.5%。建成区面积364.25平方公里，2014年常住人口429.89万。现辖小店、迎泽、杏花岭、尖草坪、万柏林、晋源城六区，清徐县、阳曲县、娄烦县、古交市3县1市和高新技术开发区、经济技术开发区2个国家级开发区，民营经济开发区、不锈钢园区、清徐技术开发区3个省级开发区。

气候条件：太原为四季分明的北温带大陆性季风气候。冬季，受西伯利亚冷空气的控制，夏季受东南海洋湿热气团影响。冬季干冷漫长，夏季湿热多雨，春季升温急剧，秋季降温迅速，春秋两季短暂多风，干湿季节分明的特点。

自然资源：太原矿产资源、物产丰富，已探明具有工业开采价值的矿石有20多种。金属矿产主要有铁矿、铝土矿、锰铁矿、铜矿、铅锌矿等；非金属矿产有煤、石膏、硫磺、硝石、耐火粘土、明矾、白云石、石灰石、云母、石英、大理石等。特别是煤炭、铁矿、石膏，被称为太原三大矿产。

文化历史：太原是国家历史文化名城，自古就有“锦绣太原城”之美誉，始建于公元前497年的春秋时期，具有2500多年建城史，素有“龙城”之美誉。悠久的历史孕育出太原深邃璀璨的晋阳文化，产生过李世民、武则天、狄仁杰等杰出的政治家和王之焕、元好问、罗贯中伟大的文学艺术家。

旅游资源：太原旅游资源丰富，悠久的历史给太原留下了众多的名胜古迹，较为著名的有晋祠、天龙山石窟、永祚寺、纯阳宫、崇善寺、窦大夫祠等国家级重点文物保护单位13处和省级重点文物保护单位32处，被称为中国的“地上文物宝库”。

经济建设：2014年，市委市政府深入贯彻中央和省的决策部署，认真落实习近平总书记系列重要讲话精神，按照“四个全面”战略布局，主动适应经济发展新常态，全面深化改革，扩大开放，围绕“六个表率”要求，着力抓好“五个一批”，全力推进“六大发展”，努力促进全市经济平稳健康发展和社会和谐稳定。2014年经济总体在克服诸多困难和挑战后实现新增长（全年完成地区生产总值2531.09亿元，增长3.3%，公共财政预算收入258.85亿元，增长4.7%），人民生活水平稳步提高（城镇常住居民人均可支配收入25768元，增长7.9%，农村常住居民人均可支配收入12616元，增长10.4%），城市品质不断提升，生态环境有所改善，各项社会事业取得新进展。

政府工作报告

——2015年4月26日在太原市第十三届人民代表大会第五次会议上

太原市市长　耿彦波

各位代表：

现在，我代表市人民政府向大会报告工作，请予审议，并请政协委员和其他列席人员提出意见。

一、2014年工作回顾

过去一年，面对国内经济下行压力加大的严峻形势，多重困难和挑战相互交织，我们在省委、省政府和市委的坚强领导下，在市人大、市政协的监督支持下，深入学习贯彻党的十八大、十八届三中、四中全会精神和习近平总书记系列重要讲话精神，以发挥"六个表率"作用为新的动力，努力工作，积极进取，在化解矛盾中稳定大局，在推进改革中寻找动力，在调整结构中保持增长，在优先投入中改善民生。

——经济增长和结构调整有新成效。实现地区生产总值2531.09亿元，增长3.3%；固定资产投资1746.09亿元，增长4.5%；社会消费品零售总额1411.13亿元，增长10.1%；一般公共预算收入258.85亿元，增长4.7%；城镇常住居民人均可支配收入25768元，增长7.9%；农村常住居民人均可支配收入12616元，增长10.4%；两个收入增长均快于经济增长。省市重点工程完成投资1360.69亿元，为年度目标任务的108.5%。经济结构有新的优化，新兴接替产业增加值、服务业增加值、非煤产业增加值占比分别提高到59.8%、58.5%、85.1%。江铃重汽、阳煤化机、北车太原铁路装备园等重大项目进展顺利，有的已投产见效。富士康太原园区投资32亿元，新上苹果Iphone5s智能手机装配线，完成工业总产值482.56亿元，增长21.4%。高新技术企业数量增长35.8%。民营经济保持良好发展势头，对经济增长和社会就业的贡献更加突出。

——改革开放有新进展。深化行政体制改革，探索"六权治本"模式，推行权力清单制度，加强对权力运行的制约和监督。简政放权，取消、调整、下放行政审批事项119项，审批时间压缩21.6%；全年受理审批事项近10万件，办结率99.6%。实行全口径预算管理和预决算公开，市级117个部门全部公开部门预算和"三公经费"预算。深化工商登记制度和农村土地制度等各项改革，激发各类市场主体发展活力。完善扶持中小微企业发展政策，深化政银企助保贷制度，为企业发展"施肥增养"。开发区基础建设和开放招商引资有新进展，清华大学创业园、润恒农产品冷链物流等重点项目进展顺利。

——城市基础设施建设有新突破。推进城市快速交通体系建设。继中环建成后，实施建设路、长风街、南沙河路快速化改造建设，快速路网体系日趋完善。完成全长21公里阳兴大道快速路建设，缩短了市县连接时空距离。改造长治路、太榆路等25条道路，改造小街小巷27条，总长139公里。铺设供水、排水、雨水、电力、通讯、供热、燃气地下管线745公里。城南20万吨污水处理厂建成投运。更新清洁能源公交车600辆，新开通公交线路5条。公共自行车达到4.1万辆。太原南站候车楼及地下停车场、西广场、主要路网全面竣工，并于7月1日正式投入使用。以城郊森林公园建设为重点，加大东西两山生态建设力度，完成营造林27.91万亩。建成区绿化覆盖率达到40.5%，绿地率达到35.57%，人均公园绿地达到11.26平方米。

——省城环境质量有新提升。推进"五大工程、五项整治”，省城环境质量持续改善。集中供热扩网2500余万平方米，拆除燃煤锅炉465台。拆除城中村279万平方米，拔掉黑烟囱6000根。拆除棚户区113万平方米，取缔小火炉12465台。启动40个城边村气化改造，24个村实现通气。大力推进常年运行燃煤锅炉关停或改造。关停东山电厂等污染企业30个。强制报废黄标车和老旧机动车38229辆。6项主要污染物减排指标超额完成省定任务。集中式饮用水源地水质达标率稳定保持100%。广泛开展城乡清洁工程，省城主要街道全部实现机扫。全年市区优良天数197天，较上年增加35天；空气质量综合指数下降11.5%。

——民生改善有新变化。着力提升托底保障能力，民生支出270.66亿元，占全市一般公共预算支出的83.9%，比上年提高1个百分点。城镇新增就业10.55万人，城镇登记失业率控制在3.4%。36.8万企业退休人员月平均增资238元，全市最低工资标准平均增幅达13%以上。完善社会救助体系建设，加强社区惠民服务。推进教育医疗资源标准化、均衡化、优质化建设，太原幼儿师范学校和市人民医院等开工建设。新建开工保障性住房48270套、基本建成25375套，改造农村危房6500户。大力发展文化事业，县级文化馆、图书馆和乡镇（街道）文化站实现全覆盖。成功承办省第十四届运动会，取得全省第一的优异成绩。严格落实安全生产责任，全市未发生重特大安全生产事故。圆满完成第三次经济普查工作。加强社会综合治理，保持和谐稳定社会局面。

各位代表，一年来取得的成绩，是省委、省政府和市委正确领导的结果，是市人大、市政协监督支持和全市人民共同努力的结果。在此，我代表市人民政府，向全市人民，向中央、省属驻并单位和企业，向各民主党派、工商联、无党派人士、人民团体，向人大代表和政协委员，向驻并部队和武警官兵，向所有关心支持太原改革发展的社会各界人士，表示崇高的敬意和衷心的感谢！

回顾过去的一年，我们也清醒地看到前进中的困难和挑战。投资增长乏力，经济仍在低速运行；园区引领能力不强，好项目、大项目不多的老问题没有破解；社会管理创新不够，维护稳定的压力加大；民生改善欠账较多，城中村改造存在许多困难和问题；政府工作存在不足，职能转变还需加强；“四风”问题尚未根绝，不作为乱作为、懒政怠政、失职渎职依然存在；我省发生系统性、塌方式腐败，面临政治、经济、民生、生态环境立体性困扰；少数政府机关工作人员腐败问题严重，党风廉政建设和反腐败斗争任务艰巨。我们将积极面对、勇于担当，认真解决存在的问题。

二、2015年工作安排

今年是全面深化改革、全面推进依法治国的关键之年，是全面完成“十二五”规划的收官之年，也是我市以“五个一批”为载体、发挥“六个表率”作用的推进之年。政府工作的总体要求是：深入贯彻党的十八大、十八届三中、四中全会精神和省委、市委十届六次全会精神，贯彻落实习近平总书记系列重要讲话精神，按照“四个全面”战略布局，主动适应经济发展新常态，坚持稳中求进工作总基调，以提高经济发展质量和效益为中心，把转方式调结构放到更加重要位置，全面深化改革，扩大开放，突出创新驱动，强化风险防范，保障改善民生，围绕“六个表率”要求，着力抓好“五个一批”，全力推进“六大发展”，认真做好“十三五”规划编制工作，谋划好未来发展，促进全市经济平稳健康发展和社会和谐稳定。

经济社会发展的主要预期目标是：地区生产总值增长7%左右，固定资产投资增长16%，社会消费品零售总额增长10%，一般公共预算收入增长7%，城镇常住居民人均可支配收入增长7%，农村常住居民人均可支配收入增长8%，居民消费价格涨幅控制在3%左右，城镇新增就业人数10.3万人，城镇登记失业率控制在4%以内。

约束性指标是：万元地区生产总值综合能耗下降2.8%，单位工业增加值用水量和二氧化硫、化学需氧量、氮氧化物、氨氮、烟尘和工业粉尘排放量完成省下达任务，PM2.5年均浓度值下降4%。

（一）主动适应和引领新常态，推进产业结构调整和转型升级

坚持创新引领发展。创新是引领发展的第一动力。适应和引领经济发展新常态，关键是要依靠科技创新转换发展动力。抓创新就是抓发展，谋创新就是谋未来。要强化战略提升、管理变革、产品升级、产业转型的核心理念，积极实践和丰富“互联网+”理念和行动计划，推动移动互联网、云计算、大数据、物联网等与现代制造业结合，促进电子商务、工业互联网和互联

网金融健康发展，寻找更多的发展机遇和更大的发展空间。企业是创新的主体。要加大企业科技创新投入，强化创新驱动，驾驭新常态。推进实施富士康太原园、江铃福特重汽配套园区千亿元计划，抢占新兴产业和高端制造业竞争高地，形成现代信息产业和现代制造业集聚效应，带动太原产业转型升级。

推进信息化和工业化深度融合。探索和创新工业4.0“中国版”新思维和新路径，培育和发扬极致“工匠”精神，着力打造矿用成套设备、重型机械、铁路和化工、电力装备、新能源汽车、不锈钢深加工等产业集群，重点抓好阳煤现代煤化工装备制造基地、中天信安防科技、太原锅炉厂、太重轮对、北车工程机械等一批领军项目。实施“中国制造2025”，坚持创新驱动、智能转型、强化基础、绿色发展，建设制造强市，打造太原制造品牌，实现低成本、高质量、新生态、可持续发展。加大现代信息技术对传统产业的改造，强化互联网思维，推动煤电等传统产业提质升级。认真贯彻省政府为企业减负60条新举措，促进全市工业经济平稳运行。

积极推进开发区扩容提质。把高新区、经济区、民营区、不锈钢园区作为领先发展的重要载体，切实发挥好综合保税区对外开放的重要作用。实施北扩南延战略规划，近期拓展60平方公里左右，为开发区快速发展创造空间载体。深化开发区体制机制改革创新，靠改革增动力、开放拓空间。强化对开发区经济增长贡献、投资开发强度、招商引资质量数量等主要业绩考核，树立发展导向。做大做强县域经济，创造区域特色优势。

大力发展现代服务业。发展现代服务业是社会经济转型升级的内在要求，也是省会城市的资源和区位优势。主动顺应消费需求升级，重点发展智力化、资本化、专业化、效率化的现代服务业，重点发展和培育总部经济、物流快递、电子商务、现代金融等产业，逐步增强服务业的支撑作用。抓好华润万象城、万达城市综合体、山西国际金融中心、汾酒集团总部经济、中海和绿地集团楼宇经济等重大服务业项目，向以服务业为主体的第三产业要动力。积极培育消费热点，支持社会力量兴办各类服务机构，发展养老、健康、文化等服务业，满足人民群众多样化的服务需求。

培育壮大都市现代农业。加快转变农业发展方式，科技创新，产品升级。适应城郊型特点，建设高质量“菜篮子”、“米袋子”、“奶瓶子”基地。利用资源禀赋，发展生态休闲观光、健康养生等特色农业。抓好宝迪养殖屠宰加工一体化、九牛现代农业循环产业园、康培农业科技示范园等龙头项目，打造精品化、现代化、高效化新型农业。扎实推进农村土地承包经营权确权登记颁证工作。积极开展美丽示范乡村创建活动。继续推进百企千村产业扶贫开发工程，组织单位定点扶贫、党员干部结对帮扶，实施精准扶贫，力争脱贫1.3万人。

（二）全面深化改革开放，不断增强发展的活力和动力

改革开放是推动发展的制胜法宝。要最大范围凝聚改革力量，最大能量释放制度红利，最大限度激发创造活力。要按照习近平总书记“人民有所呼，改革有所应”的要求，坚持“改革为了人民、改革依靠人民、改革成果让人民共享”的理念，从人民利益出发谋划改革、推进改革，让人民从改革中得到看得见、摸得着的实惠，增强人民群众的获得感。

加大简政放权、放管结合改革力度。按照中央和省的统一部署，再取消和下放一批审批事项，全部取消非行政许可审批，建立规范行政审批的管理制度。建立市场准入负面清单，公布市级政府权力清单、责任清单，切实做到法无授权不可为、法定职责必须为。市、县政府对应当放给市场和社会的权力，要彻底放、不截留，对中央和省下放的审批事项，要接得住、管得好，真正做到企业的事情交给企业、市场的事情交给市场、社会的事情交给社会，创造公平竞争、开放创新的环境。

加快行政审批制度改革，建设综合性政务服务平台。真正落实“一口受理”、实行限时办理、严格规范办理、坚持透明办理、推进网上办理，为企业高效服务，为创业提供便利。大幅减少投资项目前置审批，大幅缩减政府核准投资项目范围。在城市规划控制区范围内，教育、卫生、养老、办公等公共服务类项目和商品住宅、写字楼、购物中心等商业开发项目审批，取消土地预审、矿产覆压、水土流失等前置性条件，大幅简化审批程序，用政府权力的“减法”、依法办事的“加法”，换取市场活力的“乘法”。

全方位推进开放。开放是强市之路，以开放培育和催生经济社会发展新动力，赢得转型发展的主动、市场竞争的主动。以开放释放创造力、生产力，推动大众创业、万众创新，让千千万万个市场细胞活跃起来，汇聚成发展的巨大动能。下大力气招商引资，引进聚集一批行业领先、带动性强的大企业、好项目，引进一批先进技术和高端人才，富集加快发展的资源要素。民营经济是开放的产物，蕴藏着无穷的创造力，要倾力解决其发展中的体制性障碍、制约性瓶颈、政策性问题，充分释放企业家的创新精神和能力。小微企业是最大的生力军、有生力量，要留足市场发展空间，加快中小微企业园区建设，搭建公平竞争舞台，厚植创业创新文化，更好地实现创业发展和自身价值。要适应互联网时代的"网状组织"，积极推进"企业平台化、员工创客化、用户个性化"，以组织构架和市场模式的变革，迎接互联网时代的挑战。

（三）加强城市基础设施建设，改善省城环境质量

城市是我们的精神家园和发展载体。让出行更方便、环境更宜居、城市更美好、人民更幸福，是永恒的追求和目标。

加大城市基础设施建设力度。道路是城市的血脉，是城市流动的风景线。道路畅通是现代城市的基本条件。改造南内环、学府街、兴华西街，续建南沙河快速路、龙城大街东延等主次干道，尽快启动滨河东路南延工程，改造小街小巷30条，完善中环路、建设路、长风街、滨河东西路等快速路重要节点，构建快速高效、级次匹配、路网完整的道路交通体系。加快南客站、太原站东广场建设，强化功能配套，完善周边路网，提升服务水平。优化线型和空间布局，推进地铁2号线建设。加快建设500千伏龙城供电及送出等电力工程，完善电网输变体系。建设晋阳32万吨污水处理厂、4500吨垃圾焚烧电厂、餐厨垃圾、污泥无害化处理等重点项目，完善污水处理和垃圾收运处理体系。

加强城市综合整治。坚持建管并重，不断提升城市管理水平和城乡规划建设水平。建立健全城市管理体制，按照属地管理、依法行政和责权利统一原则，权力下放，重心下移。大力度加快城市静态交通建设。创建国家"公交都市"，推广应用新能源公交车辆。加强县城和中心镇建设，加大市政公用和公共服务设施建设力度，提升品质，改善环境。加强城乡统筹，搞好村居环境特别是城边村的综合整治，改善农村人居环境。健全完善城市信息资源，开展地下管线综合普查，建立高效集成的信息共享平台，提高城市管理数字化、规范化、精细化、常态化水平，建设智慧城市。

强化省城环境质量改善。良好的生态环境是最公平的公共产品，是最普惠的民生福祉。认真落实控制燃煤、关停污染企业等改善环境的十大措施，深化"五大工程、五项整治"，二级以上优良天气力争达到60%以上，实现环境质量全面好转的阶段性目标。加快大气污染治理步伐，以集中供热和清洁能源转换为手段，多措并举整治燃煤污染，加快古交兴能电厂一二期超低排放改造、三期2×66万千瓦热源电厂建设、太古热源长输管网建设，确保2016年实现供热5000万平方米。加快推进交城晋能热源长输管网建设和华能东山燃气热电及配套管网建设，力争实现新增集中供热面积3000万平方米，替代既有建筑2100万平方米。实施30个城边村气化改造和未改造城中村洁净煤置换，大幅度减少冬季燃煤总量。关停搬迁主城区污染企业，完成太钢电厂和二电厂超低排放改造，加快一电厂迁建工程、瑞光热源电厂建设工程，全方位推进重点企业环境综合整治。严格控制面源污染，严格执行施工现场绿色标准，坚决控制扬尘污染，禁绝秸秆垃圾焚烧，从严整治露天烧烤，依法淘汰黄标车和老旧机动车1.15万辆。全面启动娄烦水源地保护工程。加强水污染治理，集中式饮用水源地水质达标率稳定保持100%。

加大生态文明建设力度。完成营造林29.07万亩。建设东西山绿色生态屏障。新建北山森林防火通道59.4公里，形成东、西、北山完整的森林防火通道体系。开工建设晋阳湖、太山植物园、和平公园等城市公园和汾河南部景观三期工程，凸现太原"三面环山、一水中分"的山水城市大格局。

（四）切实保障和改善民生，让发展成果更多惠及人民群众

以增进民生福祉为追求，实施一批重大民生项目，全面加快城乡社会事业发展，促进社会公平正义与和谐进步。

全力推动城中村改造。加快城中村改造，既是重大民生工程，又是重大发展工程。要加大整村拆除力度，同步实施安置房建设，落实拆迁谁、改变谁、造福谁的惠民目标。要以规划引领为先导、区级政府为主体、惠民政策为根本、平安拆迁为底线、合作团队为关键、审批效率为保障，牢牢把控社会风险、资金风险和市场风险。同步规划教育、文化、体育、医疗、社会管理、社区服务中心等公共服务设施，同步配套水电气暖、道路、绿地、停车场、环卫等基础设施，高度重视历史文化遗存保护，大力发展、培育和保护特色产业，举全市之力，坚决打赢城中村改造这场硬仗，变城市的暗点为城市的亮点，实现省会城市的华丽转身。

坚持把就业作为民生之本。要加强就业指导和创业扶持，认真落实促进就业的各项政策，鼓励创业带动就业。做好高校毕业生等重点群体的就业工作，加大对残疾人、零就业家庭等困难人员的就业援助力度。全面治理拖欠农民工工资问题，健全劳动监察和争议处理机制，让法律成为劳动者的守护神。

推进教育医疗资源标准化、均衡化、优质化发展。深化教育领域综合改革，调整和优化中小学、幼儿园布局，大力推进现代职业教育改革和发展，在优化调整专业设置基础上建设职教园区，鼓励企业和社会发展职业教育。续建52中、64中、财校等9所学校，新建太原五中、成成中学、十二中等11所学校，积极发展公办、民办等多元体制幼儿园，努力满足社会需求。加快推进山西大学东山新校区建设。完善太原大学配套功能，不断提升教育质量和影响力。加大公立医院改革力度，促进优质医疗资源向基层流动，规范配建社区卫生服务机构，为群众提供质优价廉的医疗卫生服务。搭建市级健康云平台，推进市中心医院、市妇幼保健院、市人民医院和市公共卫生中心新建工程。加强公共体育设施建设，继续做好人口和计划生育工作。

进一步健全完善社会保障体系。不断扩大社会保险覆盖面，加快城乡社会保险一体化发展，坚守民生保障底线。大力度推进采煤沉陷区综合治理。办好农村饮水安全和危房改造等民生实事。加快棚户区改造和保障性住房建设，新建开工保障性住房57572套，基本建成42300套。用足用活住房公积金，为改善住房条件和稳定房地产市场加力。推进既有建筑节能改造，让人民群众增加温暖过冬的幸福指数。开工建设老年社会福利院、社会（儿童）福利院等民生项目，发展社区和居家养老事业，推动社区便民服务提档升级。城乡居民最低生活保障标准在现有基础上分别提高5%、6%。继续实施“一元菜”惠民政策。推进农村公路完善提质工程。

牢固树立安全发展理念。把安全生产作为最大民生、比泰山还重的责任、任何人任何时候任何地方都不可逾越的红线。健全“党政同责、一岗双责、齐抓共管”的责任体系，落实政府安全监管责任，强化企业安全生产主体责任，严格落实安全生产“一票否决”制，加强对煤矿、燃气、公共场所、人员密集场所等重点部门和环节的安全检查和监管，切实消除事故隐患，坚决杜绝重特大事故，减少一般性事故。加大食品药品安全监管力度，确保人民群众舌尖上的安全。

加强和创新社会治理。全力维护社会稳定，推动政府治理和社会自我调节、居民自治良性互动。深入开展矛盾纠纷排查化解工作，及时妥善处置突发性群体事件。继续保持打黑除恶的高压态势，全力推进以“天网”视频监控为主的社会治安防控体系建设，努力营造和谐稳定的社会环境。健全普法教育机制，继续深入开展“法律六进”活动。支持工会、共青团、妇联等人民团体发挥作用。建立未成年人社会保护制度，为农村留守儿童、妇女、老人提供关爱服务。加强应急队伍、应急能力建设。加强气象防灾减灾能力建设。加强国防后备力量建设和双拥工作。

（五）促进文化事业发展，提升历史文化名城影响力

文化是城市的灵魂，城市是文化的载体。要传承优秀的历史文化，创造高雅的现代文化，让人民群众享有更多文化发展成果。

加大文化旅游产业发展力度。加快历史文化街区保护和修复，保护好府城普光寺、文殊寺、关帝庙等历史遗存，综合整治天主教堂、纯阳宫、崇善寺、清真古寺等国保单位的周边环境，延续历史文脉，守护文化尊严，留住城市记忆。积极推动钟楼街步行街保护性改造，融入现代元素，打造传统与时尚交融、老字号与新业态混合、历史传承与商业价值并重的城市新名片，增强市场活力和文化魅力。不断提升“唐风晋韵?清凉太原”的知名度和影响力，推进晋祠大景区、太山龙泉寺景区、阳曲青龙古镇、晋源农耕文化等保护工程，发展太化工业遗址创意文化产业园，形成历史文化名城的产业支撑，培育新兴文化产业的增长点。

巩固文化体制改革成果。培育和践行社会主义核心价值观，以创建全国文明城市为引领，推动“五城联创”，全面提升城市两个文明建设水平。将太原古老厚重的历史文化与城市核心价值观紧密结合，以良好的公共文化基础设施、丰富的文化活动，保障人民群众基本文化权益，满足人民群众不断增长的文化需求。打造一批精品力作，讲好太原故事，提升文化传播的影响力。加快市图书馆改扩建工程，力争年底竣工使用。以承办全国第二十五届图书交易博览会为契机，组织“书香太原”、“电影下乡”和“锣鼓大赛”等系列文化活动，开创文化发展的新局面。

（六）切实加强政府自身建设，提升为民服务能力

做好今年的各项工作，必须进一步加强政府自身建设，全面推进依法行政，讲政治、讲规矩、守纪律，建设法治政府、廉洁政府、服务型政府，增强政府执行力和公信力。

深化“六权治本”，把权力关进制度的笼子里。坚持依宪施政、依法行政，把政府工作全面纳入法治轨道，让法治筑牢社会共识的基座，以制度管权、管钱、管事。要尊法学法守法用法，依法全面履行职责，所有行政行为都要于法有据，任何行政部门都不得法外设权。要强化法治思维，努力形成办事依法、遇事找法、解决问题用法、化解矛盾靠法的良好法治环境。要自觉接受人大及其常委会的监督，接受人民政协的民主监督，加强行政监察和审计监督，认真听取人大代表、政协委员、各民主党派、工商联、无党派人士和人民团体的意见，办理好人大代表建议和政协委员提案，全面接受人民的监督，充分体现人民的意愿。

强化为民宗旨，坚持“三严三实”。巩固学习讨论落实活动和党的群众路线教育实践活动成果，继续完善并严格执行作风建设各项制度，积极开展“三严三实”专题教育，把讲认真、抓落实作为政府工作常态，把强化责任、靠前指挥作为政府工作方法，努力在深化“四风”整治上见实效，在守纪律讲规矩、营造良好政治生态上见实效，在真抓实干、推动改革发展稳定上见实效。大力弘扬敢于担当、积极作为、迎难而上的精神，建设为民务实清廉的公务员队伍。

深入推进党风廉政建设和反腐败斗争。牢固树立“抓党风廉政建设是本职、不抓是渎职、抓不好是失职”的理念，全面贯彻政府系统党风廉政建设责任制和党委党组主体责任，自觉履行领导班子成员“一岗双责”。认真执行中央“八项规定”，持续纠正“四风”突出问题，严厉惩处顶风违纪现象，坚决整治损害群众利益的不正之风。始终保持惩治腐败的高压态势，对腐败分子零容忍、严查处，形成不敢腐、不能腐、不想腐的机制。要加强理论学习和党性修养，是非明于学习、境界升于自省、名节源于修养、腐败止于正气，筑牢拒腐防变的思想堤坝。

各位代表，做好2015年工作，任务艰巨，责任重大。让我们紧密团结在以习近平同志为总书记的党中央周围，在省委、省政府和市委的领导下，以高度的党性自觉、历史的责任担当、顽强的拼搏精神，扎实做好“五个一批”落实工作，为实现“六个表率”、推动“六大发展”、促进富民强市而努力奋斗！

太原市 2014 年国民经济和社会发展统计公报

太原市统计局　国家统计局太原调查队

2015 年 3 月 18 日

2014 年，面对复杂多变的宏观经济环境，市委、市政府团结带领全市人民，认真贯彻落实中央和省的各项决策部署，坚持稳中求进、改革创新，积极适应经济发展新常态，经济总体在克服诸多困难和挑战后实现新增长，人民生活水平稳步提高，城市品质不断提升，生态环境有所改善，各项社会事业取得新进展。

一、综 合

人口：据 2014 年人口抽样调查，年末全市常住人口 429.89 万人，比上年末增加 2.12 万人。其中：城镇人口 362.18 万人，增加 2.34 万人；乡村人口 67.71 万人，减少 0.22 万人。城镇化率 84.25%，比上年提高 0.13 个百分点。男性人口 217.81 万人，女性人口 212.08 万人，性别比为 102.70:100。

全年出生人口 4.28 万人，人口出生率 9.98‰；死亡人口 2.16 万人，死亡率 5.03‰；自然增加人口 2.12 万人，自然增长率 4.95‰。

经济增长：初步核算，全市实现地区生产总值（GDP）2531.09 亿元，比上年增长 3.3%。其中：第一产业增加值 38.93 亿元，增长 4.3%；第二产业增加值 1012.31 亿元，增长 1.0%；第三产业增加值 1479.85 亿元，增长 5.1%。第三产业中，交通运输、仓储和邮政业增加值 126.94 亿元，增长 1.1%；批发零售和住宿餐饮业增加值 441.30 亿元，增长 3.4%；金融业增加值 307.05 亿元，增长 4.9%；房地产业增加值 139.91 亿元，增长 6.8%；营利性服务业增加值 262.26 亿元，增长 11.0%；非营利性服务业增加值 200.80 亿元，增长 3.3%。

人均地区生产总值 59023 元，比上年增长 2.8%，按 2014 年平均汇率计算达到 9606 美元。

产业结构：三次产业比重为 1.5%、40.0%、58.5%，分别拉动经济增长 0.06、0.47 和 2.77 个百分点。与上年相比，第一产业比重持平，第二产业比重下降 1.7 个百分点，第三产业比重提高 1.7 个百分点。

财政：全市公共财政预算收入 258.85 亿元，增长 4.7%。其中：税收收入 222.55 亿元，增长 7.3%，国内增值税、营业税、企业所得税、个人所得税、资源税和城建税共计完成税收 159.00 亿元，增长 3.4%。

图 1　2010–2014 年公共财政预算收入

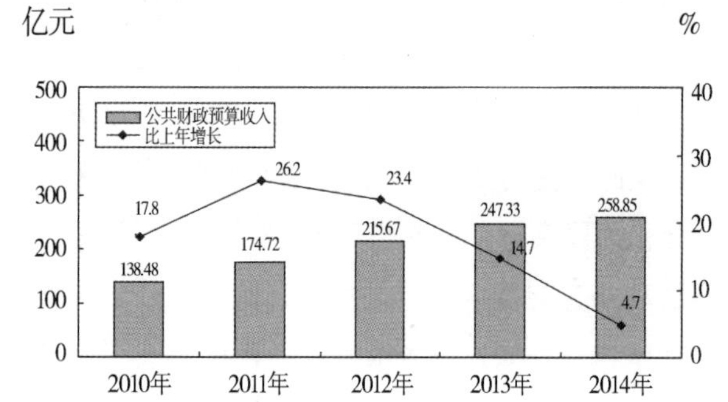

全年公共财政预算支出 322.70 亿元，比上年增长 1.1%。其中教育、医疗卫生、社会保障和就业、住房保障、交通运输、节能环保、城乡社区事务等民生支出 270.66 亿元，增长 2.3%，占全市公共财政预算支出的 83.9%。

物价：居民消费价格总水平（CPI）比上年上涨 2.2%。其中：食品价格上涨 3.2%，非食品价格上涨 1.7%；消费品价格上涨 1.7%，服务项目价格上涨 3.2%。商品零售价格总水平上涨 0.7%。工业生产者出厂价格（PPI）下降 3.6%。工业生产者购进价格下降 2.6%。

图 2　2010–2014 年价格比上年涨跌幅度

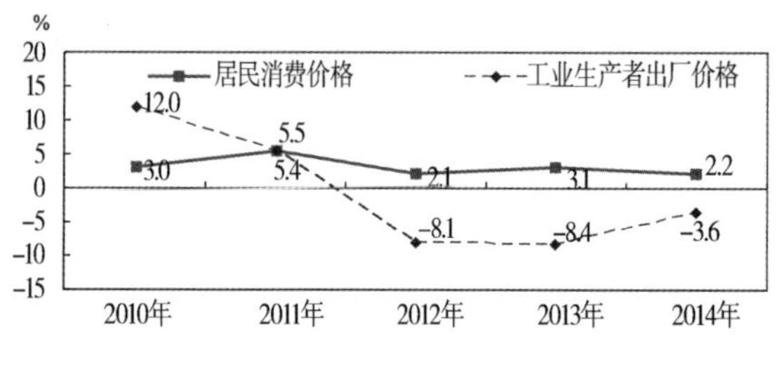

表 1　2014 年居民消费价格涨跌情况

指　　标	比 2013 年涨（跌）（%）
居民消费价格总指数	2.2
食 品	3.2
烟 酒	0.4
衣 着	2.5
家庭设备用品及维修服务	4.4
医疗保健和个人用品	0.7
交通和通信	0.5
娱乐教育文化用品及服务	2.2
居 住	1.4

就业：城镇新增就业 10.55 万人，其中创业带动就业 2.40 万人。4.38 万名下岗失业人员实现再就业，其中就业困难人员再就业 1.22 万人。年末城镇登记失业率 3.4%。

二、农 业

种植面积：全年农作物种植面积 101.94 千公顷，比上年减少 5.24 千公顷。粮食种植面积 76.12 千公顷，比上年减少 4.36 千公顷。其中：夏粮种植面积 0.15 千公顷，秋粮种植面积 75.97 千公顷。蔬菜种植面积 21.68 千公顷，药材种植面积 0.71 千公顷。

表 2　2014 年主要农产品产量

产品名称	产量(吨)	比 2013 年增长（%）
粮 食	338981	3.4
其中：夏 粮	877	–57.1
秋 粮	338104	3.8
其中：小 麦	877	–57.1
玉 米	295622	3.0
马铃薯	13324	26.7
油 料	3087	1.0
棉 花	22	–57.7
蔬 菜	1281776	0.7
水 果	75826	48.3

造林：全年造林面积 17.04 千公顷。零星植树 1200 万株。新增育苗面积 1.48 千公顷。

畜禽及水产品产量：年末大牲畜存栏 4.42 万头，猪出栏 45.08 万头。肉类产量 5.35 万吨，禽蛋产量 2.90 万吨，牛奶产量 9.94 万吨。水产品养殖面积 2.39 千公顷，水产品产量 2569 吨。

农机及化肥施用：年末全市农业机械总动力 137.90 万千瓦。全年农用化肥施用量（折纯）29037 吨。

三、工业和建筑业

工业：规模以上工业增加值 647.24 亿元，比上年增长 0.4%。其中：中央企业增加值 72.53 亿元，下降 8.2%；省属企业增加值 259.65 亿元，下降 4.8%；市属及以下企业增加值 315.06 亿元，增长 7.4%。

图 3　2010—2014 年规模以上工业增加值

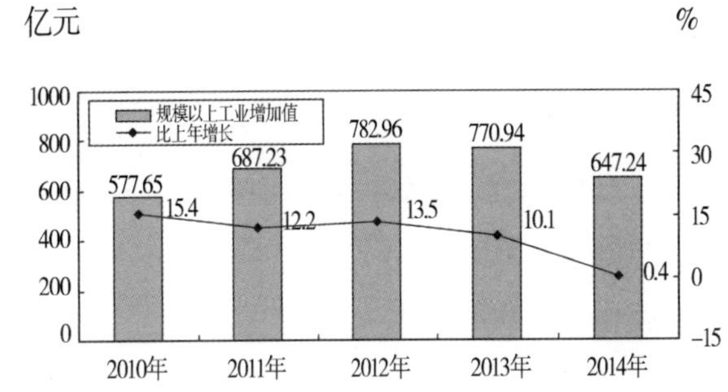

表 3　2014 年规模以上工业增加值分类

指　　标	增加值(亿元)	比 2013 年增长(%)
规模以上工业	647.24	0.4
其中：轻工业	63.13	–0.4
重工业	584.11	0.4
其中：国有控股企业	351.23	–5.6
其中：国有企业	18.17	–12.3
集体企业	2.95	–5.2
股份合作企业	0.31	–14.5
股份制企业	402.01	–7.6
外商及港澳台商投资企业	217.98	23.0
其他经济类型企业	5.82	–25.2

占全市规模以上工业增加值 85.3%的十大行业中，增加值比上年增长的有 5 个。

表 4　2014 年规模以上工业十大行业增加值

行　　业	增加值（亿元）	比 2013 年增长（%）
计算机、通信和其他电子设备制造业	198.80	22.5
黑色金属冶炼及压延加工业	122.13	–10.0
煤炭开采和洗选业	96.46	–7.4
烟草制品业	35.56	5.2
燃气生产和供应业	20.61	1.3
电力、热力生产和供应业	17.34	–18.9
通用设备制造业	16.69	3.6
专用设备制造业	16.06	–14.8
交通运输设备制造业	15.00	11.4
石油加工和炼焦业	13.75	–9.8

新兴接替产业增加值 387.28 亿元，增长 9.3%，占全市规模以上工业增加值的 59.8%。其中：装备制造业增加值 268.96 亿元，增长 15.1%，占全市规模以上工业增加值的 41.6%。

表 5　2014 年规模以上工业装备制造业增加值

行　　业	增加值（亿元）	比 2013 年增长(%)
装备制造业	268.96	15.1
计算机、通信和其他电子设备制造业	198.80	22.5
通用设备制造业	16.69	3.6
专用设备制造业	16.06	−14.8
交通运输设备制造业	15.00	11.4
仪器仪表制造业	9.37	−4.8
金属制品业	7.05	−11.0
电气机械和器材制造业	5.30	12.1
汽车制造业	0.70	3.2

煤炭、钢铁、炼焦、电力等传统行业增加值 259.96 亿元，下降 10.1%，占全市规模以上工业增加值的 40.2%。其中：占比 18.9%的钢铁行业增加值下降 10.0%，占比 14.9%的煤炭行业增加值下降 7.4%，占比 2.7%的电力行业增加值下降 18.9%，占比 2.1%的炼焦行业增加值下降 9.8%。

表 6　2014 年规模以上工业企业主要产品产量

产品名称	单　位	产　量	比 2013 年增长(%)
原　煤	万吨	3645.12	−1.8
洗　煤	万吨	2844.67	−2.6
发电量	亿千瓦小时	256.60	−8.1
食　醋	万吨	34.76	3.3
白酒（折 65 度）	千升	2719.00	6.4
碳酸饮料	万吨	14.32	−7.8
卷　烟	亿支	163.50	3.2
家　具	万件	2.17	−22.1
机制纸及纸板	万吨	5.05	−48.2
焦　炭	万吨	1078.64	−5.3
粗　苯	万吨	6.5	1.1
橡胶轮胎外胎	万条	165.20	−0.8
子午线轮胎外胎	万条	156.00	1.6
钕铁硼	万吨	0.17	−0.8
水　泥	万吨	484.87	−18.5
生　铁	万吨	852.67	22.1
粗　钢	万吨	1144.60	17.3
不锈钢	万吨	380.50	18.0
钢　材	万吨	1084.92	15.4
金属镁	万吨	1.82	−6.2
金属切削机床	台	165.00	−64.6
起重机	万吨	4.04	−29.5
采矿设备	万吨	8.13	−19.0
金属轧制设备	万吨	5.72	−23.5
移动通信手持机	万台	2255.37	−5.5

注：发电量为全社会口径。

规模以上工业主营业务收入 3279.40 亿元，下降 0.5%。利税总额 108.30 亿元，增长 3.0%。利润总额 19.66 亿元，增长 151.1%。亏损企业亏损额 49.82 亿元，增长 1.2%。

建筑业：具有建筑业资质等级的总承包和专业承包建筑业企业总产值 2041.10 亿元，增长 2.1%；利税总额 121.21 亿元，增长 1.6%；利润总额 61.00 亿元，增长 2.1%；上缴税金 60.21 亿元，增长 1.1%。

建筑业企业房屋建筑施工面积 8673.03 万平方米，竣工面积 1793.36 万平方米。

四、能　源

能源生产：全市一次能源生产折标准煤 2603.71 万吨，比上年下降 1.8%；二次能源生产折标准煤 4165.95 万吨，下降 4.6%。

能源投资：能源工业投资 177.48 亿元，比上年增长 2.7%。其中：煤炭工业投资 81.23 亿元，下降 16.7%；焦炭工业投资 0.97 亿元，下降 42.9%；电力工业投资 63.97 亿元，增长 202.5%。

用电：全年全社会用电量 253.28 亿千瓦小时，增长 2.4%。其中：农业用电 1.80 亿千瓦小时，增长 3.5%；工业用电 177.28 亿千瓦小时，增长 1.3%；建筑业用电 3.64 亿千瓦小时，增长 5.4%；第三产业用电 36.78 亿千瓦小时，增长 5.9%；城乡居民生活用电 30.29 亿千瓦小时，增长 6.1%，城乡居民人均生活用电 704.60 千瓦小时。

五、固定资产投资

固定资产投资：全年固定资产投资 1746.09 亿元，比上年增长 4.5%。其中：中央项目投资 184.45 亿元，增长 65.3%；省属项目投资 235.08 亿元，下降 32.6%；市属及以下项目投资 1326.56 亿元，增长 9.6%。

图 4　2010—2014 年固定资产投资

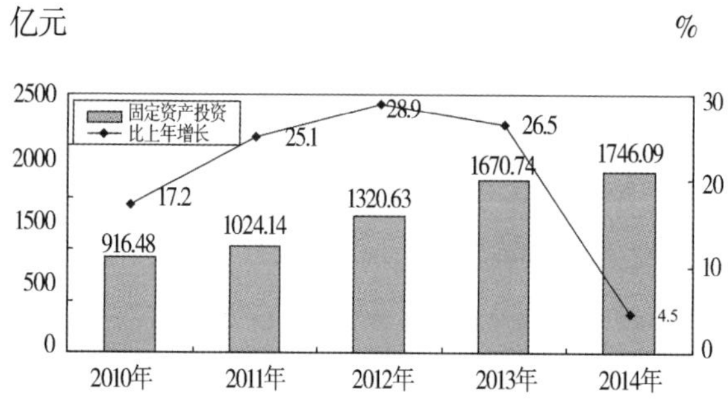

分产业看，第一产业投资 25.50 亿元，增长 4.1%；第二产业投资 441.99 亿元，下降 15.9%。其中：工业投资 438.02 亿元，下降 15.9%；第三产业投资 1278.60 亿元，增长 14.1%。城市基础设施建设投资 373.84 亿元，增长 4.3%。三次产业投资比重为 1.5%、25.3%和 73.2%。

工业投资中，非煤产业投资356.78亿元，占工业投资的比重为81.5%。新兴接替产业投资248.31亿元，占工业投资的比重为56.7%。

分经济类型看，国有投资878.97亿元，下降5.7%；非国有投资867.12亿元，增长17.4%，其中：民间投资822.87亿元，增长15.3%。

表7　2014年分行业固定资产投资

指　标	投资额(万元)	比2013年增长(%)
总　计	17460868	4.5
农、林、牧、渔业	268229	6.0
采矿业	840056	-20.2
制造业	2419175	-26.4
电力、热力、燃气及水的生产和供应业	1120929	28.9
建筑业	41268	-28.1
批发和零售业	250333	28.0
交通运输、仓储和邮政业	502754	-12.5
住宿和餐饮业	14750	-81.0
信息传输、软件和信息技术服务业	293293	10.5
金融业	0	-100.0
房地产业	7724521	21.5
房地产开发投资	4832293	12.4
租赁和商务服务业	59771	-70.0
科学研究和技术服务业	94651	-17.5
水利、环境和公共设施管理业	3259873	11.5
居民服务和其他服务业	104385	390.2
教育	184724	3.1
卫生和社会工作	96588	29.3
文化、体育和娱乐业	70218	16.2
公共管理和社会组织	115350	-17.3

全年在建固定资产投资项目1076个。其中：5亿元以上项目151个，计划总投资3063.92亿元，完成投资768.93亿元，占全市固定资产投资的比重为44.0%；10亿元以上项目84个，计划总投资2597.46亿元，完成投资647.30亿元，占全市固定资产投资的比重为37.1%。

房地产开发：全年房地产开发投资483.23亿元，比上年增长12.4%。住宅投资352.67亿元，增长13.8%，其中：90平方米以下住房投资73.84亿元，占住宅投资的比重为20.9%。商业营业用房投资44.07亿元，下降12.9%。全年商品房竣工面积602.10万平方米，商品房销售额325.95亿元。

六、国内贸易

消费品零售：全年社会消费品零售总额1411.13亿元，比上年增长10.1%。其中：城镇消费品零售额1382.58亿元，增长10.0%；乡村消费品零售额28.55亿元，增长14.7%。

表8　2014年社会消费品零售总额

指　标	零售额(亿元)	比2013年增长(%)
社会消费品零售总额	1411.13	10.1
分地域：城　镇	1382.58	10.0
其中：城　区	1301.87	9.8
乡　村	28.55	14.7
分行业：批发业	105.01	31.0
零售业	1231.18	9.4
住宿业	9.20	-4.5
餐饮业	65.74	-0.9

图5　2010-2014年社会消费品零售总额

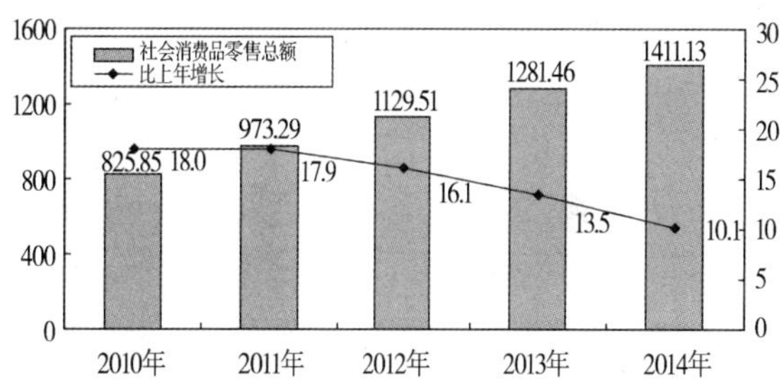

限额以上贸易企业零售额840.26亿元，比上年增长0.5%，占社会消费品零售总额的59.5%。限额以上批发零售业企业通过互联网实现商品零售额5.26亿元，增长2.1倍。

表9　2014年限额以上批发零售业商品零售类值

指　标	零售额(万元)	比2013年增长(%)
汽车类	2940677	-6.0
石油及制品类	1010132	0.6
文化办公用品类	55392	-13.0
通讯器材类	46950	-25.1
家用电器和音像器材类	368065	-30.2
中西药品类	572906	24.4
建筑及装潢材料类	8279	-15.3
日用品类	146113	-7.2
家具类	8666	2.0
粮油、食品、饮料、烟酒类	1232579	39.2
服装类	968149	13.9
化妆品类	132695	28.9
金银珠宝类	203137	-20.8

七、对外经济

进出口贸易：全年外贸进出口总额106.71亿美元，比上年增长16.5%。其中：出口额65.70亿美元，增长

24.1%；进口额41.01亿美元，增长6.0%。

图6　2010-2014年外贸进出口总额

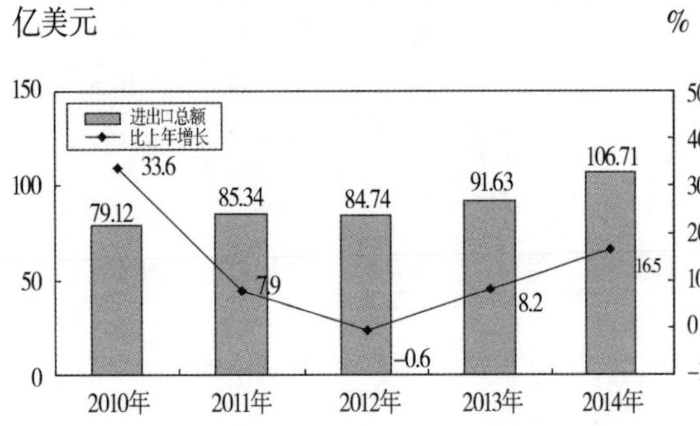

出口商品中，煤炭、焦炭、金属镁分别为0.52亿美元、1.28亿美元、1.13亿美元，占出口额的4.5%。不锈钢材、机电产品分别为14.49亿美元、41.14亿美元，占出口额的84.7%。

表10　2014年外贸进出口总额

指　　标	绝对数（亿美元）	比2013年增长（%）
进出口总额	106.71	16.5
出口额	65.70	24.1
其中：一般贸易	13.53	−0.9
加工贸易	51.25	34.1
其中：机电产品	41.14	14.6
高新技术产品	35.17	15.4
其中：国有企业	23.61	47.1
外商投资企业	35.62	15.2
进口额	41.01	6.0
其中：一般贸易	14.27	−37.7
加工贸易	26.69	71.9
其中：机电产品	21.82	46.1
高新技术产品	15.63	102.6
其中：国有企业	16.76	−25.8
外商投资企业	18.65	112.1

注：高新技术产品和机电产品分类有交叉。

有贸易往来的国家和地区151个。年进出口额在千万美元以上的国家和地区54个，比上年增加2个。

招商引资：全年新设立外商投资企业20家。实际利用外商直接投资额10.77亿美元，增长14.0%。

八、交通、邮电和旅游

交通运输：年末全市公路线路里程累计达到7348公里，其中高速公路287公里。公路密度105.2公里/百平方公里。太原地区铁路客运量2619.52万人次，增长3.8%；铁路货运量4329.55万吨，增长2.1%。航空客运量793.19万人次，增长1.6%；航空货运量4.49万吨，增长1.1%。

年末全市民用汽车保有量101.58万辆，比上年末增长13.5%，其中私人汽车87.82万辆，增长16.1%。本年新注册汽车14.29万辆，增长5.1%。年末轿车保有量61.73万辆，增长16.3%，其中私人轿车56.47万辆，增长17.8%；本年新注册轿车8.99万辆，增长4.7%。

邮电：全年邮电业务总量90.58亿元，比上年增长13.8%，其中：邮政业务总量5.64亿元，增长8.3%；电信业务总量84.94亿元，增长14.2%。年末市话到达116.37万户。农话到达4.66万户。移动电话用户742.66万户，其中3G、4G移动电话用户分别为229.19万户和43.08万户。全市固定及移动电话用户总数达到863.69万户。每百人拥有电话201部，其中：固定电话和移动电话普及率分别达到28部/百人和173部/百人。计算机互联网用户150.79万户，净增加7.31万户，其中：宽带网用户144.45万户，增加11.33万户。

旅游：全市接待海内外游客4196.51万人次，比上年增长14.5%。其中：国内游客4176.44万人次，增长14.6%；海外游客20.07万人次，增长5.0%。海外游客中：外国人14.14万人次，香港同胞3.32万人次，澳门同胞0.39万人次，台湾同胞2.22万人次。全年旅游总收入500.01亿元，增长16.0%。其中：国内旅游收入495.33亿元，增长16.8%；旅游外汇收入0.77亿美元，增长4.5%。

九、金融和保险

金融：年末全市金融机构本外币各项存款余额10144.00亿元，比年初增长2.0%；本外币各项贷款余额8054.64亿元，增长10.8%。

人民币各项存款余额10011.26亿元，增长2.0%，其中：个人储蓄存款余额3325.78亿元，增长0.5%。人民币各项贷款余额7945.33亿元，增长11.0%。人民币贷款中，中长期贷款余额4906.03亿元，增长11.0%；短期贷款余额2475.19亿元，增长1.4%。

保险：全年原保险保费收入113.96亿元，增长16.8%。其中：寿险业务保费收入62.89亿元，增长18.9%；健康险业务保费收入7.55亿元，增长25.6%；意外伤害险业务保费收入2.76亿元，增长17.8%；财产险业务保费收入40.76亿元，增长12.4%。

支付各类赔款及给付41.17亿元，增长16.7%。其中：寿险业务给付17.23亿元，增长23.2%；健康险业务赔款及给付2.33亿元，增长4.2%；意外伤害险业务赔款0.92亿元，增长61.9%；财产险业务赔款20.69亿元，增长11.9%。

十、城市建设

基础设施建设：城市道桥项目实施了建设路、太榆路、阳兴大道、长风街、长治路、南沙河抢险路的快速化改造和太行路南延、长治路南延、龙城大街东延、南十方街、西太堡街、许坦东街、西外环大街等25项主次干道，东岗路、金阳路、凯旋路、凯旋街、阳光北街、西线街、针织街、杏花岭街、三桥街、教场巷、东华门等27条小街巷微循环路网，总计建设里程139公里。配合道路铺设水、气、热、电等地下管线745公里。城市配套项目开工建设了晋阳污水处理厂、奥体中心泵站、小黑水河泵站、杨家堡电力通道、北中环桥汾河修复、太原南站西广场配套完善、市便民服务中心等9项，启动了晋阳污水处理厂30余公里的污水干管项目、晋阳污水干管中途提升泵站项目、大黑水河流域治理项目、建设路南段区域排水系统项目、郑村沟及1号渠系等5项前期工作。轨道交通二号线一期工程首开段完成全线初步设计。

年末全市天然气供气总量5.68亿立方米。集中供热扩网2520万平方米。扎实推进公交都市建设，年末城市公交运营车辆2792辆，其中：公共汽车2671辆，电车121辆。公交运营线路网长度2880公里，年客运量5.01亿人次。新增加气站2座。公共自行车服务点增加到1275个，累计投放自行车4.1万辆。

城市绿化：实施建设路、长治路、阳兴大道等22项园林绿化重点工程。完善提升中环50公里绿色长廊。完成太原南站西广场、火车站景观工程，以及千峰路游园二期、西铭游园等8个游园。创建省级园林单位5个，省级园林小区2个。清徐县、娄烦县获得“省级园林县城”称号。全市共有综合性公园31个，专类公园11个，带状公园5个，街头游园156个，社区游园43个，街旁绿地116块。建成区绿化覆盖面积达到13365公顷，园林绿地面积11738公顷，公园绿地面积3828公顷。建成区绿化覆盖率40.50%，绿地率35.57%，人均公园绿地面积11.26平方米。

十一、教育和科学技术

教育：年末共有普通高等院校43所（其中高职院校22所），普通中等专业学校32所，成人中等专业学校11所，职业高中学校15所，普通中学228所，小学423所，幼儿园614所。

表11　2014年各类教育学生数

指　标	招生（人）	在校生（人）	毕业生（人）
研究生	7650	23148	7051
普通高等教育	122664	400915	98564
中等职业教育	27660	100846	44085
普通高中	27521	86437	29830
普通初中	41981	131483	45599
普通小学	48128	261282	42558
特殊教育	212	1110	138
学前教育	41102	111691	37736

全市学前三年毛入园率95.3%。小学学龄儿童入学率，初中生入学率、巩固率均达到国家标准。2014年我市高考一本、二本达线率和录取率在全省继续名列前茅。

科学技术：全年技术市场共登记技术合同325项，成交金额13.8亿元。研究与试验发展（R&D）经费支出87.35亿元，比上年增长4.0%，占地区生产总值的比重为3.5%。国家认定企业技术中心11家，省级企业技术中心82家。创建创新载体（平台）9个，12家企业建立“院士工作站”。年末累计认定高新技术企业269家。全年鉴定37项科技成果，获得国家科技奖励5项。全市发明专利申请量2613件、授权量1023件，有效发明专利拥有量4030件。规模以上工业高新技术产业增加值223.33亿元，占地区生产总值的比重为8.8%。

年末高新区、经济区、民营区共有入区企业4925家。全年实现科工贸总收入2570亿元，增长10.5%。

十二、文化、卫生和体育

文化：年末全市共有专业、具备规模的民营艺术表演团体18个。群艺文化馆12个，博物馆11个。公共图书馆馆藏图书638.38万册。国家综合档案馆12个，馆藏档案资料138.57万卷（件、册）。广播节目12套，电视节目18套。有线广播电视用户106.54万户（其中数字电视用户101.01万户），有线电视入户率94.5%。广播人口覆盖率99.9%，电视人口覆盖率100%。公共文化服务有效覆盖扩大，公共图书馆、文化馆（站）免费开放，实现图书借阅“多点服务模式”。太原美术馆成功承办第十二届全国美术作品展览雕塑作品展。全年荣获国家级奖14项、省级奖11项。晋剧现代戏《守护夕阳》荣获第九届全国戏剧文化奖、优秀剧目奖等13个奖项。年末共列入国家级非物质文化遗产保护项目17项、省级保护项目67项、市级保护项目115项。

卫生：年末共有卫生机构2662个（不含村卫生室），医疗床位36022张。每千人拥有医疗床位9.2张。各类卫生技术人员49053人，其中：执业（助理）医师19306人，注册护士22159人。每千人拥有医生4.5人。实际参加新型农村合作医疗的农民105.62万人，参合率99.6%。“先住院、后付费”服务模式惠及14.2万人次。

体育：全年太原运动员在国际大赛中，获得11枚金牌、4枚银牌、3枚铜牌，3个第四至第八名。成功举办2014太原国际马拉松赛、龙城龙舟赛等赛事，打造“全国篮球城市”、汾河体育健身长廊等特色体育品牌。其中，“2014太原国际马拉松赛”再次荣获马拉松金牌赛事称号。

十三、人民生活和社会保障

人民生活：全年居民人均可支配收入 23579 元，比上年增长 8.2%。按常住地分，城镇居民人均可支配收入 25768 元，增长 7.9%，城镇居民人均消费支出 14430 元，增长 6.2%；农村居民人均可支配收入 12616 元，增长 10.4%，农村居民人均消费支出 9444 元，增长 8.0%。城乡居民收入比为 2.04:1，比上年缩小 0.05 个百分点。

社会保障：城镇社会保险参保率 97.6%。全市企业职工参加养老保险 80.95 万人，参加城镇基本医疗保险 239.13 万人，参加失业保险 84.94 万人，参加工伤保险 92.74 万人（其中参保农民工 16.20 万人），参加生育保险 95.15 万人。年末城市低保覆盖人口 3.88 万人，农村低保覆盖人口 4.69 万人，4330 人纳入农村五保供养，全年发放最低保障资金 2.99 亿元。

全市各类收养类单位 49 个，床位 6289 张，收养 4735 人。救济农村五保户 4308 户，城市临时救助 7044 户次，农村临时救助 3137 户次。

十四、环境保护和安全生产

环境质量：全年市区二级以上空气质量天数 197 天，达标比率为 54.0%。空气污染综合指数 7.73%。集中式饮用水源地水质达标率保持 100%，地表水环境功能区水质达标率 75.0%。市区区域环境噪声年均值 52.9 分贝、交通噪声年均值 68.0 分贝。全年 PM2.5 达标 227 天，达标比率为 62.2%。

气温降水：全年平均气温 8.5~11.0℃，降水量 385~464mm。地下水水位平均上升 1.1 米。

安全生产：全年共发生生产经营性事故 882 起，其中：火灾发生 505 起，道路交通事故发生 363 起。煤炭百万吨死亡率为 0。

注：

1、本公报数据为统计部门和其它相关部门初步统计数据。

2、地区生产总值、各产业（行业）增加值绝对数按现价计算，增长速度按不变价格计算；根据第三次全国经济普查结果和国家统计局 2012 年制定的《三次产业划分规定》对相关数据进行了修订。

3、规模以上工业企业是指年主营业务收入在 2000 万元及以上的法人工业企业；固定资产投资统计起点为项目计划总投资 500 万元及以上；限额以上批发零售企业是指年销售额 2000 万元及以上的批发企业和年销售额 500 万元及以上的零售企业。

4、交通运输部对现行公路水路运输量统计实行方案（2009）进行修订，取消市级原有的客运量、旅客周转量、货运量、货物周转量四个运输量指标。

5、邮电业务总量按 2010 年不变价格计算。

6、依据城乡住户一体化改革制度，原有指标“农村居民人均纯收入”和“城镇居民人均可支配收入”变更为“居民人均可支配收入”、“城镇居民人均可支配收入”和“农村居民人均可支配收入”。

7、环境空气优良天数按照国家环保部发布的《环境空气质量评价技术规范》（试行）HJ663-2013 的标准进行评价。

8、根据国家统计局规定，节能降耗指标单独发布。

目 录

CONTENTS

一、综合

General survey

二、人口、计划生育和社会治安

Population, family planning and public security

三、从业人员和劳动报酬

Labour force and wages

四、固定资产投资、建筑业

Investment in fixed assets and construction

五、能源消费与库存

Energy consumption and inventory

六、物价指数

Price index

七、住户调查

Households surveys

八、公用事业

Public utilities

九、农业

Agriculture

十、工业、交通运输和邮电

Industry, transportation and telecommunications

十一、国内外贸易和旅游

Domestic trade, foreign trade and tourism

十三、科教、文卫、体育和民政

Science, education, culture, sports, public health and civil administration

十四、县(市、区)经济概况

Basic economic statistics of districts, counties and cities at county level

第1篇

综合

General survey

资料整理、审核

陆建云	崔　晰	王　平	常　铁
王晋伟	刘建程	刘　星	李　江

1-1 太原市县(市、区)及乡镇、办事处名称

县 级	乡 级
小 店 区	北格镇、刘家堡乡、西温庄乡、坞城街办、营盘街办、北营街办、平阳路街办、黄陵街办、小店街办、龙城街办
迎 泽 区	郝庄镇、迎泽街办、桥东街办、文庙街办、柳巷街办、老军营街办、庙前街办
杏花岭区	中涧河乡、小返乡、三桥街办、敦化坊街办、巨轮街办、涧河街办、鼓楼街办、杏花岭街办、坝陵桥街办、大东关街办、职工新街街办、杨家峪街办
尖草坪区	向阳镇、阳曲镇、马头水乡、柏板乡、西墕乡、汇丰街办、古城街办、柴村街办、迎新街街办、南寨街办、上兰街办、新城街办、光社街办、尖草坪街办
万柏林区	王封乡、化客头街办、东社街办、千峰街办、下元街办、和平街办、万柏林街办、兴华街办、南寒街办、杜儿坪街办、白家庄街办、长风西街街办、小井峪街办、西铭街办、神堂沟街办
晋 源 区	金胜镇、晋祠镇、姚村镇、义井街办、罗城街办、晋源街办
古 交 市	河口镇、马兰镇、镇城底镇、阁上乡、嘉乐泉乡、梭峪乡、岔口乡、常安乡、原相乡、邢家社乡、东曲街办、西曲街办、桃园街办、屯兰街办
清 徐 县	清源镇、东于镇、徐沟镇、孟封镇、马峪乡、柳杜乡、西谷乡、王答乡、集义乡
阳 曲 县	黄寨镇、东黄水镇、大盂镇、泥屯镇、侯村乡、凌井店乡、高村乡、杨兴乡、西凌井乡、北小店乡
娄 烦 县	娄烦镇、杜交曲镇、静游镇、庙湾乡、马家庄乡、盖家庄乡、米峪镇乡、天池店乡

1-2 行政区划

单位：个

指 标	街道办事处	社区居委会	乡政府	镇政府	村民委员会	自然村
总 计	**53**	**626**	**31**	**21**	**896**	**1492**
小 店 区	7	117	2	1	39	44
迎 泽 区	6	95		1	19	33
杏花岭区	10	115	2		32	40
尖草坪区	9	62	3	2	84	94
万柏林区	14	113	1		44	59
晋 源 区	3	36		3	78	99
清 徐 县		24	5	4	188	203
阳 曲 县		10	6	4	117	344
娄 烦 县		6	5	3	142	217
古 交 市	4	37	7	3	146	343
高 新 区		1				
经 济 区		10				
民 营 区					7	16

1-3 自然资源

指 标	单 位	数 量
一、人口、土地		
全市户籍总人口	人	3697425
人口密度（按户籍人口计算）	人/平方公里	529
土地面积	平方公里	6988
二、气候		
平均气温	摄氏度	8.5 —11.0
日照时间	小时	2150.4—2513.5
无霜期	天	194—226
降水量	毫米	384.5—463.7
三、林地		
当年造林面积	千公顷	17.0
森林覆盖率	%	22.07
四、水利		
采用水量总计	万立方米	64538.92
地下水采用总量	万立方米	29858.24
地表水采用总量	万立方米	34680.68
五、矿产(保有量)		
煤矿	亿吨	146
铁矿	万吨	47240
溶剂灰岩	万吨	12334
水泥灰岩	万吨	14645
石膏	万吨	6285

注：矿产为2013年底数。

1-4 土地状况

单位：平方公里

指 标	面 积	占总面积（%）
总面积	**6988**	**100.0**
按地形分		
平原	1240	17.7
丘陵	2117	30.3
山地	3631	52.0
按特征分		
农用地	**5766**	**82.6**
耕地	1166	16.7
园地	174	2.5
林地	2766	39.6
草地	1660	23.8
建设用地	**987**	**14.1**
城镇村及工矿用地	678	9.7
交通运输用地	146	2.1
水域及水利设施用地	163	2.3
其他土地	**235**	**3.3**

注：土地状况为2013年底数。

1-5 取水情况

单位：万立方米

指　　标	2014	2013
总取水量	**72895.85**	**74954.93**
按取水用途分	**64538.92**	**67522.12**
生活	19422.85	19445.84
生产	38822.42	40768.70
生态	6293.65	7307.58
按水源分		
河川径流	34680.68	33098.11
河水	34680.68	33098.11
地下水	29858.24	34424.01
#深层水	22242.69	25397.99
另：污水利用量	8356.93	7432.81

1-6 按行政区划分土地面积及人口密度

指　标	土地面积（平方公里）	常住人口（人）	人口密度（人/平方公里）
总　计	**6988**	**4298900**	**615**
市辖区合计	**1460**	**3508894**	**2403**
小店区	295	824726	2796
迎泽区	117	603941	5162
杏花岭区	170	656962	3864
尖草坪区	285	426087	1495
万柏林区	305	769889	2524
晋源区	288	227289	789
县（市）合计	**5528**	**790006**	**143**
清徐县	609	349620	574
阳曲县	2059	121882	59
娄烦县	1276	107903	85
古交市	1584	210601	133

注：常住人口为抽样调查数。

1-7　社会经济主要指标人均水平

指　　标	单位	1985	1990	1995	2000	2005	2009	2012	2013	2014
一、地区生产总值	元	**1905**	**3648**	**8331**	**13021**	**26294**	**44319**	**54440**	**56547**	**59023**
二、主要产品产量										
原煤	吨	9.92	11.03	11.20	8.36	13.17	10.05	8.54	8.70	8.50
发电量	千瓦小时	1075.96	1428.63	3122.47	3731.02	4671.15	5937.88	6822.27	6544.41	5983.37
粗钢	公斤	659.31	738.01	854.64	821.45	1037.05	2414.30	2205.05	2291.63	2669.13
成品钢材	公斤	361.98	384.54	575.72	841.16	1277.96	2371.05	2081.12	2203.42	2529.96
水泥	公斤	327.50	287.43	532.81	558.59	925.42	1304.97	1522.87	1586.17	1254.41
粮食	公斤	131.23	150.63	119.50	96.79	85.75	91.36	75.25	76.82	79.05
蔬菜	公斤	198.43	229.97	244.44	411.00	420.76	366.54	303.33	298.18	298.90
猪牛羊肉	公斤	5.17	6.65	12.02	15.64	17.25	11.76	10.01	9.98	10.60
奶	公斤	8.67	13.61	13.19	15.12	27.25	27.95	24.12	22.39	23.23
三、社会消费品零售总额	元	**771**	**1381**	**3111**	**6224**	**11282**	**20699**	**26603**	**30032**	**33817**
四、人民生活										
城镇居民可支配收入	元	646	1573	3939	6019	10476	15607	22587	24000	25768
城镇居民消费性支出	元	585	1357	3409	5341	7806	11708	13970	14338	14430
# 食品	元	308	653	1588	1750	2412	3764	4652	4600	3558
衣着	元	112	241	514	564	1050	1313	1459	1507	1584
居住	元		36	194	388	856	1390	1466	1481	3237
农民人均纯收入	元	526	763	1444	2643	4402	6828	10079	11288	12616
城乡居民储蓄存款年末余额	元	486	1894	7064	13788	30110	59800	71164	77525	77555

注:2014 年农民人均纯收入为农村居民人均可支配收入。

1-8　国民经济主要比例关系

单位：%

指　　标	1985	1990	1995	2000	2005	2010	2012	2013	2014
一、地区生产总值三次产业增加值比例									
第一产业	6.5	6.3	5.1	3.9	2.3	1.7	1.6	1.5	1.5
第二产业	66.9	55.5	47.1	41.8	47.1	44.1	43.1	41.7	40.0
第三产业	26.6	38.2	47.8	54.3	50.6	54.2	55.3	56.8	58.5
二、工业总产值轻重比例（不变价）									
轻工业	25.8	25.0	20.7	18.7	7.6	7.9	6.3	6.0	6.1
重工业	74.2	75.0	79.3	81.3	92.4	92.1	93.7	94.0	93.9
三、农林牧渔总产值内部比例（不变价）									
农业产值	74.3	69.1	56.9	57.9	51.9	59.4	59.2	60.1	59.3
林业产值	6.2	2.7	3.6	2.2	1.5	8.9	9.0	10.0	10.1
牧业产值	19.3	27.5	38.7	39.2	39.8	27.7	27.1	25.5	25.8
渔业产值	0.2	0.7	0.8	0.7	0.8	0.7	0.6	0.5	0.4
农林牧渔服务业					6.0	3.3	4.1	4.2	4.4
四、固定资产投资三次产业比例									
第一产业	0.3	0.7	0.1	0.7	0.7	1.5	1.3	1.5	1.5
第二产业	61.9	74.2	52.9	48.9	72.5	28.4	32.9	31.8	25.3
第三产业	37.8	25.1	47.0	50.4	26.8	70.1	65.8	66.7	73.2
五、固定资产投资额占地区生产总值比例	**44.0**	**28.0**	**30.1**	**26.4**	**49.1**	**51.4**	**56.7**	**67.8**	**69.0**
六、地方财政收入占地区生产总值比例	**11.5**	**9.8**	**5.8**	**5.4**	**6.4**	**7.8**	**9.3**	**10.0**	**10.2**

注：1.2005 年起工业总产值轻重比例为规模以上工业按当年价格计算。

2.2009 年起农林牧渔总产值内部比例按当年价格计算。

1-9 人民物质文化生活提高情况

指　标	单位	1985	1990	1995	2000	2005	2010	2012	2013	2014
一、城乡居民收入										
农民人均纯收入	元	526	763	1444	2643	4402	7611	10079	11288	12616
城镇居民人均可支配收入	元	646	1573	3939	6019	10476	17258	22587	24000	25768
城镇非私营单位在岗职工平均工资(含铁路驻并单位)	元	1199	2351	5538	8394	18547	38838	48102	51305	56885
二、平均每人居住面积										
城镇居民	平方米	5.63	7.07	8.15	10.13	11.94	13.65	15.10	33.00	35.00
农村居民	平方米				26.00	28.60	35.14	37.00		
三、每百户居民拥有耐用消费品(抽样)										
电冰箱										
城镇居民	台	2	52	68	90	96	98	96	89	88
农民	台		2	12	27	34	53	71	61	63
彩色电视机										
城镇居民	台	17	84	98	115	119	110	108	102	104
农民	台	3	9	36	65	85	105	104	98	103
洗衣机										
城镇居民	台	64	95	88	94	99	97	103	95	95
农民	台	12	33	50	59	64	89	93	87	88
四、每千人拥有卫生技术人员和医疗卫生床位数										
每千人拥有卫生技术人员	人	10.4	10.6	10.6	9.6	9.0	10.9	10.5	11.1	11.4
每千人拥有医疗卫生床位数	张	7.8	8.8	8.5	8.0	7.0	7.6	7.8	8.2	9.2
五、储蓄										
城乡居民储蓄存款年末余额	亿元	11.29	48.76	197.54	419.63	1183.95	2386.79	3021.50	3307.99	3325.78
平均每人储蓄存款余额	元	486	1894	7064	13788	30110	61943	71164	77525	77555

注：1.2014 年农民人均纯收入为农村居民人均可支配收入。

2.2013 年起城镇居民每人居住面积为建筑面积。

1-10 主要年份地区生产总值(按当年价格计算)

年份	地区生产总值(万元)	第一产业	第二产业	#工业	第三产业	人均GDP(元/人)
1952	23254	5462	8478	6693	9314	281
1957	56180	6503	31848	22952	17829	418
1962	57561	5693	32500	30383	19368	389
1965	90129	9243	63524	59517	17362	573
1970	112489	10879	83496	80874	18114	654
1975	143898	15360	102906	99874	25632	752
1978	186758	11036	140152	123482	35570	937
1980	222998	13961	156965	138361	52072	1075
1985	442126	28885	295782	239985	117459	1905
1990	939154	58755	520827	453958	359572	3648
1995	2330302	118405	1098481	916245	1113416	8331
1996	2816550	155484	1297001	1036916	1364065	9879
1997	3270713	155584	1464366	1123811	1650763	11265
1998	3507880	162090	1540109	1185511	1805681	11912
1999	3645620	145302	1558760	1218172	1941558	12242
2000	3962652	154936	1656880	1298969	2150836	13021
2001	4512131	143440	1919746	1486525	2448945	13452
2002	5031377	175155	2080977	1579489	2775245	14915
2003	6136637	179952	2677365	2041164	3279320	18099
2004	7637621	209264	3534977	2697006	3893380	22423
2005	8995771	201903	4240499	3223916	4553369	26294
2006	10418835	194405	4761286	3702587	5463144	30326
2007	12917719	196389	6360520	5192419	6360810	37444
2008	15261555	229807	7367734	5941734	7664014	44054
2009	15453488	285603	6705966	4929369	8461919	44322
2010	17813546	302806	7846278	5756569	9664462	46230
2011	20837040	338486	9261621	6721243	11236933	49377
2012	23307210	360209	10055429	7355478	12891572	54894
2013	24629174	371617	10270599	7209830	13986958	57720
2014	25310917	388627	10123118	7028126	14799172	59023

注：1.2001 年起人均 GDP 为按抽样调查总人口计算，其余年份为按公安户籍人口计算。

2.2009 年至 2013 年为第三次经普调整后数据。

3.2013-2014 年地区生产总值数据执行《国民经济行业分类》（GB/T4754-2011）和《三次产业划分规定》（国统字［2012］108。

1-11　主要年份地区生产总值构成

单位：%

年　份	地区生产总值	第一产业	第二产业	#工业	第三产业
1952	100.0	23.5	36.5	28.8	40.0
1957	100.0	11.6	56.7	40.9	31.7
1962	100.0	9.9	56.5	52.8	33.6
1965	100.0	10.3	70.5	66.0	19.2
1970	100.0	9.7	74.2	71.9	16.1
1975	100.0	10.7	71.5	69.4	17.8
1978	100.0	5.9	75.0	66.1	19.1
1980	100.0	6.3	70.4	62.0	23.3
1985	100.0	6.5	66.9	54.3	26.6
1990	100.0	6.3	55.5	48.3	38.2
1995	100.0	5.1	47.1	39.3	47.8
1996	100.0	5.5	46.0	36.8	48.5
1997	100.0	4.8	44.8	34.4	50.4
1998	100.0	4.6	43.9	33.8	51.5
1999	100.0	4.0	42.8	33.4	53.2
2000	100.0	3.9	41.8	32.8	54.3
2001	100.0	3.2	42.5	32.9	54.3
2002	100.0	3.5	41.4	31.4	55.1
2003	100.0	2.9	43.7	33.3	53.4
2004	100.0	2.7	46.3	35.3	51.0
2005	100.0	2.3	47.1	35.8	50.6
2006	100.0	1.9	45.7	35.5	52.4
2007	100.0	1.5	49.2	40.2	49.3
2008	100.0	1.5	48.3	38.9	50.2
2009	100.0	1.9	43.4	31.9	54.7
2010	100.0	1.7	44.1	32.3	54.2
2011	100.0	1.7	44.4	32.3	53.9
2012	100.0	1.6	43.1	31.6	55.3
2013	100.0	1.5	41.7	29.3	56.8
2014	100.0	1.5	40.0	27.8	58.5

1-12 主要年份地区生产总值指数

单位：%

年 份	地区生产总值	第一产业	第二产业	#工业	第三产业
1957	106.7	98.1	111.1	119.0	102.7
1962	92.5	86.6	90.3	94.2	98.8
1965	120.4	97.9	132.6	134.9	98.8
1970	164.3	110.0	198.0	202.1	109.9
1975	116.5	105.5	121.3	120.6	106.0
1978	128.9	89.7	134.2	124.0	126.7
1980	106.5	112.1	102.7	100.3	118.9
1985	105.4	91.7	105.5	106.4	108.2
1990	109.1	126.8	107.9	102.0	109.3
1995	113.0	102.6	113.3	116.0	113.3
1996	112.6	115.9	112.5	108.7	112.6
1997	110.5	103.3	110.0	107.7	112.2
1998	108.8	105.0	110.1	109.7	106.5
1999	107.7	96.9	106.5	108.2	111.2
2000	109.0	106.8	108.1	108.7	111.1
2001	111.8	90.9	110.5	108.2	114.2
2002	112.0	121.0	112.2	111.3	111.3
2003	115.6	104.1	118.8	117.8	113.9
2004	115.9	102.7	119.6	117.7	113.8
2005	115.6	101.1	116.2	117.6	115.8
2006	112.1	93.8	110.5	111.4	114.4
2007	116.8	100.5	120.9	125.6	113.7
2008	108.5	101.4	103.0	101.3	114.0
2009	102.6	104.1	93.1	87.1	110.8
2010	111.3	104.9	111.4	111.0	111.4
2011	110.6	103.5	111.0	110.4	110.5
2012	110.9	105.5	109.3	111.2	112.4
2013	108.4	102.8	110.3	109.0	107.1
2014	103.3	104.3	101.0	100.8	105.1

1-13 地区生产总值及构成

指 标	绝对额(万元)		构成(%)	
	2014	2013	2014	2013
地区生产总值	**25310917**	**24629174**	**100.0**	**100.0**
农林牧渔业	404466	386054	1.6	1.6
# 农林牧渔服务业	15839	14437	0.1	0.1
工业	7028126	7209830	27.8	29.3
建筑业	3094992	3060769	12.2	12.4
批发和零售业	3375684	3257284	13.4	13.2
交通运输、仓储和邮政业	1270083	1320250	5.0	5.4
住宿和餐饮业	1037329	959910	4.1	3.9
金融业	3070496	2909188	12.1	11.8
房地产业	1399135	1287523	5.5	5.2
其他服务业	4630606	4238366	18.3	17.2
第一产业	**388627**	**371617**	**1.5**	**1.5**
第二产业	**10123118**	**10270599**	**40.0**	**41.7**
第三产业	**14799172**	**13986958**	**58.5**	**56.8**

注：按照国家统计局2012年制定的《三次产业划分规定》，第一产业为农业牧渔业，不含农林牧渔服务业；农林牧渔服务业属于第三产业。

1-14 总产出(按当年价格计算)

单位：万元

指 标	2014	2013
总产出	**79135522**	**76796466**
# 工业	24646480	25268947
建筑业	22993245	21945749
批发和零售业	6545536	6211592
交通运输、仓储和邮政业	3163031	3283603
第一产业	**726667**	**691650**
第二产业	**47639725**	**47214696**
第三产业	**30769130**	**28890120**

1-15 支出法地区生产总值(按当年价格计算)

单位：万元

指 标	2014	2013	为 2013 年%
总 计	**25310917**	**24629174**	**103.3**
一、最终消费	**11313826**	**10857483**	**105.1**
居民消费	8874793	8153556	110.3
农村居民	635336	579394	110.5
城镇居民	8239457	7574162	110.3
政府消费	2439033	2703927	89.4
二、资本形成总额	**14096721**	**13732069**	**103.1**
固定资本形成总额	13089619	12764568	103.0
存货增加	1007102	967501	104.5
三、货物和服务净出口	**–99630**	**39622**	

1-16 支出法地区生产总值构成(按当年价格计算)

单位：%

指 标	2014	2013
总 计	**100.0**	**100.0**
一、最终消费	**44.7**	**44.1**
居民消费	35.1	33.1
农村居民	2.5	2.4
城镇居民	32.6	30.7
政府消费	9.6	11.0
二、资本形成总额	**55.7**	**55.7**
固定资本形成总额	51.7	51.8
存货增加	4.0	3.9
三、货物和服务净出口	**–0.4**	**0.2**

1-17 资本形成总额

单位：万元

指 标	2014	2013
总 计	**14096721**	**13732069**
固定资本形成总额	**13089619**	**12764568**
# 住宅	3766113	3685587
非住宅建筑物	4591241	4519963
机器和设备	2352956	2292060
存货增加	**1007102**	**967501**
# 农林牧渔业	4610	4194
工业	209329	159320
建筑业	–98017	39217
批发零售业	95062	79027

1-18 太原市主要年份国民经济主要指标

指 标	1985	1990	1995	2000	2005	2010	2012	2013	2014
年末户籍常住人口(人)	2344452	2612087	2827710	3087491	3403874	3654990	3658409	3679451	3697425
按性别分									
男性	1258322	1384876	1490281	1607655	1766902	1867963	1862459	1871142	1875995
女性	1086130	1227211	1337429	1479836	1636972	1787027	1795950	1808309	1821430
按农业、非农业分									
农业人口	919217	975743	995113	1048251	1014606	1024831	1041498	1034634	1050703
非农业人口	1425235	1636344	1832597	2039240	2389268	2630159	2616911	2644817	2646722
社会从业人员(人)	1377500	1592200	1773000	1611200	1616195	1760476	2019300	2009600	2174700
按三次产业分									
第一产业	235500	248400	258000	276800	271587	242519	245600	242600	246400
第二产业	770000	853400	872000	611500	530983	569339	731600	679600	676600
第三产业	372000	490400	643000	722900	813625	948618	1042100	1087400	1251700
按职工、非职工分									
城镇非私营单位职工	989000	1111000	1124000	884117	757996	846286	1034487	967484	1078240
#国有	756000	892000	919000	533148	458206	460685	449151	373448	482200
集体	233000	219000	205000	119411	62939	47730	43204	38541	35641
城镇私营企业和个体从业人员	8000	61000	127000	217056	355324	422952	490913	551188	603189
农村从业人员	351000	385000	434000	503753	502875	491238	493900	490928	493271
城镇非私营单位在岗职工工资总额(万元)	115920	257007	609421	724376	1378220	3147504	4754774	4809134	6013680
#国有单位职工	94900	220674	529353	441159	828598	1705528	2133086	1785456	2885596
城镇集体单位职工	21020	35909	67586	60029	54590	83962	108251	113919	118093
城镇非私营单位在岗职工年平均工资(元)	1199	2351	5538	8394	18547	38838	48102	51035	56885
#国有单位职工	1279	2510	5788	8460	18375	37684	48924	50913	62022
城镇集体单位职工	938	1696	3371	5285	9192	18255	26372	31155	34756
城镇居民人均可支配收入(元)	646	1573	3939	6019	10476	17258	22587	24000	25768
城镇居民人均消费性支出(元)	585	1357	3409	5341	7806	12106	13970	14338	14430
#食品	308	653	1588	1750	2412	3710	4652	4600	3558
衣着	112	241	514	564	1050	1234	1459	1507	1584
居住		36	194	388	857	1172	1466	1481	3237
农民人均纯收入(元)	526	763	1444	2643	4402	7611	10079	11288	12616
农民人均生活消费支出(元)				1634	2601	3879	6495	7407	9444
#食品				696	909	1312	2163	2518	2450
衣着				204	350	493	751	837	852
居住				225	334	642	1037	1141	2543
地区生产总值(万元)	442126	939154	2330302	3962652	8995771	17813546	23307210	24629174	25310917
第一产业	28885	58755	118405	154936	201903	302806	360209	371617	388627
第二产业	295782	520827	1098481	1656880	4240499	7846278	10055429	10270599	10123118
工业	239985	453958	916245	1298969	3223916	5756569	7355478	7209830	7028126
建筑业	55797	66869	182236	357911	1016583	2089709	2699951	3060769	3094992
第三产业	117459	359572	1113416	2150836	4553369	9664462	12891572	13986958	14799172
人均地区生产总值(元/人)	1905	3648	8331	13021	26294	46230	54894	57720	59023
地区生产总值指数(%)	105.4	109.1	113.0	109.0	115.6	111.3	110.9	108.4	103.3

1-18 续表1

指 标	1985	1990	1995	2000	2005	2010	2012	2013	2014
第一产业	91.7	126.8	102.6	106.8	101.1	104.9	105.5	102.8	104.3
第二产业	105.5	107.9	113.3	108.1	116.2	111.4	109.3	110.3	101.0
工业	106.4	102.0	116.0	108.7	117.6	111.0	111.2	109.0	100.8
建筑业	99.5	150.1	99.9	105.0	112.1	112.4	104.3	114.3	101.7
第三产业	108.2	109.3	113.3	111.1	115.8	111.4	112.4	107.1	105.1
全社会固定资产投资额(万元)	194510	262924	701894	1047702	4385077	9164811	13206257	16707390	17460868
全社会竣工房屋面积(平方米)	3585900	2870100	2848000	4420700	6064048	7795531	7531608	7877194	9435193
全社会新增固定资产(万元)	126292	212335	517719	876782	1193234	4114718	5284036	5991585	11325373
商品零售价格总指数(以上年价格为100)	112.0	100.7	114.5	96.0	100.2	102.6	101.2	101.3	100.7
食品类		99.7	124.2	93.8	103.7	108.2	103.7	105.6	103.3
服装鞋帽类		106.9	119.1	100.6	96.3	96.9	102.1	100.8	102.5
纺织品类		106.9	120.1	94.9	98.0	109.6	103.9	107.6	102.2
中西药品及医疗保健用品类		99.1	114.3	101.3	98.7	105.8	103.6	102.1	100.6
文化和体育用品类		93.3	104.0	99.3					
文化办公用品类					99.4	97.6	96.7	95.3	98.0
体育娱乐用品类					99.1	97.9	101.1	100.0	101.2
日用品类		99.8	109.0	98.0	100.7	99.0	102.1	100.0	99.8
家用电器类		93.1	102.2	95.6	97.3	92.6	95.1	94.4	96.3
燃料类		119.9	105.9	107.6	112.8	117.0	101.5	98.2	98.2
建筑装璜材料类	112.0	100.4	102.8	99.4	102.1	97.7	94.6	99.3	98.6
居民消费品价格总指数(以上年价格为100)		101.7	116.8	103.6	101.1	103.0	102.1	103.1	102.2
食品类		99.7	123.4	93.2	103.8	108.4	103.8	105.5	103.2
衣着类		106.9	116.8	99.6	96.2	97.2	102.1	100.9	102.5
家庭设备用品及维修服务类		99.8	106.5	98.6	100.0	100.8	104.0	103.8	104.4
医疗保健和个人用品类		99.1	113.7	101.1	101.6	102.6	102.1	101.4	100.7
交通和通讯类		147.7	94.9	97.8	96.3	97.7	99.3	99.2	100.5
娱乐教育文化用品及服务类		93.3	112.3	96.4	101.9	101.8	100.7	103.9	102.2
居住类		105.9	111.9	107.0	102.4	101.2	101.1	102.7	101.4
服务项目类价格总指数(以上年价格为100)		110.2	107.3	162.1	102.9	102.4	102.7	103.7	103.2
农林牧渔业总产值(万元,按当年价格计算)	38744	73925	193432	246156	344060	560634	674966	722383	760400
农业产值	28489	47608	120504	163107	199305	336794	404721	434021	451781
林业产值	2266	1877	4382	4020	12088	49426	60684	71993	76362
牧业产值	7942	22069	66859	77344	114172	154140	178324	182375	196441
渔业产值	47	662	1687	1685	2689	3063	4113	3261	3083
农林牧渔服务业产值					15806	17210	27125	30733	33733
农林牧渔业总产值指数(以上年价格为100)	99.6	108.3	102.2	106.9	101.3	104.9	106.2	103.3	104.9
农业产值		107.9	95.9	110.1	99.6	102.6	104.7	102.4	103.5
林业产值		93.0	106.8	102.4	74.7	105.5	112.1	115.3	105.9
牧业产值		110.8	112.8	102.8	104.9	106.9	106.0	100.8	107.4
渔业产值		116.5	103.6	103.7	107.6	119.7	109.6	76.0	94.5
农林牧渔服务业产值					100.8	127.0	119.6	111.6	108.7

1-18 续表2

指　标	1985	1990	1995	2000	2005	2010	2012	2013	2014
主要农作物播种面积(千公顷)	145.34	145.72	139.23	136.82	118.56	113.55	108.88	107.18	101.94
粮食	107.61	116.25	107.93	100.35	83.48	84.78	81.77	80.48	76.12
棉花	0.23	0.12	0.86	0.83	0.22	0.08	0.07	0.04	0.02
油料	22.70	13.52	13.90	11.05	5.05	3.11	2.59	2.50	2.50
主要农产品产量（吨）									
粮食	304534	387806	334171	294557	291865	321585	319481	327786	338981
棉花	133	96	849	998	276	105	111	52	22
油料	16756	13882	6636	10557	3845	2721	2905	3056	3087
肉类	12001	17109	33603	47606	65135	49975	49465	50159	53466
禽蛋	7428	20003	35272	44361	43165	36412	25824	27345	29011
工业企业单位数(个)	1560	1981	2033	383	489	480	458	440	406
按经济类型分									
国有经济	289	331	335	178	95	37	37	23	19
集体经济	1270	1638	1601	89	60	40	22	21	19
其他	1	12	97	116	334	403	399	396	368
按轻重工业分									
轻工业	713	877	727	128	111	107	89	86	79
重工业	847	1104	1306	255	378	373	369	354	327
工业企业总产值(万元,按1990不变价格计算)	620037	1276457	2588265	3105189	9213954	20003397	25887391	26488396	24310044
按经济类型分									
国有经济	536776	1063635	2008511	697609	715540	662004	1025172	835756	557915
集体经济	81674	204830	443982	197970	164977	147631	140448	124931	108972
其他	1587	7992	135772	2209610	8333437	19193762	24721771	25527709	23643157
按轻重工业分									
轻工业	150649	334579	449580	528811	703205	1400948	1570436	1578127	1490784
重工业	469388	941878	2138685	2576378	8510749	18602449	24316955	24910269	22819260
主要工业产品产量									
原煤(万吨)	2140	2840	3133	2544	4482	3775	3626.26	3711.47	3645.12
发电量(万千瓦时)	347800	367800	873200	1135500	1594000	2038000	2896600	2792500	2566000
粗钢(万吨)	152.73	190.24	238.82	249.90	353.34	850.00	936.22	977.84	1144.60
生铁(万吨)	110.97	160.00	241.00	292.00	394.22	696.90	698.36	698.58	852.67
焦炭(万吨)	152.56	386.33	893.24	836.00	1201.00	1268.00	1128.88	1136.15	1078.64
水泥(万吨)	76.20	73.94	148.70	170.00	272.65	582.50	646.58	594.74	484.87
太原地区铁路货运量(万吨)	2398	3295	3735	4278	6113	5064	4584	4239	4330
太原地区铁路客运量(万人次)	814	878	992	864	1074	2210	2535	2523	2620
公路货运量(万吨)	1852	4458	9249	8600	11593	8783	9637	11099	14206
邮电业务总量(万元)	1470	3890	36723	238105	540873	1452903	772207	796122	905857
社会消费品零售总额(万元)	229781	456637	1116123	1894200	3840302	8258458	11295107	12814594	14501658
外商直接投资(万美元)	43	141	4500	7280	16490	58501	78232	94426	107673

1-18 续表3

指　标	1985	1990	1995	2000	2005	2010	2012	2013	2014
接待海外旅游人数(人次)	9695	13519	23594	47886	100859	283194	422451	465965	200679
接待国内旅游人数(万人次)	173	277	462	860	1408	1995	2942	3645	4176
地方财政收入(万元)	50872	92130	134263	214828	569525	1384809	2156654	2473261	2588527
地方财政支出(万元)	32519	61055	146653	245873	718390	1896358	2774437	3191090	3226934
#基本建设支出	4657	4674	11529	5392	25197				
文教科卫支出	7645	15259	35510	53994	141640	532802	855487	892479	952291
#教育事业费支出				35688	92774	359491	550372	547273	527157
学校数(所)	2057	2009	1967	1890	1400	1003	965	918	804
#普通高等学校	9	12	13	12	32	42	43	44	43
中等专业学校	41	46	48	47	28	30	30	32	32
普通中学	278	223	235	237	251	230	229	226	228
小学	1664	1646	1575	1503	1003	607	581	543	423
在校学生数(人)	451732	442897	518546	649236	980584	1154723	113914	1166770	1162875
#普通高等学校	26976	32463	44480	72689	265535	329712	496923	526279	540233
中等专业学校	17711	29323	43323	83107	53475	76540	71922	70332	65021
普通中学	151704	126591	131401	173635	222462	239953	230938	222821	217920
小学	241219	232653	269039	295062	317752	267325	258900	254414	261282
专任教师数(人)	31419	36427	39028	43109	55733	63377	64546	65698	65661
#普通高等学校	4910	6031	6056	6669	16223	20912	23141	23988	23791
中等专业学校	2369	3221	3543	3373	1623	2266	2771	2787	2713
普通中学	10159	11203	11663	13775	16005	17134	17845	18392	18477
小学	12526	13415	14747	16637	17388	17079	16861	16608	16691
毕业生数(人)	96239	102370	111805	131606	223103	323154	312794	326913	322795
#普通高等学校	4997	8088	12421	12572	53735	97398	132240	140587	147659
中等专业学校	4956	10037	11635	15027	16252	26875	25103	24041	23795
普通中学	36732	40519	32638	44537	64141	71310	82754	79795	75429
小学	45648	37058	45576	48260	49201	52792	47519	46477	42558
卫生机构数(个)	932	998	972	1002	1954	2527	2537	2638	2662
#医院	194	220	221	131	194	191	189	182	178
卫生机构床位数(张)	18332	22944	24082	24817	23652	27771	33461	35247	36022
#医院	16721	21248	22174	19317	21736	24703	30627	32584	33917
卫生技术人员(人)	24328	27780	30101	28418	29549	39930	44774	47194	48820
#医院	15732	19429	21594	21855	22728	28529	32561	34846	36307

注：1.本表地区生产总值、社会消费品零售总额2005年至2008年为第二次经济普查调整后口径。
2.2014年农民人均纯收入为农村居民人均可支配收入。
3.工业企业单位数、工业企业总产值2000年以前为乡及乡以上口径，以后为规模以上工业口径，2005年起为当年价。
4.2011年起固定资产投资起点由计划总投资50万元以上的项目提高到500万元以上，且没有全社会固定资产统计指标。
5.2011年邮电业务总量采用新口径计算。
6.2005年起社会消费品总额不含未通过市场直接向消费者出售的产品。
7.2005年以前外商直接投资包括间接投资。
8.教育指标中不包括幼儿园。
9.卫生指标中不含村卫生室数。

第2篇

人口、计划生育和社会治安

Population, family planning and public security

资料整理、审核

王翠莲　　翟秀东　　刘红芳　　刘俊欢

2-1 人口

指 标	年末人口（人）	为上年（%）
户籍常住人口	**3697425**	**100.49**
按性别分		
男	1875995	100.26
女	1821430	100.73
按农业、非农业分		
农业人口	1050703	101.55
非农业人口	2646722	100.07
按地区分		
市辖区	2868225	100.49
县(市)	829200	100.49
暂住人口	**1108171**	**101.97**

注：本表为公安数据。

2-2 户籍常住人口

单位：人、户

指 标	合 计	按农业、非农业分		农非比	按性别分		性别比例（女=100）	总户数
		农业人口	非农业人口		男性人口	女性人口		
总 计	**3697425**	**1050703**	**2646722**	**0.40**	**1875995**	**1821430**	**103.00**	**1138957**
市辖区合计	**2868225**	**497832**	**2370393**	**0.21**	**1452043**	**1416182**	**102.53**	**826078**
小 店 区	627985	155842	472143	0.33	313484	314501	99.68	167034
迎 泽 区	527343	19964	507379	0.04	258997	268346	96.52	152389
杏花岭区	599432	33866	565566	0.06	303793	295639	102.76	176126
尖草坪区	344419	110183	234236	0.47	178540	165879	107.63	108753
万柏林区	568953	44690	524263	0.09	298398	270555	110.29	157541
晋 源 区	200093	133287	66806	2.00	98831	101262	97.60	64235
县(市)合计	**829200**	**552871**	**276329**	**2.00**	**423952**	**405248**	**104.62**	**312879**
清 徐 县	328318	260090	68228	3.81	163337	164981	99.00	121275
阳 曲 县	152249	118128	34121	3.46	78157	74092	105.49	60979
娄 烦 县	126120	98147	27973	3.51	65682	60438	108.68	49704
古 交 市	222513	76506	146007	0.52	116776	105737	110.44	80921

注：本表为公安数据。

2-3 人口自然变动情况

单位：人、‰

指 标	年平均人数	出生人口合计	性 别		出生婴儿性别比（女=100）	出生率	死亡人口合计	性 别		死亡率	自然增加人数	自然增长率
			男	女				男	女			
总 计	**3688438**	**49760**	**25506**	**24254**	**105.16**	**13.49**	**13424**	**8009**	**5415**	**3.64**	**36336**	**9.85**
市辖区合计	**2861274**	**39514**	**20276**	**19238**	**105.40**	**13.81**	**9180**	**5406**	**3774**	**3.21**	**30334**	**10.60**
小店区	626337	9669	4957	4712	105.20	15.44	1448	836	612	2.31	8221	13.13
迎泽区	524231	6638	3383	3255	103.93	12.66	1723	963	760	3.29	4915	9.38
杏花岭区	597318	8046	4060	3986	101.86	13.47	2187	1234	953	3.66	5859	9.81
尖草坪区	345801	4048	2106	1942	108.44	11.71	1128	660	468	3.26	2920	8.44
万柏林区	568235	7922	4096	3826	107.06	13.94	2046	1326	720	3.60	5876	10.34
晋源区	199352	3191	1674	1517	110.35	16.01	648	387	261	3.25	2543	12.76
县（市）合计	**827164**	**10246**	**5230**	**5016**	**104.27**	**12.39**	**4244**	**2603**	**1641**	**5.13**	**6002**	**7.26**
清徐县	326657	3815	1932	1883	102.60	11.68	1469	876	593	4.50	2346	7.18
阳曲县	151674	1902	963	939	102.56	12.54	1039	635	404	6.85	863	5.69
娄烦县	126505	1754	857	897	95.54	13.87	742	464	278	5.87	1012	8.00
古交市	222328	2775	1478	1297	113.96	12.48	994	628	366	4.47	1781	8.01

注：本表为公安数据。

2-4 人口机械变动情况

单位：人

指 标	迁入人口合计	迁 入		迁出人口合计	迁 出		净增（+）净减（-）
		省内迁入	省外迁入		迁往省内	迁往省外	
总 计	**50218**	**35837**	**14381**	**61723**	**41832**	**19891**	**-11505**
市辖区合计	**44532**	**31359**	**13173**	**54145**	**35369**	**18776**	**-9613**
小店区	14086	10371	3715	19646	14837	4809	-5560
迎泽区	7862	4767	3095	6783	3253	3530	1079
杏花岭区	7306	4762	2544	7214	4596	2618	92
尖草坪区	5405	4357	1048	8057	4970	3087	-2652
万柏林区	8294	5839	2455	10080	5695	4385	-1786
晋源区	1579	1263	316	2365	2018	347	-786
县（市）合计	**5686**	**4478**	**1208**	**7578**	**6463**	**1115**	**-1892**
清徐县	2112	1664	448	1160	875	285	952
阳曲县	1246	1060	186	910	767	143	336
娄烦县	845	688	157	2678	2343	335	-1833
古交市	1483	1066	417	2830	2478	352	-1347

注：本表为公安数据。

2-5 人口抽样调查

单位：人、‰

指 标	2013年总人口	推算2014年人口数	出生人口	死亡人口	出生率	死亡率	自然增长率	城镇人口	乡村人口	城镇化率	男	女	性别比%
太原市	**4277690**	**4298900**	**42776**	**21561**	**9.98**	**5.03**	**4.95**	**3621821**	**677079**	**84.25**	**2178098**	**2120802**	**102.70**
小 店 区	820004	824726	8208	3486	9.98	4.24	5.74	754675	70051	91.51	425497	399229	106.58
迎 泽 区	601109	603941	5633	2801	9.35	4.65	4.70	586744	17197	97.15	294394	309547	95.10
杏花岭区	653854	656962	5840	2732	8.91	4.17	4.74	632495	24467	96.28	321237	335725	95.68
尖草坪区	424294	426087	4231	2438	9.95	5.73	4.22	399967	26120	93.87	217670	208417	104.44
万柏林区	765956	769889	7618	3685	9.92	4.80	5.12	750988	18901	97.54	396986	372903	106.46
晋 源 区	225849	227289	2636	1373	11.63	6.06	5.57	148298	78991	65.25	114869	112420	102.18
清 徐 县	348408	349620	3693	2299	10.58	6.59	3.99	110997	238623	31.75	178027	171593	103.75
阳 曲 县	121395	121882	1494	1007	12.28	8.28	4.00	40952	80930	33.60	63632	58250	109.24
娄 烦 县	107433	107903	1197	727	11.12	6.75	4.37	41770	66133	38.71	56225	51678	108.80
古 交 市	209388	210601	2226	1013	10.60	4.82	5.78	154935	55666	73.57	109561	101040	108.43

2-6 计划生育综合情况

单位：人、%

指 标	育龄妇女人数(15-49)周岁	已婚育龄妇女人数					女性初婚			领取独生子女证	
		合 计	已婚未育	现有一孩	现有二孩	现有三孩以上	合 计	#23岁以上	晚婚率	人数	领证率
总 计	**1057778**	**742796**	**49542**	**486115**	**180006**	**27131**	**16047**	**13044**	**81.3**	**500709**	**42.9**
小 店 区	178477	128146	9963	87410	28111	2660	3041	2504	82.3	95831	51.4
迎 泽 区	162237	118261	11901	88312	16851	1197	4150	3833	92.4	86424	38.7
杏花岭区	150009	102780	6495	83098	12283	904	1196	1073	89.7	114819	50.0
尖草坪区	97600	71949	3261	50052	17280	1356	1093	889	81.3	49163	39.8
万柏林区	170538	122164	9095	88208	22879	1982	1989	1688	84.9	87214	38.7
晋 源 区	55006	38673	2335	19633	14888	1817	1126	774	68.7	21545	45.0
古 交 市	69381	46700	1991	23553	16204	4952	931	724	77.8	15662	30.9
清 徐 县	89959	60690	1986	23193	30031	5480	1397	806	57.7	15302	90.5
阳 曲 县	36454	23317	873	10634	10169	1641	463	310	67.0	7771	35.9
娄 烦 县	39644	23787	1134	8477	9200	4976	511	329	64.4	4653	27.1
经 济 区	5143	3870	402	1978	1398	92	100	79	79.0	1193	33.3
高 新 区	1492	1268	60	1103	96	9	17	17	100.0	802	34.9
民 营 区	1838	1191	46	464	616	65	33	18	54.6	330	34.5

2-7　节育情况

单位：例、人、%

指标	采取各种节育手术例数						采取各种节育措施人数									综合节育率
	小计	男性绝育	女性绝育	宫内节育器	人流	取环	小计	男性绝育	女性绝育	宫内节育器	皮下埋植	口服及注射避孕药	避孕套	外用药	其他	
总　计	**35587**	**7**	**874**	**33834**	**99**	**773**	**685826**	**2213**	**106243**	**546908**	**112**	**1760**	**25118**	**5**	**3467**	**92.33**
小 店 区	7867	4	203	7507	15	138	118758	230	16698	97261	12	67	3859		631	92.67
迎 泽 区	4410	1	42	4272	12	83	106080	91	5742	90215	32	208	9024	2	766	89.7
杏花岭区	3260	1	23	3204	5	27	96998	99	3745	85007	20	399	6700		1028	94.37
尖草坪区	3220		179	2941	4	96	66817	80	10639	54757	5	118	1186	1	31	92.87
万柏林区	6393	1	293	6085	2	12	109431	120	12864	94956	14	41	1415	2	19	89.58
晋 源 区	2588		61	2347	11	169	36092	13	8558	25985	17	439	683		397	93.33
古 交 市	2170		4	2095	26	45	44312	1231	10868	31192	7	149	468		397	94.89
清 徐 县	3553		10	3438	23	82	57976	16	20162	36851	4	51	888		4	95.53
阳 曲 县	1101		24	1066	1	10	21681	31	7763	13672		48	75		92	92.98
娄 烦 县	833		5	718		110	21794	293	7698	13326	1	239	157		80	91.62
经 济 区	123		26	97			3611	7	1028	1943		1	626		6	93.31
高 新 区	20		1	19			1190		34	1119			37			93.85
民 营 区	49		3	45		1	1086	2	444	624					16	91.18

2-8 生育情况

单位：人、%

指 标	年内出生人数									
	合 计	政策内出生人数				计划生育率	政策外出生人数			
		小计	一孩	二孩	三孩		小计	一孩	二孩	多孩
总 计	**37248**	**33908**	**28518**	**5291**	**99**	**91.03**	**3340**	**187**	**3004**	**149**
小 店 区	7181	6623	5542	1057	24	92.23	558	25	501	32
迎 泽 区	5660	5081	4476	591	14	89.77	579	19	535	25
杏花岭区	4817	4595	4089	494	12	95.39	222	27	191	4
尖草坪区	3333	3091	2527	555	9	92.74	242	11	227	4
万柏林区	6607	6071	5293	768	10	91.89	536	28	506	2
晋 源 区	2348	2166	1585	571	10	92.25	182	22	150	10
古 交 市	1690	1458	1345	112	1	86.27	232	1	215	16
清 徐 县	3232	2765	2084	672	9	85.55	467	26	412	29
阳 曲 县	1022	890	697	192	1	87.08	132	9	121	2
娄 烦 县	968	827	615	209	3	85.43	141	13	103	25
经 济 区	291	255	198	52	5	87.63	36	2	34	
高 新 区	31	30	27	2	1	96.77	1		1	
民 营 区	68	56	40	16		82.35	12	4	8	

2-9　社会治安及安全生产情况

指　标	单 位	2014	2013
刑事案件立案数	起	33865	36779
刑事案件综合破案数	起	11172	9524
治安案件发现受理数	起	78976	76153
治安案件查处数	起	69763	69425
火灾发生数	起	1950	1451
火灾受伤人数	人	17	8
火灾死亡人数	人	7	10
火灾损失折款	万元	628.20	698.49
交通事故发生数	起	1093	1179
交通事故受伤人数	人	1279	1402
交通事故死亡人数	人	220	221
交通事故损失折款	万元	245.20	294.00
安全生产事故发生数	起	3046	2654
# 工矿商贸企业	起	14	5
# 煤矿	起		1
安全生产事故死亡人数	人	246	242
# 工矿商贸企业	人	19	7
# 煤矿	人		1

第3篇

从业人员和劳动报酬

Labour force and wages

资料整理、审核

刘利祯　　卫　洁　　耿　洁　　张劭鹏

3-1　全社会从业人员

单位：万人

指　标	2005	2007	2008	2009	2010	2013	2014
总　计	**161.62**	**167.94**	**170.54**	**167.33**	**176.05**	**200.96**	**217.47**
按三次产业分							
第一产业	27.16	25.72	25.22	24.75	24.25	24.26	24.64
第二产业	53.10	56.93	55.70	52.74	56.94	67.96	67.66
第三产业	81.36	85.29	89.62	89.83	94.86	108.74	125.17
按城乡分							
城镇	111.33	117.67	121.76	118.06	126.92	151.87	168.14
农村	50.29	50.27	48.78	49.27	49.13	49.09	49.33
按行业分							
农、林、牧、渔业	27.15	25.72	25.22	24.75	24.25	24.26	24.64
采矿业	7.93	8.37	8.36	7.92	8.63	10.49	10.41
制造业	32.71	36.11	34.78	32	35.22	31.97	31.44
电力、燃气及水的生产和供应业	1.89	1.64	1.76	1.67	1.66	2.55	2.87
建筑业	10.57	10.81	10.8	11.14	11.42	22.95	22.93
交通运输、仓储和邮政业	11.08	13.34	12.78	12.72	13.26	11.79	16.85
信息传输、计算机服务和软件业	1.44	2.08	2.15	1.89	2.33	6.11	6.78
批发和零售业	28.83	25.28	27.04	28.47	31.34	34.93	40.95
住宿和餐饮业	3.45	6.22	6.59	6.31	6.48	7.60	8.53
金融业	2.08	2.20	2.24	2.30	2.66	3.22	3.34
房地产业	0.78	0.90	0.99	0.96	1.05	1.82	2.20
租赁和商务服务业	2.51	2.77	3.25	2.97	3.33	5.42	6.41
科学研究、技术服务和地质勘查业	3.01	3.17	3.15	3.55	3.69	4.88	5.52
水利、环境和公共设施管理业	1.27	1.48	1.67	1.67	1.71	3.15	3.03
居民服务和其他服务业	3.13	3.76	4.87	4.61	4.89	4.53	4.89
教育	6.77	7.06	7.60	7.61	7.55	7.90	8.19

3-1 续表

单位：万人

指 标	2005	2007	2008	2009	2010	2013	2014
卫生、社会保障和社会福利业	2.59	2.93	3.12	3.2	3.31	4.01	4.49
文化、体育和娱乐业	1.51	1.95	2.08	2.05	1.99	2.08	2.64
公共管理和社会组织	4.97	5.22	5.42	5.53	5.72	6.42	6.36
其他	7.95	6.93	6.68	5.98	5.54	4.88	4.99

3-2 城镇非私营单位按国民经济行业分组的单位从业人员

指 标	单位从业人员年末人数（人）			
	总 计	国有	城镇集体	其他经济类型
总 计	**1078240**	**482200**	**35641**	**560399**
按企事业机关分组				
企业	831680	241773	31496	558411
事业	193790	188707	4145	938
机关	51499	51340		159
民间非营利组织	235			235
其他	1036	380		656
按国民经济行业分组				
农、林、牧、渔业	1958	1956	2	
采矿业	101381	3611	20	97750
制 造 业	202971	11478	11048	180445
电力、热力、燃气及水生产和供应业	27562	13322	49	14191
建筑业	181102	32380	5582	143140
批发和零售业	45140	11924	3830	29386
交通运输、仓储和邮政业	136408	120637	1244	14527
住宿和餐饮业	21354	7871	560	12923
信息传输、软件和信息技术服务业	18717	4919	15	13783
金融业	29938	13619	4239	12080
房地产业	12702	2652	305	9745
租赁和商务服务业	27459	14924	1667	10868
科学研究、技术服务业	39836	32086	72	7678

3-2 续表

指　　标	总　计	单位从业人员年末人数（人）		
		国有	城镇集体	其他经济类型
水利、环境和公共设施管理业	18587	15722	2719	146
居民服务、修理和其他服务业	9809	1512	720	7577
教育	81507	78531	1232	1744
卫生和社会工作	40565	36616	2115	1834
文化、体育和娱乐业	17638	15000	205	2433
公共管理、社会保障和社会组织	63606	63440	17	149

注：根据国家统计局企业"一套表"制度，本表数据包含了铁路系统驻并单位。

3-3 城镇非私营单位按国民经济行业分组的单位从业人员劳动报酬

指　　标	合　计	单位从业人员劳动报酬（万元）		
		国有	城镇集体	其他经济类型
总　计	**6121856.1**	**2922503.3**	**122101.6**	**3077251.2**
按企事业机关分组				
企业	4845642.8	1667859.7	108184.5	3069598.6
事业	991314.0	972883.4	13917.1	4513.5
机关	280601.8	280247.4		354.4
民间非营利组织	566.6			566.6
其他	3730.9	1512.8		2218.1
按国民经济行业分组				
农、林、牧、渔业	8928.0	8918.8	9.2	
采矿业	682309.2	18218.1	62.8	664028.3
制造业	928956.7	35041.4	27839.3	866076.0
电力、热力、燃气及水生产和供应业	186255.2	104593.1	147.0	81515.1
建筑业	878023.8	120737.0	15931.0	741355.8
批发和零售业	210162.2	58713.3	8985.4	142463.5
交通运输、仓储和邮政业	1089493.7	1011971.4	3208.0	74314.3
住宿和餐饮业	54320.8	23040.4	1237.5	30042.9
信息传输、软件和信息技术服务业	124406.4	37359.7	38.5	87008.2
金融业	356810.4	148658.6	39494.2	168657.6
房地产业	62212.2	9257.2	360.7	52594.3

3–3 续表

指 标	合 计	单位从业人员劳动报酬（万元）		
		国有	城镇集体	其他经济类型
租赁和商务服务业	123119.8	52283.6	5683.0	65153.2
科学研究、技术服务业	240718.9	184053.4	175.3	56490.2
水利、环境和公共设施管理业	56269.6	49689.1	6264.5	316.0
居民服务、修理和其他服务业	31967.9	6517.2	1534.7	23916.0
教育	475200.8	465073.6	2994.3	7132.9
卫生和社会工作	185877.4	171604.5	7595.6	6677.3
文化、体育和娱乐业	91066.7	82208.8	463.5	8394.4
公共管理、社会保障和社会组织	335756.4	334564.1	77.1	1115.2

注：根据国家统计局企业“一套表”制度，本表数据包含了铁路系统驻并单位。

3–4 城镇非私营单位按国民经济行业分组的在岗职工（含劳务派遣人员）人数

指 标	合 计	在岗职工年末人数（人）		
		国有	城镇集体	其他经济类型
总 计	**1044983**	**467512**	**33654**	**543817**
按企事业机关分组				
企业	805542	234057	29541	541944
事业	186962	181911	4113	938
机关	51324	51165		159
民间非营利组织	235			235
其他	920	379		541
按国民经济行业分组				
农、林、牧、渔业	1954	1952	2	
采矿业	100970	3362	20	97588
制造业	200817	10981	10599	179237
电力、热力、燃气及水生产和供应业	27555	13318	49	14188
建筑业	169833	31291	4693	133849
批发和零售业	43195	11094	3555	28546
交通运输、仓储和邮政业	134859	119448	1162	14249
住宿和餐饮业	20097	7011	559	12527

3-4 续表

指 标	合 计	在岗职工年末人数（人）		
		国有	城镇集体	其他经济类型
信息传输、软件和信息技术服务业	18555	4893	14	13648
金融业	29819	13619	4239	11961
房地产业	10238	2598	205	7435
租赁和商务服务业	25869	13807	1509	10553
科学研究、技术服务业	37147	30235	72	6840
水利、环境和公共设施管理业	15467	12642	2715	110
居民服务、修理和其他服务业	9460	1466	718	7276
教育	80880	77909	1227	1744
卫生和社会工作	39428	35499	2095	1834
文化、体育和娱乐业	16047	13760	204	2083
公共管理、社会保障和社会组织	62793	62627	17	149

注：根据国家统计局企业“一套表”制度，本表数据包含了铁路系统驻并单位。

3-5 城镇非私营单位按国民经济行业分组的在岗职工(含劳务派遣人员)工资总额

指 标	总 计	在岗职工工资总额(万元)		
		国有	城镇集体	其他经济类型
总 计	**6013680.4**	**2885596.0**	**118093.3**	**3009991.1**
按企事业机关分组				
企业	4751040.1	1644066.8	104248.4	3002724.9
事业	978440.7	960086.7	13844.9	4509.1
机关	280286.1	279931.7		354.4
民间非营利组织	566.6			566.6
其他	3346.9	1510.8		1836.1
按国民经济行业分组				
农、林、牧、渔业	8922.4	8913.2	9.2	
采矿业	681759.5	17891.0	62.8	663805.7
制造业	921971.8	34361.8	26734.9	860875.1
电力、热力、燃气及水生产和供应业	186168.3	104553.9	147.0	81467.4
建筑业	828721.8	116984.3	13656.6	698080.9

3-5　续表

指　　标	总　计	在岗职工工资总额(万元)		
		国有	城镇集体	其他经济类型
批发和零售业	205069.1	58109.6	8745.6	138213.9
交通运输、仓储和邮政业	1082616.9	1006522.6	3071.1	73023.2
住宿和餐饮业	51014.2	20963.5	1235.7	28815.0
信息传输、软件和信息技术服务业	124163.9	37271.0	31.1	86861.8
金融业	356524.4	148655.7	39494.2	168374.5
房地产业	57630.7	9207.7	360.7	48062.3
租赁和商务服务业	118261.8	48746.2	5497.6	64018.0
科学研究、技术服务业	229072.4	176539.9	175.3	52357.2
水利、环境和公共设施管理业	52862.5	46401.7	6255.6	205.2
居民服务、修理和其他服务业	31018.4	6424.5	1531.1	23062.8
教育	473642.3	463515.1	2994.3	7132.9
卫生和社会工作	183662.8	169438.2	7551.7	6672.9
文化、体育和娱乐业	86900.7	78591.9	461.7	7847.1
公共管理、社会保障和社会组织	333696.5	332504.2	77.1	1115.2

注：根据国家统计局企业“一套表”制度，本表数据包含了铁路系统驻并单位。

3-6　城镇非私营单位按国民经济行业分组的其他从业人员人数

指　　标	总　计	年末人数(人)		
		国有	城镇集体	其他经济类型
总　计	**33257**	**14688**	**1987**	**16582**
按企事业机关分组				
企业	26138	7716	1955	16467
事业	6828	6796	32	
机关	175	175		
民间非营利组织				
其他	116	1		115
按国民经济行业分组				
农、林、牧、渔业	4	4		
采矿业	411	249		162
制造业	2154	497	449	1208

3-6 续表

指　　标	总　计	年末人数(人)		
		国有	城镇集体	其他经济类型
电力、热力、燃气及水生产和供应业	7	4		3
建筑业	11269	1089	889	9291
批发和零售业	1945	830	275	840
交通运输、仓储和邮政业	1549	1189	82	278
住宿和餐饮业	1257	860	1	396
信息传输、软件和信息技术服务业	162	26	1	135
金融业	119			119
房地产业	2464	54	100	2310
租赁和商务服务业	1590	1117	158	315
科学研究、技术服务业	2689	1851		838
水利、环境和公共设施管理业	3120	3080	4	36
居民服务、修理和其他服务业	349	46	2	301
教育	627	622	5	
卫生和社会工作	1137	1117	20	
文化、体育和娱乐业	1591	1240	1	350
公共管理、社会保障和社会组织	813	813		

注：根据国家统计局企业“一套表”制度，本表数据包含了铁路系统驻并单位。

3-7 城镇非私营单位按国民经济行业分组的其他从业人员工资总额

指　　标	总　计	其他从业人员工资总额(万元)		
		国有	城镇集体	其他经济类型
总　计	**108175.7**	**36907.3**	**4008.3**	**67260.1**
按企事业机关分组				
企业	94602.7	23792.9	3936.1	66873.7
事业	12873.3	12796.7	72.2	4.4
机关	315.7	315.7		
民间非营利组织				
其他	384.0	2.0		382.0
按国民经济行业分组				
农、林、牧、渔业	5.6	5.6		

3-7　续表

指　　标	总　计	其他从业人员工资总额(万元)		
		国有	城镇集体	其他经济类型
采矿业	549.7	327.1		222.6
制造业	6984.9	679.6	1104.4	5200.9
电力、热力、燃气及水生产和供应业	86.9	39.2		47.7
建筑业	49302.0	3752.7	2274.4	43274.9
批发和零售业	5093.1	603.7	239.8	4249.6
交通运输、仓储和邮政业	6876.8	5448.8	136.9	1291.1
住宿和餐饮业	3306.6	2076.9	1.8	1227.9
信息传输、软件和信息技术服务业	242.5	88.7	7.4	146.4
金融业	286.0	2.9		283.1
房地产业	4581.5	49.5		4532.0
租赁和商务服务业	4858.0	3537.4	185.4	1135.2
科学研究、技术服务业	11646.5	7513.5		4133.0
水利、环境和公共设施管理业	3407.1	3287.4	8.9	110.8
居民服务、修理和其他服务业	949.5	92.7	3.6	853.2
教育	1558.5	1558.5		
卫生和社会工作	2214.6	2166.3	43.9	4.4
文化、体育和娱乐业	4166.0	3616.9	1.8	547.3
公共管理、社会保障和社会组织	2059.9	2059.9		

注：根据国家统计局企业“一套表”制度，本表数据包含了铁路系统驻并单位。

3-8　城镇非私营单位按国民经济行业分组的在岗职工(含劳务派遣人员)年平均工资

指　　标	总　计	在岗职工年平均工资(元)		
		国有单位	城镇集体单位	其他单位
总　计	**56885**	**62022**	**34756**	**53949**
按企事业机关分组				
企业	58056	70747	34905	53996

3-8 续表

指 标	总 计	在岗职工年平均工资(元)		
		国有单位	城镇集体单位	其他单位
事业	52513	52962	33670	48329
机关	54566	54667		22289
民间非营利组织	22047			22047
其他	38963	39654		38412
按国民经济行业分组				
农、林、牧、渔业	45569	45569	46000	
采矿业	67854	53121	31400	68372
制造业	46008	31088	25265	48158
电力、热力、燃气及水生产和供应业	71949	86969	30000	59017
建筑业	44650	37958	27264	46609
批发和零售业	47760	52521	24677	48789
交通运输、仓储和邮政业	80604	84020	26339	54695
住宿和餐饮业	24698	29505	22106	22181
信息传输、软件和信息技术服务业	66426	77567	22214	62612
金融业	121160	109709	93169	144689
房地产业	56885	35911	16934	65355
租赁和商务服务业	44907	35943	35862	56956
科学研究、技术服务业	62111	58370	24690	79752
水利、环境和公共设施管理业	34103	36615	23041	18159
居民服务、修理和其他服务业	32589	43764	21119	31485
教育	58442	59385	24403	40390
卫生和社会工作	47596	48719	36133	38818
文化、体育和娱乐业	54412	57467	22744	37510
公共管理、社会保障和社会组织	53083	53034	45353	74347

注：1. 2014 年城镇私营单位年平均工资为 30985 元。

2. 根据国家统计局企业“一套表”制度，本表数据包含了铁路系统驻并单位。

3-9 基本养老保险情况

单位：人

指 标	参保职工	缴费人员	离休、退休、退职人员	实发养老金金额(万元)
总 计	**809488**	**736549**	**368039**	**1058498**
企业	667059	625823	347919	1009608
1.国有企业	326108	309727	254815	776085
2.集体企业	68889	54646	72874	179675
3.其他企业	195434	185564	18553	48468
4.港澳台及外资企业	76628	75886	1677	5380
其他	142429	110726	20120	48890

注：数据来源于市社保中心。

3-10 城镇失业人员情况

单位：人

指 标	2014	2013
期末失业人数	48116	46725
上期结转的失业人数	46725	45262
本期新登记的失业人数	45225	49124
# 本期由就业转失业人数	8338	12597
本期失业人员就业人数	43834	47661

注：数据来源于市人社局。

第4篇

固定资产投资、建筑业

Investment in fixed assets and construction

资料整理、审核

苏人龙　　米俊峰　　王　敏　　陆慧敏

王　舰　　苏雯婷

4-1　固定资产投资规模

单位：万元

指　标	2014	比上年增长(%)
总　计	**17460868**	**4.5**
按投资类型分		
投资项目完成投资	12628575	1.8
房地产开发项目完成投资	4832293	12.4
按隶属关系分		
中央项目	1844442	65.3
省属项目	2350847	-32.6
市属项目	3872641	2.6
县(市、区)项目	2089947	54.2
其他	7302991	4.8

4-2　施工及竣工房屋建筑面积

单位：平方米

指　标	全年施工房屋面积	#住宅	全年竣工房屋面积	#住宅
总　计	**70906611**	**45732113**	**9435193**	**6291083**
按投资类型分				
投资项目	22534345	9282201	3414243	1250901
房地产开发项目	48372266	36449912	6020950	5040182

4-3 固定资产投资额

单位：万元

指 标	本年完成投资	本年新增固定资产
总 计	**17460868**	**11325373**
#住宅	5080224	
按登记注册类型分		
内资	16892030	10871485
国有	6551907	5015334
集体	2222509	1465805
国有独资	386821	248341
其他有限责任公司	3069023	1137975
股份有限公司	282446	131196
其他	290271	216578
港澳台商投资	431273	315290
#合资经营	407956	221304
独资经营	23113	93986
外商投资	98863	99934
合资经营	26030	92934
外资企业	70176	7000
个体经营	38702	38664
按隶属关系分		
中央项目	1844442	1509871
地方项目	15616426	9815502
省属	2350847	2682844
市属	3872641	1105683
县(市、区)属	2089947	1530988
其他	7302991	4495987
按建设性质分		
#新建	9067685	4926718
扩建(改建)	787943	935110
改建和技术改造	1982873	1428466
按构成分		
建筑工程	9768988	
安装工程	1695492	
设备工器具购置	1917719	
其他费用	4078669	
按国民经济部门(行业)分		
农、林、牧、渔业	268229	217156
采矿业	840056	744391
制造业	2419175	2226141
电力、热力、燃气及水的生产和供应业	1120929	849314
建筑业	41268	50315
批发和零售业	250333	63830
交通运输、仓储和邮政业	502754	896773
住宿和餐饮业	14750	33554
信息传输、软件和信息技术服务业	293293	239555
房地产业	7724521	4960353
租赁和商务服务业	59771	83040
科学研究和技术服务业	94651	40589
水利、环境和公共设施管理业	3259873	688892
居民服务和其他服务业	104385	38930
教育	184724	71333
卫生和社会工作	96588	24034
文化、体育和娱乐业	70218	64146
公共管理和社会组织	115350	33027

4-4 固定资产投资资金来源情况

单位：万元

指　标	投资项目	房地产开发项目
一、本年资金来源合计	**10312612**	**7114443**
1.上年末结余资金	316555	1839260
2.本年资金来源小计	9996057	5275183
国内贷款	459929	812209
自筹资金	7820697	2057842
# 企、事业单位自筹	1816806	892396
其他资金	658534	2405132
二、本年各项应付款合计	**2998629**	**1003666**
# 工程款	668700	595716

4-5 房地产开发投资完成情况

单位：万元

指　标	单　位	合　计		按经济类型分		
			# 住宅	国有	集体	其他
房地产开发投资	万元	4832293	3256689	1183026	29222	3620045
本年新增固定资产	万元	3049851		384628	4744	2660479
施工面积	平方米	48372266	36449912	9579097	472926	38320243
竣工面积	平方米	6020950	5040182	1347214	22602	4651134
商品房屋销售面积	平方米	4280295	4010398	847656	104482	3328157
商品房销售额	万元	3259538	2853424	560062	74109	2625367

4-6 房地产开发资金来源情况

单位：万元

指　标	合　计	按经济类型分		
		国有	集体	其他
一、本年资金来源合计	**7114443**	**1881609**	**107915**	**5124919**
1.年末结余资金	1839260	773528	45391	1020341
2.本年资金来源小计	5275183	1108081	62524	4104578
国内贷款	812209	155000		657209
自筹资金	2057842	566747	113	1490982
# 自有资金	892396	134790	105	757501
其他资金来源	2405132	386334	62411	1956387
# 定金及预收款	1710176	345441	35687	1329048
个人按揭贷款	520397	25688	26724	467985
二、本年各项应付款	**1003666**	**191377**		**812289**
# 工程款	595716	120017		475699

4-7　房地产开发单位生产和经营情况

单位：万元

指　标	总　计	按经济类型分		
		国有	集体	其他
一、实收资本合计	**32989511**	**7622176**	**132410**	**25234925**
二、年末资产负债情况				
资产总计	277184253	54136933	3224799	219822521
固定资产累计折旧	1605743	99476	29736	1476531
#本年折旧	338204	20123	1579	316502
负债总计	240317130	45378869	2504500	192433761
所有者权益合计	36867123	8758064	720299	27388760
三、损益及分配				
1.营业收入总计	29869696	6717422	282935	22869339
#主营业务收入	29445937	6672736	282935	22490266
(1)土地转让收入	47445			47445
(2)商品房屋销售收入	26560015	4771293	256737	21531985
(3)房屋出租收入	455775	54571	17122	384082
(4)其他收入	2382702	1846872	9076	526754
2.营业成本	20800867	5582851	182667	15035349
#主营业务成本	20668307	5575354	182667	14910286
3.营业税金及附加	2583754	415588	24895	2143271
#主营业务税金及附加	2349229	396666	24895	1927668
4.其他业务利润	73426	3168		70258
5.销售费用	1124577	131225	25817	967535
6.管理费及财务费用	3705027	194923	18440	3491664
7.投资收益及营业外收入	55182	25117	1453	28612
8.营业外支出	154254	10118	791	143345
9.利润总额	1291207	417771	31778	841658

4-8　房地产开发商品房销售与出租情况

单位：平方米

指　标	实际销售	预售	待售	出租	实际销售额(万元)
房屋面积	**4280295**	**4492016**	**1579267**	**16000**	**3259538**
1.住宅	4010398	3875953	1339899		2853424
#别墅、高档公寓	122745	101414	48045		146079
2.办公楼	141514	122090	30592		210371
3.商业营业用房	98951	405620	179569	16000	161481
4.其他	29432	88353	29207		34262

4-9　房地产开发施工、竣工面积及竣工价值

单位：平方米

指　标	施工面积	#新开工	竣工面积	竣工房屋价值(万元)
房屋建筑面积	**48372266**	**7625354**	**6020950**	**2834150**
按用途分				
1.住宅	36449912	4838689	5040182	2415703
#别墅、高档公寓	738239	33021	205756	123911
2.办公楼	2642248	1154820	92982	40604
3.商业营业用房	4515755	815795	410858	217739
4.其它	4764351	816050	476928	160104

4-10　建筑业主要经济指标

指　标	单　位	2014	2013
施工单位	个数	1135	1081
施工产值	万元	20524948	20062431
#建筑工程	万元	17540209	17085961
安装工程	万元	2347643	2297727
竣工产值	万元	7892518	8647902
房屋建筑施工面积	平方米	86730287	81260015
房屋建筑竣工面积	平方米	17933634	15149442
计算建筑业劳动生产率平均人数	人	638958	628019
从业人员期末人数	人	289908	289171
工资总额	万元	1275142	1189342
劳动生产率			
按施工产值计算	元/人	321225	319456
按房屋建筑竣工面积计算	平方米/人	28.1	24.1
资产合计	万元	24844885	22245932
负债合计	万元	19585014	17424931
所有者权益	万元	5235667	4814024
实收资本合计	万元	3240813	2909681
#国家资本	万元	1013444	753211
利润总额	万元	570421	597432
亏损企业个数	个	292	280
亏损企业亏损额	万元	38778	21554
利税总额	万元	1201049	1193644

4–11 建筑施工企业生产完成情况

指 标	单位	总计	按经济类型分			按隶属关系分		
			国有	集体	其他	中央	省属	市属
企业个数	个	1074	125	26	923	37	62	975
建筑业总产值	万元	20411037	13690583	112228	6608226	9405845	4795782	6209410
1.建筑工程	万元	17426298	11994315	73676	5358307	8409970	4131288	4885040
2.安装工程	万元	2347643	1350323	28651	968669	820495	494925	1032223
3.其它	万元	637096	345945	9901	281250	175381	169569	292146
竣工产值	万元	7778607	4419312	48358	3310937	2924096	1910024	2944487
房屋建筑施工面积	平方米	86730287	59724471	80887	26924929	19737169	39651596	27341522
# 本年新开工面积	平方米	28559649	19426666	59609	9073374	7109939	12161897	9287813
投标承包面积	平方米	80376021	58961152	17504	21397365	19716679	38952767	21706575
房屋建筑竣工面积	平方米	17933634	9661709	64287	8207638	2602313	6981371	8349950
自有机械设备净值	万元	762305	536811	4798	220695	483279	63419	215607
自有机械设备年末总台数	台	88948	53679	2108	33161	31770	19816	37362
自有机械设备年末总功率	千瓦	4021492	3266221	36117	719154	2806731	443155	771606

4–12 建筑业财务状况

指 标	单位	总计	按经济类型分			按隶属关系分		
			国有	集体	其他	中央	省属	市属
一、年末资产负债								
流动资产合计	万元	20249660	14877302	127737	5244621	10832293	5243248	4174119
# 应收工程款	万元	7112647	5148271	25022	1939354	2875762	2494100	1742785
# 存货	万元	2797101	2158148	23969	614984	1720943	519928	556230
固定资产合计	万元	1421134	784488	18846	617800	560176	229478	631480
固定资产原价	万元	2374452	1530125	27161	817166	1165466	336411	872575
累计折旧	万元	1148919	827448	10370	311101	672548	145837	330534
# 本年折旧	万元	181098	121205	692	59201	99034	21485	60579
在建工程	万元	109635	60992	1943	46700	25420	33819	50396
资产合计	万元	24783700	18108418	150259	6525023	12609957	7127491	5046252
流动负债合计	万元	17635688	13577495	123264	3934929	10452644	4473694	2709350
# 应付账款	万元	8678757	7305367	28940	1344450	5190924	2227143	1260690

4-12 续表

指标	单位	总计	按经济类型分			按隶属关系分		
			国有	集体	其他	中央	省属	市属
非流动负债合计	万元	1810826	1650705	274	159847	405759	1376945	28122
负债合计	万元	19548033	15275609	124407	4148017	10897525	5850676	2799832
所有者权益合计	万元	5235667	2832810	25851	2377006	1712432	1276815	2246420
实收资本	万元	3221875	1470724	23681	1727470	954959	545995	1720921
国家资本	万元	1013444	1004415		9029	593793	342786	76865
集体资本	万元	75743	4429	20058	51256		5418	70325
法人资本	万元	1090533	399960	2706	687867	361167	141543	587823
个人资本	万元	1031139	61820	917	968402		56248	974891
港澳台资本	万元	10616			10616			10616
外商资本	万元	100	100					100
二、损益及分配								
营业收入	万元	21125901	14817463	117309	6191129	10668884	4594480	5862537
# 主营业务收入	万元	20850301	14728377	108939	6012985	10636317	4551075	5662909
营业成本	万元	18898864	13174839	102212	5621813	9426754	4170647	5301463
# 主营业务成本	万元	18632138	13103618	94590	5433930	9393920	4143004	5095214
营业税金及附加	万元	621488	435164	3360	182964	280160	151680	189648
# 主营业务税金及附加	万元	615169	432815	2625	179729	279707	149951	185511
其他业务利润	万元	33933	25914	855	7164	8577	15166	10190
销售费用	万元	37762	4259	3390	30113	3301	487	33974
管理费用	万元	892857	666210	7340	219307	481124	195939	215794
# 税金	万元	14132	7304	402	6426	4370	2490	7272
财务费用	万元	121707	93319	234	28154	84579	23398	13730
# 利息收入	万元	63526	42908	1451	19167	53191	7391	2944
# 利息支出	万元	168775	125608	18	43149	134342	22619	11814
营业利润	万元	561849	432316	551	128982	408259	44563	109027
补贴收入	万元	25547	20618	202	4727	8188	13308	4051
营业外收入	万元	10661	8965	144	1552	483	8432	1746
营业外支出	万元	17923	9917	50	7956	6823	2928	8172
利润总额	万元	569474	443017	702	125755	409624	54943	104907
应交所得税	万元	68338	41234	169	26935	29894	12009	26435
三、人工成本								
应付职工薪酬	万元	1274266	875755	15112	383399	638576	248380	387310
四、亏损企业个数	**个**	**274**	**23**	**8**	**243**	**3**	**12**	**259**
五、亏损额	**万元**	**38522**	**20927**	**259**	**17336**	**4372**	**15195**	**18955**

4-13 劳务分包建筑企业生产经营情况

单位：万元

指 标	总 计	按经济类型分			按隶属关系分		
		国有	集体	其他	中央	省属	市属
一、产值完成情况							
建筑业总产值	113911	4011	251	109649	251	13304	100356
二、年末资产负债							
固定资产原价	5192	2449	65	2678	65	2952	2175
本年折旧	742	394	30	318	30	472	240
资产总计	61184	9545	155	51484	155	14468	46561
负债合计	36981	8114	74	28793	74	10726	26181
实收资本	18939	1340	46	17553	46	3460	15433
三、损益及分配							
营业收入	122692	13726	251	108715	251	23019	99422
#主营业务收入	113165	4240	251	108674	251	13533	99381
营业成本	117276	13296	142	103838	142	21937	95197
#主营业务成本	107728	4044	142	103542	142	12390	95196
营业税金及附加	1304	129	9	1166	9	483	812
#主营业务税金及附加	1297	124	9	1164	9	478	810
销售费用	40			40			40
管理费用	2905	187	102	2616	102	424	2379
#税金	30			30		6	24
财务费用	206	81		125		125	81
营业利润	1014	33		981		49	965
利润总额	946	32		914		47	899

第5篇

能源消费与库存

Energy consumption and inventory

资料整理、审核

任永刚　　郭　波　　李　晶　　侯媛媛

5-1 一、二次能源生产量及构成

指　标	2014	2013
一次能源产量（万吨标准煤）	**2603.71**	**2651.1**
主要能源品种占一次能源产量(%)		
原煤	100.0	100.0
二次能源产量（万吨标准煤）	**4165.95**	**4368.20**
主要能源品种占二次能源产量(%)		
火电	7.6	6.4
洗精煤	46.2	53.2
焦炭	25.2	26.0

5-2 煤炭、石油制品及焦碳消费量

单位：万吨

指　标	2014	2013
煤炭	**6407.67**	**6621.80**
#工业生产消费	6403.72	6615.91
#发电	902.15	1041.03
炼焦	1391.76	1486.00
#非工业生产消费	3.96	5.89
工业石油制品（标准煤）	**14.11**	**16.62**
焦炭	**373.75**	**321.08**
工业生产	373.75	321.08

5-3　全社会用电量

单位：万千瓦时

指　标	2014	2013
全社会用电量总计（包含省返线损、省调厂用电）	**2532793.00**	**2474283.60**
省返线损	55343.00	47533.00
省调厂用电	274769.04	283653.16
全社会实用电总计	**2223068.16**	**2151343.71**
A.全行业用电合计	1920204.13	1865787.48
第一产业	17965.99	17357.00
第二产业	1534456.09	1501130.71
第三产业	367782.05	347299.78
B.城乡居民用电合计	302864.02	285556.22
城镇居民	269388.71	254054.29
乡村居民	33475.31	31501.93
全行业用电分类	**1920204.13**	**1865787.48**
一、农、林、牧、渔业	**17965.99**	**17357.00**
1.农业	4359.55	4212.80
2.林业	864.68	945.42
3.畜牧业	1855.24	1739.23
4.渔业	152.28	141.84
5.农、林、牧、渔服务业	10734.22	10317.71
# 排灌	10538.95	9912.48
二、工业	**1498016.62**	**1466561.37**
轻工业	39302.46	43255.99
重工业	1458714.17	1423305.38
(一)采矿业	213285.89	214831.87
1.煤炭开采和洗选业	158408.66	157318.27
2.石油和天然气开采业	297.19	322.75
3.黑色金属矿采选业	51194.86	53224.65
4.有色金属矿采选业	591.35	628.91
5.非金属矿采选业	2234.37	2676.26
6.其他采矿业	559.44	661.03
(二)制造业	1144212.16	1126451.59
1.食品、饮料和烟草制造业	16094.45	17345.19
# 农副食品加工业	4312.43	4458.41
2.纺织业	2082.63	2664.03
3.服装鞋帽、皮革羽绒及其制品业	207.05	253.64
4.木材加工及制品和家具制品业	1582.57	1506.17
# 轻工业	765.68	710.14
5.造纸及纸制品业	2736.24	3100.49
6.印刷业和记录媒介的复制	1798.64	1993.75
7.文教体育用品制造业	73.59	56.40
8.石油加工炼焦及核燃料	44766.71	42782.13
9.化学原料及化学制品制造	9373.02	23941.58
# 轻工业	890.53	1008.67
# 氯　碱	3.23	11971.39
肥　料	98.93	84.47
10.医药制造业	2073.97	2307.78
11.化学纤维制造业	998.87	2047.08
12.橡胶和塑料制品业	11121.96	12149.79
# 轻工业	764.22	842.18

5-3 续表

单位：万千瓦时

指　标	2014	2013
13.非金属矿物制品业	57620.47	58120.52
#轻工业	452.30	495.33
#水泥制造	40768.76	43356.93
14.黑色金属冶炼及压延	715869.83	667071.67
#铁合金冶炼	18111.11	28111.73
15.有色金属冶炼及压延	123262.52	136011.47
#铝冶炼	104041.49	116525.50
16.金属制品业	29451.01	27277.34
#轻工业	714.89	946.89
17.通用及专用设备制造业	55769.73	57326.43
#轻工业	64.16	100.63
18.交通运输、电气、电子设备制造业	60710.31	62083.94
#轻工业	92.83	143.10
#交通运输设备制造业	7005.13	5215.42
19.工艺品及其他制造业	2116.17	2001.63
20.废弃资源和废旧材料回收	6502.39	6410.57
(三)电力、煤气及水的生产及供应业	140518.57	125277.92
1.电力、热力的生产和供应	105622.28	92292.76
#电厂生产全部耗用电量	17906.89	16719.81
线路损失电量	78947.33	65551.77
抽水蓄能抽水耗用电量	1087.44	2600.31
2.燃气生产和供应业	13445.38	11838.81
3.水的生产和供应业	21450.91	21146.32
#轻工业	7376.27	7239.03
三、建筑业	**36439.47**	**34559.34**
四、交通运输、仓储和邮政业	**92860.51**	**82955.01**
1.交通运输业	59214.02	46531.02
#城市公共交通	1008.22	1009.57
管道运输业	33471.61	26878.32
电气化铁路	773.46	680.09
2.仓储业	31790.90	34534.38
3.邮政业	1855.60	1889.62
五、信息传输、计算机服务和软件业	**18339.20**	**15763.34**
1.电信和其他信息传输服务业	17715.49	15123.81
2.计算机服务和软件业	623.71	639.52
六、商业、住宿和餐饮业	**80498.93**	**76599.86**
1.批发和零售业	58952.24	54565.15
2.住宿和餐饮业	21546.68	22034.70
七、金融、房地产、商务及居民服务业	**70707.85**	**68679.72**
1.金融业	4069.24	3874.98
2.房地产业	23832.69	23468.49
3.租赁和商务服务业、居名服务和其他服务业	42805.92	41336.24
八、公共事业及管理组织	**105375.66**	**103301.85**
1.科学研究、技术服务和地质勘察业	7302.36	724.88
#地质勘察业	386.65	624.45
2.水利、环境和公共设施管理业	17326.55	16825.16
#水利管理业	3179.83	2944.20
公共照明业	4639.48	4122.93
3.教育、文化、体育和娱乐业	36173.91	34687.49
#教育	25604.93	24096.06
4.卫生、社会保障和社会福利业	16726.66	16073.69
5.公共管理和社会组织、国际组织	27846.08	28474.63

5-4 规模以上工业企业

指 标	单 位	年初库存量	购进量	
			实物量	金额（万元）
原煤	吨	1769366.52	18803184.37	7885219.66
#1.无烟煤	吨	648.09	47864.82	26128.44
2.炼焦烟煤	吨	565154.09	4529713.56	1938234.67
3.一般烟煤	吨	1203564.34	14225605.99	5920856.55
4.褐煤	吨			
洗精煤	吨	1259365.81	10256822.69	9204002.46
其他洗煤	吨	51459.27	120906.51	27648.93
煤制品	吨	47.00	8069.88	2998.05
焦炭	吨	189109.01	1585317.80	2045548.00
其他焦化产品	吨	19008.95	231697.18	663674.00
焦炉煤气	万立方米		75571.10	651585.20
高炉煤气	万立方米			
转炉煤气	万立方米			
天然气（气态）	万立方米	67.16	20170.82	523946.98
液化天然气（液态）	吨		116.91	806.98
煤层气（煤田）	万立方米			
汽油	吨	157.79	10208.99	87161.72
煤油	吨	1033.30	3300.04	22735.47
柴油	吨	5540.27	64545.23	517614.28
燃料油	吨	2049.66	2257.82	14561.43
液化石油气	吨		1666.74	13252.46
润滑油	吨	2.36	4.83	30.05
石蜡	吨	15.88		
石油焦	吨	14268.00	3827.00	5512.00
其他石油制品	吨	1299.06	4894.49	11319.11
热力	百万千焦		2932203.20	155669.41
电力	万千瓦时		776269.78	4453003.82
煤矸石用于燃料	吨		11398.00	308.00
余热余压	百万千焦			
能源合计	吨标准煤			

能源购进、消费与库存情况

合 计	消费量				期末库存量
	1.工业生产消费	用于原材料	2.非工业生产消费	合计中：运输工具消费	
48075490.09	48044268.50	48705.83	31221.59		1538119.37
47435.51	47309.51	42917.15	126.00		1077.40
34049566.95	34023597.85		25969.10		92887.31
13978487.63	13973361.14	5788.68	5126.49		1444154.66
14016386.92	14013682.92		2704.00		1286439.92
1976713.48	1974953.48		1760.00		63774.31
8110.88	4220.88	360.00	3890.00	360.00	6.00
3737546.12	3737505.10		41.00		235666.22
233512.22	233512.22	17420.00			17192.81
252150.51	252060.63	667.00	89.88		
1388070.46	1388070.46				
84626.83	84626.83				
20664.40	19095.20	36.83	1569.21		27.78
116.91	91.81		25.10		
5714.74	5714.74				
10583.42	5083.34	365.35	5500.08	2788.37	181.78
3517.00	3516.65	8.42	0.35		816.52
66028.70	54005.99	17.64	12022.72	8960.78	4113.07
2862.30	2862.30				1445.18
1666.74	1666.55		0.19		
4.83	3.71		1.12		1.86
					15.88
10545.37	10545.37				7549.63
5681.02	5678.03	5656.01	2.99		512.53
30848599.95	29056141.27		1792458.68		
1581993.72	1565638.95		16354.76	162.33	
609058.56	609058.56				
14849954.41	14849954.41				
62298958.87	62142387.53		156571.6		

5-5 规模以上工业企业能源加工转换投入产出情况

指 标	单 位	工业生产消费量	加工转换投入合计	火力发电	供热	原煤入洗	炼焦	能源加工转换产出	回收利用
原煤	吨	47476747.44	45282231.11	7211020.32	2264497.76	35806713.03			
#1.无烟煤	吨								
2.炼焦烟煤	吨	34023597.85	33868140.64	671533.68	163561.62	33033045.34			
3.一般烟煤	吨	13453149.59	11414090.47	6539486.64	2100936.14	2773667.69			
4.褐煤	吨								
洗精煤	吨	14007861.42	13917551.07				13917551.07	21396238.48	
其它洗煤	吨	1967611.01	1895592.72	1810468.72	85124.00			5840369.10	
焦炭	吨	3689331.00						10786405.64	
其它焦化产品	吨	216092.22						405148.47	
焦炉煤气	万立方米	238885.46	30865.38	23223.38	7642.00			227969.04	
高炉煤气	万立方米	1388070.46	311858.00	111194.00	200664.00				1546521.53
转炉煤气	万立方米	84626.83							84899.29
天然气（气态）	万立方米	16300.26	356.20		356.20				
煤层气（煤田）	万立方米	5714.74	5714.74	5714.74					
汽油	吨	2440.49							
煤油	吨	3464.64							
柴油	吨	38146.79							
燃料油	吨	2833.00							
石油焦	吨	10545.37							
热力	百万千焦	26416682.33						39940427.75	
电力	万千瓦时	1157419.45						2566036.82	
煤矸石用于燃料	吨	609058.56	609058.56	561662.38	47396.18			596724.56	
余热余压	百万千焦	14849954.41	14849954.22	14849954.22					32495574.96
能源合计	吨标准煤	60905910.12	50130070.46	7730335.77	1931774.89	27492883.90	12975075.90	41659500.49	3087340.32

5-6 规模以上工业企业主要能源按工业行业分组消费量(一)

指　　标	原煤(吨)	无烟煤(吨)	炼焦烟煤(吨)	一般烟煤(吨)
全部工业企业	**48075490.09**	**47435.51**	**34049566.95**	**13978487.63**
一、按工业行业门类分				
(一)轻工业	39519.25	1192.36		38326.89
(二)重工业	48035970.84	46243.15	34049566.95	13940160.74
(三)采矿业	32447370.94		30447167.25	2000203.69
煤炭开采和洗选业	32446920.94		30447167.25	1999753.69
黑色金属矿采选业	450.00			450.00
(四)制造业	9080366.37	47435.51	3602399.70	5430531.16
农副食品加工业	15709.71	342.36		15367.35
食品制造业	10739.11	850.00		9889.11
酒、饮料和精制茶制造业	568.00			568.00
烟草制品业				
纺织业				
纺织服装、服饰业				
木材加工和木、竹、藤、棕、草制品业	1515.65			1515.65
家具制造业				
造纸和纸制品业	1811.78			1811.78
印刷和记录媒介复制业				
文教、工美、体育和娱乐用品制造业				
石油加工、炼焦和核燃料加工业	4376411.70		3602399.70	774012.00
化学原料和化学制品制造业	2562.20			2562.20
医药制造业				
橡胶和塑料制品业				
非金属矿物制品业	558553.76	126.00		558427.76
黑色金属冶炼和压延加工业	3999842.77	3200.00		3996642.77
有色金属冶炼和压延加工业	41765.00			41765.00
金属制品业	51783.03	42917.15		8865.88
通用设备制造业	2724.00			2724.00
专用设备制造业	533.12			533.12
汽车制造业				
铁路、船舶、航空航天和其他运输设备制造业	7590.00			7590.00
电气机械和器材制造业	1872.00			1872.00
计算机、通信和其他电子设备制造业	6384.54			6384.54
仪器仪表制造业				
其他制造业				
(五)电力、热力、燃气及水生产和供应业	6547752.78			6547752.78
电力、热力生产和供应业	6547752.78			6547752.78
燃气生产和供应业				
水的生产和供应业				

5-6　规模以上工业企业主要能源按工业行业分组消费量(二)

指　标	洗精煤（吨）	其它洗煤(吨)	煤制品(吨)	焦炭(吨)	其它焦化产品(吨)
全部工业企业	**14016386.92**	**1976713.48**	**8110.88**	**3737546.12**	**233512.22**
一、按工业行业门类分					
(一)轻工业	6400.50	22868.00	1524.94		
(二)重工业	14009986.42	1953845.48	6585.94	3737546.12	233512.22
(三)采矿业	1124493.00	1868131.01	3935.00		
煤炭开采和洗选业	1124493.00	1868131.01	3935.00		
黑色金属矿采选业					
(四)制造业	12891893.92	108582.47	4175.88	3737546.12	233512.22
农副食品加工业			65.00		
食品制造业		3325.00	51.00		
酒、饮料和精制茶制造业		1680.00			
烟草制品业	4728.00				
纺织业			1351.00		
纺织服装、服饰业					
木材加工和木、竹、藤、棕、草制品业					
家具制造业			57.94		
造纸和纸制品业		17473.00			
印刷和记录媒介复制业					
文教、工美、体育和娱乐用品制造业					
石油加工、炼焦和核燃料加工业	10039349.07				
化学原料和化学制品制造业			171.94		233512.22
医药制造业	1672.50	390.00			
橡胶和塑料制品业	125.00				
非金属矿物制品业			360.00	11326.00	
黑色金属冶炼和压延加工业	2844019.35			3719249.68	
有色金属冶炼和压延加工业					
金属制品业			659.00	6832.52	
通用设备制造业			610.00		
专用设备制造业		85124.00	850.00	8.92	
汽车制造业					
铁路、船舶、航空航天和其他运输设备制造业		590.47		129.00	
电气机械和器材制造业					
计算机、通信和其他电子设备制造业	2000.00				
仪器仪表制造业					
其他制造业					
(五)电力、热力、燃气及水生产和供应业					
电力、热力生产和供应业					
燃气生产和供应业					
水的生产和供应业					

5-6 规模以上工业企业主要能源按工业行业分组消费量(三)

指　　标	焦炉煤气(万立方米)	高炉煤气(万立方米)	转炉煤气(万立方米)	天然气（气态）(万立方米)
全部工业企业	**252150.51**	**1388070.46**	**84626.83**	**20664.40**
一、按工业行业门类分				
(一)轻工业	129.93			1436.68
(二)重工业	252020.58	1388070.46	84626.83	19227.72
(三)采矿业	49.00			554.54
煤炭开采和洗选业	49.00			554.54
黑色金属矿采选业				
(四)制造业	252101.51	1388070.46	84626.83	19722.18
农副食品加工业				527.45
食品制造业	129.93			775.31
酒、饮料和精制茶制造业				83.31
烟草制品业				3.64
纺织业				
纺织服装、服饰业				
木材加工和木、竹、藤、棕、草制品业				
家具制造业				
造纸和纸制品业				26.30
印刷和记录媒介复制业				1.12
文教、工美、体育和娱乐用品制造业				
石油加工、炼焦和核燃料加工业	94262.41			
化学原料和化学制品制造业	6481.00			19.55
医药制造业				
橡胶和塑料制品业	4119.08			423.41
非金属矿物制品业	498.55			4.60
黑色金属冶炼和压延加工业	127534.86	1388070.46	84626.83	15458
有色金属冶炼和压延加工业	6830.00			
金属制品业				447.53
通用设备制造业				246.38
专用设备制造业	11961.68			1485.45
汽车制造业	80.00			0.09
铁路、船舶、航空航天和其他运输设备制造业				90.00
电气机械和器材制造业				25.00
计算机、通信和其他电子设备制造业	204.00			90.04
仪器仪表制造业				15.00
其他制造业				
(五)电力、热力、燃气及水生产和供应业				387.68
电力、热力生产和供应业				356.20
燃气生产和供应业				31.48
水的生产和供应业				

5-6 规模以上工业企业主要能源按工业行业分组消费量(四)

指　标	液化天然气（液态）(吨)	煤层气（煤田）(万立方米)	汽油（吨）	煤油（吨）	柴油（吨）
全部工业企业	**116.91**	**5714.74**	**10583.42**	**3517.00**	**66028.70**
一、按工业行业门类分					
(一)轻工业	13.00		1742.72		2031.41
(二)重工业	103.91	5714.74	8840.70	3517.00	63997.29
(三)采矿业		5714.74	3252.24	3161.07	17273.28
煤炭开采和洗选业		5714.74	3203.24	3161.07	13822.28
黑色金属矿采选业			49.00		3451.00
(四)制造业	116.91		6540.50	355.93	47146.60
农副食品加工业	13.00		435.19		292.23
食品制造业			292.40		66.54
酒、饮料和精制茶制造业			90.10		230.98
烟草制品业			19.98		35.69
纺织业			21.56		3.93
纺织服装、服饰业					
木材加工和木、竹、藤、棕、草制品业					
家具制造业			70.35		4.11
造纸和纸制品业			75.09		139.43
印刷和记录媒介复制业			213.14		935.60
文教、工美、体育和娱乐用品制造业			23.46		62.00
石油加工、炼焦和核燃料加工业			382.75	294.13	2908.97
化学原料和化学制品制造业			354.07		311.19
医药制造业			65.66		15.45
橡胶和塑料制品业			134.16	7.73	106.15
非金属矿物制品业	75.00		550.01		9558.34
黑色金属冶炼和压延加工业			1039.51		30489.17
有色金属冶炼和压延加工业	18.00		99.78		257.42
金属制品业			451.92	0.85	337.95
通用设备制造业			477.65	1.74	320.57
专用设备制造业	4.95		498.65	12.29	568.54
汽车制造业	2.46		5.52		22.17
铁路、船舶、航空航天和其他运输设备制造业			162.89	38.50	215.36
电气机械和器材制造业	3.50		192.95	0.69	57.03
计算机、通信和其他电子设备制造业			291.00		193.44
仪器仪表制造业			587.11		13.00
其他制造业			5.60		1.34
(五)电力、热力、燃气及水生产和供应业			790.68		1608.82
电力、热力生产和供应业			157.35		1485.42
燃气生产和供应业			410.05		
水的生产和供应业			223.28		123.40

5-6 规模以上工业企业主要能源按工业行业分组消费量(五)

指　标	燃料油（吨）	液化石油气（吨）	润滑油（吨）	石油焦（吨）
全部工业企业	**2862.30**	**1666.74**	**4.83**	**10545.37**
一、按工业行业门类分				
(一)轻工业		0.19		
(二)重工业	2862.30	1666.55	4.83	10545.37
(三)采矿业				
煤炭开采和洗选业				
黑色金属矿采选业				
(四)制造业	29.30	1666.74	4.83	10545.37
农副食品加工业				
食品制造业				
酒、饮料和精制茶制造业				
烟草制品业				
纺织业				
纺织服装、服饰业				
木材加工和木、竹、藤、棕、草制品业				
家具制造业				
造纸和纸制品业				
印刷和记录媒介复制业				
文教、工美、体育和娱乐用品制造业				
石油加工、炼焦和核燃料加工业				10545.37
化学原料和化学制品制造业		0.19		
医药制造业				
橡胶和塑料制品业				
非金属矿物制品业				
黑色金属冶炼和压延加工业		1.55		
有色金属冶炼和压延加工业				
金属制品业				
通用设备制造业	29.30		4.83	
专用设备制造业				
汽车制造业				
铁路、船舶、航空航天和其他运输设备制造业				
电气机械和器材制造业				
计算机、通信和其他电子设备制造业		1665		
仪器仪表制造业				
其他制造业				
(五)电力、热力、燃气及水生产和供应业	2833.00			
电力、热力生产和供应业	2833.00			
燃气生产和供应业				
水的生产和供应业				

5-6 规模以上工业企业主要能源按工业行业分组消费量(六)

指 标	其它石油制品（吨）	热力（百万千焦）	电力（万千瓦时）	煤矸石用于燃料（吨）	余热余压（百万千焦）
全部工业企业	**5681.02**	**30848599.95**	**1581993.72**	**609058.56**	**14849954.41**
一、按工业行业门类分					
(一)轻工业		258052.75	22762.44	12334.00	
(二)重工业	5681.02	30590547.20	1559231.28	596724.56	14849954.41
(三)采矿业		3184555.07	241008.21	596724.56	
煤炭开采和洗选业		3184555.07	230119.71	596724.56	
黑色金属矿采选业			9488.50		
(四)制造业	5681.02	27664044.88	1200618.12	12334.00	14849954.41
农副食品加工业			2647.12		
食品制造业		73432.50	2783.19		
酒、饮料和精制茶制造业		80360.40	2062.35		
烟草制品业			1191.49		
纺织业			1329.29		
纺织服装、服饰业			22.03		
木材加工和木、竹、藤、棕、草制品业			75.58		
家具制造业			44.43		
造纸和纸制品业			1826.80	12334.00	
印刷和记录媒介复制业		42079.80	1619.97		
文教、工美、体育和娱乐用品制造业			95.74		
石油加工、炼焦和核燃料加工业		1035541.00	41093.38		727759.32
化学原料和化学制品制造业		1165590.46	122358.93		594430.09
医药制造业		47310.59	905.32		
橡胶和塑料制品业		10356.00	9870.45		
非金属矿物制品业		1156.10	47027.05		348997.00
黑色金属冶炼和压延加工业		22953960.00	760048.20		13178768.00
有色金属冶炼和压延加工业			106073.59		
金属制品业	5656.01	365200.00	5106.08		
通用设备制造业		6844.36	2468.94		
专用设备制造业		943952.98	31670.23		
汽车制造业	17.09	21026.94	1032.50		
铁路、船舶、航空航天和其他运输设备制造业		29417.80	3091.27		
电气机械和器材制造业		2295.80	2625.53		
计算机、通信和其他电子设备制造业	7.92	885520.15	49845.91		
仪器仪表制造业			1183.65		
其他制造业			1.10		
(五)电力、热力、燃气及水生产和供应业			140367.39		
电力、热力生产和供应业			134607.18		
燃气生产和供应业			534.15		
水的生产和供应业			5226.06		

5-7　2006年以来节能减排情况

年　份	单位GDP能耗(吨标准煤/万元)	当年单位GDP能耗下降幅度(%)	完成目标进度(%)	累计下降幅度(%)
2006	2.29	2.62	8.44	2.62
2007	2.15	6.02	28.17	8.48
2008	1.96	8.93	57.89	16.65
2009	1.83	6.73	80.03	22.26
2010	1.71	6.28	100.64	27.15
2011	1.35	3.52	20.53	3.52
2012	1.28	5.01	49.99	8.35
2013	1.23	4.21	74.63	12.21
2014	1.20	2.71	90.38	14.59

注：1.2011、2012年单位GDP能耗中GDP以2010年价格计算，2010年以前年份GDP以2005年价格计算。
　　2.2011、2012年完成目标进度以“十二五”节能降耗目标单位GDP能耗累计下降16%计算。

5-8　1949年以来能源工业固定资产投资及构成

年　份	全社会固定资产投资(万元)	能源工业投资				能源工业投资构成(%)		
		合　计	#煤炭	电力	焦炭	煤炭	电力	焦炭
1949	43							
1950	1278	14	13		1	92.86		7.14
1951	2662	128	49	79		38.28	61.72	
1952	6335	215	129	69	17	60.00	32.09	7.91
1953	13861	1383	115	1258	10	8.32	90.96	0.72
1954	19852	5296	857	4421	18	16.18	83.48	0.34
1955	13878	3203	768	2264	171	23.98	70.68	5.34
1956	32901	4928	1810	3118		36.73	63.27	
1957	37299	5612	1891	3721		33.70	66.30	
1958	62552	7116	5177	1870	69	72.75	26.28	0.97
1959	62839	6369	5283	932	154	82.95	14.63	2.42
1960	55929	8253	4884	3358	11	59.18	40.69	
1961	16865	4380	3305	1075		75.46	24.54	
1962	7854	2190	1883	307		85.98	14.02	
1963	10807	2368	1673	695		70.65	29.35	
1964	14095	2504	1706	797	1	68.13	31.83	
1965	18622	1348	666	682		49.41	50.59	
1966	28255	2140	358	1780	1	16.73	83.18	
1967	10855	1140	80	1049	11	7.02	92.02	0.96
1968	17788	1870	88	1776	6	4.71	94.97	0.32
1969	11546	384	123	253	8	32.03	65.89	2.08
1970	20218	1009	52	957		5.15	94.85	
1971	25293	2291	1174	1117		51.24	48.76	
1972	23480	2212	927	1285		41.91	58.09	
1973	26636	2532	1276	1256		50.39	49.61	
1974	19757	2260	1604	656		70.97	29.03	
1975	16884	1820	1018	802		55.93	44.07	

5-8 续表

年 份	全社会固定资产投资（万元）	能源工业投资				能源工业投资构成(%)		
		合 计	#煤炭	电力	焦炭	煤炭	电力	焦炭
1976	15310	1417	1034	383		72.97	27.03	
1977	20398	2622	1889	723	10	72.04	27.57	0.38
1978	38930	4759	3794	965		79.72	20.28	
1979	49443	8264	7657	504	81	92.65	6.10	0.98
1980	61316	10609	9942	604	51	93.71	5.69	0.48
1981	66329	15640	13867	1710	52	88.66	10.93	0.33
1982	88769	18878	17746	1088		94.00	5.76	
1983	108722	32438	27433	1420	3492	84.57	4.38	10.77
1984	147907	50138	41994	2796	5331	83.76	5.58	10.63
1985	194510	52750	46010	3086	3617	87.22	5.85	6.86
1986	212774	64087	58409	3180	2422	91.14	4.96	3.78
1987	228535	47454	40854	4065	2535	86.09	8.57	5.34
1988	250602	63606	42294	19768	1489	66.49	31.08	2.34
1989	242409	84093	55145	26041	2771	65.58	30.97	3.30
1990	262924	98809	61195	35944	1566	61.93	36.38	1.58
1991	309434	104534	70720	32012	1402	67.65	30.62	1.34
1992	460913	139321	71679	57846	8336	51.45	41.52	5.98
1993	672115	182333	80821	88639		44.33	48.61	
1994	731619	143252	66561	67258	1305	46.46	46.95	0.91
1995	701894	139667	98796	23911	5076	70.74	17.12	3.63
1996	823902	193105	132367	33933	5587	68.55	17.57	2.89
1997	977429	270884	137407	120027	7477	50.73	44.31	2.76
1998	1093638	261055	95856	147601	4215	36.72	56.54	1.61
1999	917167	150674	35082	87721	1659	23.28	58.22	1.10
2000	1047702	140866	48973	87320	2315	34.77	61.99	1.64
2001	1227804	247617	57132	112246	45836	23.07	45.33	18.51
2002	1475955	249245	46749	120320	50786	18.76	48.27	20.38
2003	2044542	362697	112859	78596	95343	31.12	21.67	26.29
2004	3476681	687685	126505	216218	293877	18.40	31.44	42.73
2005	4385077	713589	267156	280121	123924	37.44	39.26	17.37
2006	5011273	787176	355268	298134	98559	45.13	37.87	12.52
2007	5767355	1064025	437367	289922	146505	41.10	27.25	13.77
2008	7022072	1320743	493574	656202	21776	37.20	49.70	1.70
2009	7820157	853252	312664	394037	41184	36.60	46.20	4.80
2010	9164811	871847	462297	274024	135526	53.03	31.43	15.54
2011	10241444	937383	671330	185035	81018	71.62	19.74	8.64
2012	13206257	1573142	896885	195623	48085	57.01	12.44	3.06
2013	16707390	1728739	975403	211450	16974	56.42	12.23	0.98
2014	17460868	1774826	812348	639702	9653	45.77	36.04	0.54

注：2011 年起，投资统计制度进行改革，用“固定资产投资额”代替了“全社会固定资产投资”统计口径。

第6篇

物价指数

Price index

资料整理、审核

李玉琴　　焦昱红　　张锦龙

6-1 城镇居民消费价格指数(以上年同期为100)

指 标	2014	2013
居民消费价格总指数	**102.2**	**103.1**
一、食品	**103.2**	**105.5**
1.粮食	105.7	107.1
2.淀粉及制品	100.2	105.0
3.干豆类及豆制品	104.0	102.3
4.油脂	95.4	99.4
5.肉禽及其制品	98.3	105.6
6.蛋	114.3	103.6
7.水产品	108.6	101.9
8.菜	91.7	107.5
9.调味品	107.7	110.0
10.糖	102.1	101.3
11.茶及饮料	100.8	100.7
12.干鲜瓜果	116.9	109.2
13.糕点饼干面包	105.2	103.7
14.液体乳及乳制品	113.6	104.7
15.在外用膳食品	101.6	104.9
16.其他食品	100.9	100.9
二、烟酒	**100.4**	**100.9**
1.烟草	100.1	98.6
2.酒	101.1	105.6
三、衣着	**102.5**	**100.9**
1.服装	102.5	100.1
2.衣着材料	100.0	101.1

6-1　续表

指　标	2014	2013
3.鞋袜帽	102.5	103.4
4.衣着加工服务费	102.5	108.0
四、家庭设备用品及维修服务	**104.4**	**103.8**
1.耐用消费品	102.6	101.8
2.室内装饰品	99.9	100.0
3.床上用品	100.8	107.8
4.家庭日用杂品	99.9	99.3
5.家庭服务及加工维修服务	116.1	114.3
五、医疗保健和个人用品	**100.7**	**101.4**
1.医疗保健	100.4	101.2
2.个人用品及服务	101.9	102.2
六、交通和通信	**100.5**	**99.2**
1.交通	101.3	99.6
2.通信	99.5	98.6
七、娱乐教育文化用品及服务	**102.2**	**103.9**
1.文娱用耐用消费品及服务	92.9	91.6
2.教育	104.1	102.6
3.文化娱乐类	99.7	102.5
4.旅游	102.8	116.4
八、居住	**101.4**	**102.7**
1.建房及装修材料	98.6	100.1
2.住房租金	108.6	110.3
3.自有住房	102.9	103.3
4.水、电、燃料	99.8	102.7

6-2 商品零售价格指数(以上年同期为 100)

指　标	2014	2013
商品零售价格总指数	**100.7**	**101.3**
一、食品	**103.3**	**105.6**
1.粮食	105.7	107.1
2.淀粉及制品	100.2	105.0
3.干豆类及豆制品	104.0	102.3
4.油脂	95.4	99.4
5.肉禽及其制品	98.3	105.6
6.蛋	114.3	103.6
7.水产品	108.6	101.9
8.菜	91.7	107.5
9.调味品	107.7	110.0
10.糖	102.1	101.3
11.干鲜瓜果	116.9	109.2
12.糕点饼干面包	105.2	103.7
13.液体乳及乳制品	113.6	104.7
14.在外用膳食品	101.6	104.9
15.其他食品	100.9	100.9
二、饮料、烟酒	**100.5**	**100.8**
1.茶及饮料	100.8	100.7
2.烟草	100.1	98.6
3.酒	101.1	105.6
三、服装、鞋帽	**102.5**	**100.8**
1.服装	102.5	100.1
2.鞋袜帽	102.5	103.4
3.其他	98.2	101.2
四、纺织品	**102.2**	**107.6**
1.衣着材料	100.0	101.1
2.床上用品	102.9	109.9
五、家用电器及音像器材	**96.3**	**94.4**
1.家庭设备	101.4	100.5
2.文娱用耐用消费品	90.0	88.0
3.专业音像器材	97.5	95.3

6–2 续表

指 标	2014	2013
六、文化办公用品	**98.0**	**95.3**
七、日用品	**99.8**	**100.0**
1.日用百货	100.0	100.1
2.日用杂品	100.5	99.1
3.洗涤用品	98.2	100.0
4.其他日用品	100.9	100.8
八、体育娱乐用品	**101.2**	**100.0**
1.体育用品	100.2	99.5
2.娱乐用品	101.9	100.4
九、交通、通信用品	**98.6**	**98.3**
1.交通运输机械	99.7	100.0
2.通信器材	90.9	87.4
十、家具	**104.1**	**103.8**
十一、化妆品	**101.2**	**104.2**
十二、金银珠宝	**87.8**	**91.2**
十三、中西药品及医疗保健用品	**100.6**	**102.1**
1.医疗器具及用品	100.0	102.0
2.中药材及中成药	101.4	102.7
3.西药	100.4	100.9
4.保健器具及用品	100.0	104.2
十四、书报杂志及电子出版物	**103.9**	**102.6**
1.教材及参考书	104.6	102.9
2.书报杂志	102.2	102.0
3.电子音像制品	100.0	101.3
十五、燃料	**98.2**	**98.2**
1.煤炭及制品	84.7	75.4
2.石油及制品	99.1	100.2
十六、建筑材料及五金电料	**98.6**	**99.3**
1.建筑装璜材料	97.8	98.9
2.五金电料	99.8	99.8

6-3 工业生产者出厂价格指数(以上年价格为100)

指　标	2014	2013
全部工业品	**96.4**	**91.6**
#轻工业	100.1	101.5
以农产品为原料	100.4	101.8
以非农产品为原料	99.7	101.0
#重工业	96.1	90.7
采掘	83.6	94.9
原料	88.3	86.6
加工	100.3	92.6
按行业分		
煤碳开采和洗选业	83.9	80.4
农副食品加工业	97.9	103.8
食品制造业	102.0	103.9
饮料制造业	97.5	97.5
烟草制造业	101.9	100.5
纺织业	100.4	100.2
纺织服装、鞋帽制造业	100.0	100.4
家具制造业	101.8	108.6
造纸及纸制品业	97.0	94.5
印刷业和记录媒介的复制	100.0	99.7
石油加工、炼焦及核燃料加工业	81.2	84.8
化学原料及化学制品制造业	98.1	96.0
医药制造业	102.1	97.9
化学纤维制造业	100.1	98.0
橡胶制品业	94.4	90.7
塑料制品业	101.4	101.2
非金属矿物制品业	100.5	99.3
黑色金属冶炼及压延加工业	101.4	87.9
有色金属冶炼及压延加工业	101.5	98.9
金属制品业	94.9	101.3
通用设备制造业	100.3	100.0
专用设备制造业	99.5	100.5
交通运输设备制造业	96.8	98.3
电器机械及器材制造业	96.8	90.1
通信设备、计算机及其它电子设备制造业	98.1	97.4
仪器仪表及文化、办公用机械制造业	98.6	100.0
工艺品及其他制造业	91.1	95.7
电力、热力的生产和供应业	99.2	101.0
燃气生产和供应业	103.8	101.9
水的生产和供应业	106.5	107.0

6-4 工业生产者购进价格指数(以上年价格为100)

指 标	2014	2013
全部原材料	**97.4**	**95.2**
(一)燃料、动力类	95.7	94.2
(二)黑色金属材料类	96.4	95.6
#钢材	95.3	94.4
其他	99.8	98.4
(三)有色金属材料和电线类	103.3	89.0
(四)化工原料类	97.7	96.4
(五)木材及纸浆类	96.2	99.0
(六)建筑材料及非金属矿类	98.9	100.6
(七)其他工业原材料及半成品类	101.2	98.0
(八)农副产品类	102.8	104.3
(九)纺织原料类	98.4	84.3
按行业分		
煤炭开采和洗选业	88.8	87.1
农副食品加工业	91.3	91.2
饮料制造业	107.9	100.0
烟草制造业	104.7	103.5
纺织业	98.4	84.3
造纸及纸制品业	95.4	99.3
石油加工、炼焦及核燃料加工业	96.7	94.1
化学原料及化学制品制造业	97.7	96.3
医药制造业	106.5	101.9
塑料制品业	97.8	102.2
非金属矿物制品业	97.5	96.0
黑色金属冶炼及压延加工业	95.4	94.5
有色金属冶炼及压延加工业	103.4	89.0
金属制品业	94.5	93.0
通用设备制造业	100.7	100.6
专用设备制造业	100.0	100.0
交通运输设备制造业	101.6	94.5
电气机械及器材制造业	98.2	99.7
通信设备、计算机及其它电子设备制造业	99.9	99.8
仪器仪表及文化、办公用机械制造业	103.4	88.4
电力、热力的生产和供应业	100.1	103.3
燃气生产和供应业	113.6	105.5
水的生产和供应业	100.0	101.0

第7篇

住户调查

Households surveys

资料整理、审核

李 琰　杜 鹃　祁 静　李 鹏

7-1 城镇居民家庭生活基本情况

项 目	单 位	2014	2013
调查户数	户	634	621
平均每户家庭人口	人	2.79	2.83
平均每户就业人口数	人	1.47	1.32
平均每一个就业者负担人数	人	1.90	2.14
平均每人全年可支配收入	元	25768	23873
人均月可支配收入	元	2147.3	1989.4
平均每人全年消费性支出	元	14430	13584
人均月消费性支出	元	1202.5	1132

注：2014 年城乡一体化住户调查改革，主要变化为城乡分类口径变化，城中村统一归入城镇范围；统计内容也发生变化。因此，2014、2013 年数据均为新口径数据。

7-2 城镇住户基本情况

项 目	单 位	2014	2013
调查户数	**户**	**634**	**621**
家庭人口数	**人**	**1767**	**1756**
(一)有收入者人数	**人**	**1113**	**985**
1.就业人口数	人	930	822
国有经济单位职工人数	人	362	355
个体经营者人数	人	124	126
离退休再就业者人数	人	37	17
其他就业者人数	人	407	324
2.离退休者人数	人	220	180
(二)无收入者人数	**人**	**654**	**771**

7-3　城镇居民家庭年末居住情况

项　　目	单　位	2014	2013
一、现住房房屋来源			
租赁公房	%	3.30	4.25
租赁私房	%	13.83	13.47
自建住房	%	21.90	22.50
购买商品房	%	28.63	27.57
购买房改住房	%	20.19	19.66
购买保障性住房	%	4.42	4.87
拆迁安置房	%	2.52	2.58
继承或获赠住房	%	1.42	1.53
免费借用房	%	1.42	1.45
其他来源	%	2.38	2.11
二、住户居住空间样式			
1.单栋楼房	%	11.99	11.92
2.单栋平房	%	12.59	12.85
3.四居室及以上单元房	%	2.68	2.30
4.三居室单元房	%	26.58	26.41
5.二居室单元房	%	35.42	34.67
6.一居室单元房	%	4.10	4.19
7.筒子楼或连片平房	%	5.84	6.88
8.其他	%	0.79	0.79
三、住户主要饮用水来源情况			
1.经过净化处理的自来水	%	81.63	81.73
2.受保护的井水和泉水	%	15.38	15.66
3.不受保护的井水和泉水	%	2.84	2.45
4.江河湖泊水	%	0.16	0.16
四、住宅有管道供水情况			
1.管道供水入户	%	99.84	97.91
2.管道供水至公共取水点	%	0.16	2.09
五、住户厕所类型			
1.水冲式卫生厕所	%	83.28	82.93
2.水冲式非卫生厕所	%	0.16	0.16
3.卫生旱厕	%	1.10	1.13
4.普通旱厕	%	12.62	12.88
5.无厕所	%	2.84	2.90
六、住户厕所使用情况			
1.本住户独用	%	91.48	90.18
2.几户合用	%	5.20	5.48
3.公用厕所	%	3.31	4.35
七、住户洗澡设施情况			
1.统一供热水	%	5.52	5.80
2.家庭自装热水器	%	58.36	56.04
3.其他	%	2.52	2.42
4.无洗澡设施	%	33.60	35.75
八、住户主要取暖设备状况			
1.由市政或小区集中供暖	%	80.76	79.71
2.自行供暖	%	18.77	19.81
3.无取暖设备	%	0.47	0.48
九、主要炊用能源状况			
1.柴草	%	1.10	1.29
2.煤炭	%	5.84	10.14
3.罐装液化石油气	%	8.52	9.02
4.管道液化石油气	%	0.00	0.16
5.管道煤气	%	17.67	20.61
6.管道天然气	%	46.69	41.22
7.电	%	18.61	14.98
8.其他	%	1.58	1.61
9.无炊用行为	%	0.00	0.97
十、信息化调查			
(1) 接入互联网的移动电话	部/百户	111	96
(2) 接入有线电视网络的电视机	部/百户	81	71
(3) 接入互联网的计算机	台/百户	61	59

7-4 城镇住户家庭年人均现金收入情况

单位：元

项　目	2014	2013
家庭总收入		
#可支配收入	25768	23873
(一)工薪收入	15909	14799
(二)经营净收入	2971	2672
(三)财产性收入	3010	2811
(四)转移性收入	3878	3591

7-5 城镇住户家庭年人均现金支出情况

单位：元

项　目	2014	2013
家庭总支出	**23361**	**22063**
(一) 消费支出	14430	13584
食品	3558	3423
衣着	1584	1467
家庭设备用品及服务	816	808
医疗保健	1215	993
交通和通信	1705	1553
教育文化娱乐服务	1913	1789
居住	3237	3177
其它商品和服务	402	374
(二) 生产经营费用支出	168	149
(三) 转移性支出	1272	1229
(四) 财产性支出	17	12
(五) 部分商业保险支出	115	106
(六) 购置资产及非经常性转移支出	1983	1794
(七) 借贷支出	5376	5189

7–6 城镇居民家庭年人均消费性支出情况

单位：元

项 目	2014	2013
消费性支出	**14430**	**13584**
一、食品	**3558**	**3423**
二、衣着	**1584**	**1467**
三、家庭设备用品及服务	**816**	**808**
四、医疗保健	**1215**	**993**
五、交通和通讯	**1705**	**1553**
六、教育文化娱乐服务	**1913**	**1789**
七、居住	**3237**	**3177**
八、其它商品和服务	**402**	**374**

7–7 城镇住户每百户期末主要消费品拥有量

项 目	单 位	2014	2013
调查户数	**户**	**634**	**621**
摩托车	辆	4.1	3.7
助力车	辆	25	22
家用汽车	辆	27	23
洗衣机	台	95	93
电冰箱	台	88	85
彩色电视机	台	104	100
家用电脑	台	74	69
摄像机	架	11	8
照相机	架	37	35
其他中高档乐器	件	3.6	2.5
微波炉	台	50	47
空调器	台	29	25
淋浴热水器	台	62	57
消毒碗柜	台	2.5	2.3
洗碗机	台	0.8	0.8
健身器材	套	3	2
固定电话	部	54.6	51.2
移动电话	部	202	182

7-8 农村住户人口与就业情况

指　　标	单 位	2014
一、调查户数	**户**	**407**
二、家庭常住人口	**人**	**1291**
三、整半劳动力数	**人**	**918**
#整劳动力	人	524
四、劳动力文化程度		
1.不识字或识字很少	人	42
2.小学程度	人	182
3.初中程度	人	474
4.高中程度	人	157
5.大专及以上	人	63
五、劳动力就业情况		
1.第一产业	人	229
2.第二产业	人	137
(1) 采矿业	人	38
(2) 制造业	人	53
(3) 电力、势力、燃气及水生产和供应业	人	10
(4) 建筑业	人	36
3.第三产业	人	352
# (1) 交通运输、仓储和邮政业	人	90
(2) 批发和零售业	人	60

7-9 农村住户人均总收支

单位：元

指　　标	2014	2013
总收入	**14192**	**12866**
#期内现金收入	13414	12138
总支出	**12175**	**11233**
#期内现金支出	10349	9572
农民人均可支配收入	**12616**	**11425**
工资性收入	7433	6820
经营净收入	2897	2530
财产净收入	468	413
转移净收入	1818	1662

7-10　农村住户人均消费支出

单位：元

指　　标	2014	2013
生活消费支出	**9444**	**8743**
食品消费	2450	2264
衣着消费	852	762
居住消费	2543	2410
生活用品及服务消费	420	407
交通和通讯消费	1242	1171
文化教育、娱乐消费	1005	945
医疗保健消费	801	656
其他商品和服务消费	131	128

7-11　农民家庭平均每人主要粮食消费品消费量

单位：公斤

指　　标	单位	人　均
粮食（原粮）	**公斤**	**133**
蔬菜	公斤	72
食油	公斤	7.1
肉禽及其制品	公斤	12.1
#家禽	公斤	1.2
蛋类	公斤	7.3
水产品	公斤	1.5
食糖	公斤	0.9
酒	公斤	4.8

7-12　每百户农民主要耐用消费品拥有量

指　　标	单　位	2014	2013
家用轿车	辆	21	16
摩托车	辆	20	17
助力车	辆	34	29
电脑	台	37	34
彩电	台	103	98
摄像机	台	1	1
照相机	架	7	7
空调	台	4	5
电冰箱	台	63	61
固定电话	部	36	32
手机	部	176	156
洗衣机	台	88	87

第8篇

公用事业

Public utilities

资料整理、审核

苏人龙

8-1 城市设施水平

指 标	单 位	2014年	2013年
用水普及率	%	100.0	100.0
燃气普及率	%	99.5	99.0
每万人拥有公共交通车辆	标台	10.2	9.9
人均城市道路面积	平方米	11.26	11.00
污水处理率	%	85.9	85.0
人均公园绿地面积	平方米	11.26	10.96
建成区绿地率	%	35.6	35.0
建成区绿化覆盖率	%	40.5	39.9
生活垃圾无害化处理率	%	100.0	100.0

8-2 城市用地

指 标	单 位	2014年	2013年
建成区面积	平方公里	364.25	354.05
城市建设用地面积	平方公里	337.56	326.86
# 居住用地	平方公里	74.69	75.31
工业用地	平方公里	83.51	84.67
仓储用地	平方公里	9.08	9.08
绿地	平方公里	32.61	32.58
本年征用土地面积	平方公里	11.00	11.00
# 耕地	平方公里	6.00	6.00

8-3 城市公共汽车、电车、出租汽车

指 标	单 位	2014年	2013年
公共汽车、电车			
营运车辆	辆	3071	2824
天然气燃料车	辆	1174	617
双燃料车	辆	1163	1163
无轨电车	辆	121	133
标准运营车辆	标台	3766	3474
运营线路网长度	公里	4080	3814
客运总量	万人次	51414	55031
公共汽车	万人次	48894	52334
无轨电车	万人次	1770	1895
运营收入	万元	32988	33508
出租汽车			
出租车运营车辆	辆	8719	8719
客运总量	万人次	21741	21307

8-4　城市公共供水

指　　标	单　位	2014 年	2013 年
水厂个数	个	15	15
#地下水	个	15	14
综合生产能力	万立方米/日	120	119
供水管道长度	公里	2048	1766
供水总量	万立方米	22373	23394
最高日供水量	万立方米	71	67
售水量	万立方米	21087	20083
#生产运营用水	万立方米	7092	7345
居民家庭用水	万立方米	12252	11260
漏损水量	万立方米	1286	3311
用水户数	户	351374	319667
#生产运营	户	11342	10117
公共服务	户	3109	2831
居民家庭	户	336008	305851
用水人口	万人	335	329

8-5　城市自建设施供水

指　　标	单　位	2014 年	2013 年
自备水源单位个数	个	103	114
综合生产能力	万立方米/日	97.1	91.3
#地下水	万立方米/日	3.5	3.5
供水总量	万立方米	11695.0	11163.0
#生产运营用水	万立方米	8437.0	8061.1
居民家庭用水	万立方米	2971.0	2846.4
供水管道长度	公里	336	363
用水户数	户	32880	32726
#居民家庭	户	29551	24751
用水人口	万人	47.40	42.80

8-6　城市人工煤气

指　　标	单　位	2014 年	2013 年
供气管道长度	公里	404	534
储气能力	万立方米	5.5	5.5
供气总量	万立方米	25591	33249
销售气量	万立方米	25351	33007
# 居民家庭	万立方米	2889	2541
用气户数	户	86751	74341
# 居民家庭	户	84456	72955
用气人口	万人	30.27	25.00

8-7　城市液化石油气

指　　标	单　位	2014 年	2013 年
供气管道长度	公里	130	120
储气能力	吨	1590	1771
供气总量	吨	30336	34380
销售气量	吨	30280	34335
# 居民家庭	吨	25490	20244
燃气损失量	吨	56	45
用气户数	户	175693	167614
# 居民家庭	户	160493	160191

8-8　城市天然气

指　　标	单　位	2014 年	2013 年
供气管道长度	公里	3054	2145
供气总量	万立方米	51423	55438
最高日供气量	万立方米	342	317
销售气量	万立方米	46173	50293
# 居民家庭	万立方米	9900	9216
用气户数	户	863334	806651
# 居民家庭	户	859576	803249
用气人口	万人	299	281
汽车加气站座数	座	3	2

8-9　城市集中供热

指　　标	计量单位	2014 年	2013 年
供热能力	吨/小时 I 兆瓦	6581	5492
#热电厂	吨/小时 I 兆瓦	4127	2792
锅炉房	吨/小时 I 兆瓦	2453	2670
供热总量	万吉焦	5687	5612
#热电厂	万吉焦	3918	3591
锅炉房	万吉焦	1769	1845
供热管道长度	公里	1957	1815
供热面积	万平方米	12606	12003
#住宅	万平方米	10406	10060

8-10　全社会用电量

单位：万千瓦时

指　　标	2014 年	2013 年
总　计	2532793	2474284
1.全行业用电	2194973	2149441
第一产业	17966	17357
第二产业	1809225	1784784
第三产业	367782	347300
2.城乡居民生活用电	302864	285556
城镇居民	269389	254054
乡村居民	33475	31502
全行业用电分类	1920204	1865787
农、林、牧、渔业	17966	17357
工业	1772786	1750215
建筑业	36439	34559
交通运输、仓储和邮政业	92861	82955
信息传输、计算机服务和软件业	18339	15763
商业、住宿和餐饮业	80499	76600
金融、房地产、商务及居民服务业	70708	68680
公共事业及管理机构	105376	103302
每一居民平均生活用电(千瓦时)	819	776

8-11 城市道路桥梁

指　标	单 位	2014 年	2013 年
道路长度	公里	2015	1980
道路面积	万平方米	3941	3570
# 车行道面积	万平方米	3038	2703
人行道面积	万平方米	903	867
桥梁座数	座	179	177
# 大桥及特大桥	座	15	11
立交桥	座	36	35
人行过街天桥	座	28	26
人行地下通道	座	16	13
道路照明灯盏数	盏	96837	96586

8-12 城市排水

指　标	单 位	2014 年	2013 年
污水排放总量	万立方米	28414	25137
排水管道长度	公里	2162	1818
污水处理能力	万立方米/日	78.3	58.3
污水处理量	万立方米	24431	21392
全年 COD 削减量	万吨	2.25	2.48

8-13 城市园林绿化

指　标	单 位	2014 年	2013 年
绿化覆盖面积	公顷	14773	12762
绿地面积	公顷	12804	11190
# 公园绿地	公顷	4093	3617
生产绿地	公顷	844.0	682.6
附属绿地	公顷	4043.0	3771.6
公园个数	个	51	47
# 门票免费公园	个	47	44
公园面积	公顷	3464.0	3172.1
# 水域面积	公顷	481	465

8-14　城市市容环境卫生

指　标	单　位	2014 年	2013 年
道路清扫保洁面积	万平方米	5331	4882
#机械化	万平方米	3125	2600
生活垃圾清运量	万吨	184	171
#密闭车(箱)清运量	万吨	178	171
粪便清运量	万吨	0.91	0.81
生活垃圾转运站座数	座	84	87
公共厕所数量	座	701	670
#三类以上	座	543	561
市容环卫专用车辆设备数	辆	2948	2607
生活垃圾(粪便)处理场处理能力	吨/日	3152	2500
生活垃圾(粪便)处理场处理量	万吨	182	163
本年运行天数	天	365	365
本年运行费用	万元	12598	6531

注：本表为市环卫局数字。

8-15　城市环境保护

指　标	单　位	2014 年	2013 年
二氧化硫排放量	万吨	11.93	12.23
烟尘排放量	万吨	6.32	5.18
工业粉尘排放量	万吨	1.87	1.54
化学需氧量排放量	万吨	2.25	2.58
氨氮排放量	万吨	0.43	0.45
市区环境空气综合污染指数	%	7.73	8.73
市区环境空气二级以上天数	天	197	162
集中式引用水源地水质达标率	%	100.0	100.0
市区水环境功能区水质达标率	%	75.0	75.0

第9篇

农业

Agriculture

资料整理、审核

纪知明　　李建华　　姜　颖　　张妙莲

杨　雷　　丁永仙　　冀晓洁　　武卫东

9-1 农村基本情况

指　标	单位	1995	2000	2005	2009	2010	2012	2013	2014
农村基层组织									
乡镇政府	个	83	83	79	52	52	52	52	52
# 镇政府	个	22	24	21	21	21	21	21	21
村民委员会	个	1285	1287	1017	973	965	954	940	932
乡村户数、人口、劳动力									
乡村户数	户	267535	289188	305763	326636	337761	360395	367211	365223
乡村人口	人	1004788	1056552	1060881	1026448	1037667	1046913	1053843	1045172
乡村从业人员数(实有劳动力)	人	454648	481186	502875	492658	491238	493922	490928	493271
男劳动力	人	250465	266935	278965	272197	269930	276615	274567	274275
女劳动力	人	204183	214251	223910	220461	221308	217307	216361	218996
按行业分									
农林牧渔业	人	251582	271173	260224	239212	233253	236413	232375	234729
工业	人	92130	78455	82464	80951	78812	82265	82521	78886
建筑业	人	12394	15903	20951	22627	23708	24515	24622	24262
交通运输、仓储、邮电通信、信息传输、计算机业	人	39266	42795	52039	50415	55320	57090	57949	58656
批发和零售贸易业、住宿及餐饮业	人	18125	29092	40666	40792	44792	45099	44828	46939
其他行业	人	41151	43768	46531	58661	55353	48540	48633	49799

注：2009 年以后乡镇政府口径与此前不同，不包括农业街办。

9-2 农业

指 标	单位	合计	小店区	迎泽区	杏花岭区
一、农村基层组织情况					
乡镇个数	个	76	6	1	3
1.镇	个	21	1	1	
#城关镇	个	3			
2.乡	个	31	2		2
3.涉农街办	个	24	3		1
村委会个数	个	932	61	28	32
二、农村基础设施					
自来水受益村数	个	892	61	28	32
通汽车村数	个	932	61	28	32
通电话村数	个	932	61	28	32
三、乡村人口与从业人员					
乡村户数	户	365223	39780	9905	9000
乡村人口数	人	1045172	122500	26106	25403
1.男	人	537176	62841	12927	12852
2.女	人	507996	59659	13179	12551
乡村劳动力资源数	人	573206	75820	16500	15618
1.男	人	308976	38892	8910	7959
2.女	人	264230	36928	7590	7659
乡村从业人员数	人	493271	63750	13326	13820
1.男	人	274275	33850	7525	7787
2.女	人	218996	29900	5801	6033
#1.农业从业人员	人	234729	33500	1294	2447
2.工业从业人员	人	78886	7950	1788	4092
3.建筑业从业人员	人	24262	2810	729	1054
4.交运仓储和邮政业从业人员	人	50649	7230	1545	1655
5.信息传输、计算机服务和软件业	人	8007	850	275	277
6.批发与零售业从业人员	人	31427	5360	2745	2246
7.住宿和餐饮业从业人员	人	15512	2380	851	669
8.其他行业从业人员	人	49799	3670	4099	1380
四、农业主要能源及物耗					
1.农村用电量	万千瓦时	54916.36	5380	3113.74	4404.5
2.农用化肥施用量(实物量)	吨	92450.07	9090	8	102
#(1)氮肥	吨	38997.75	3200	3	50
(2)磷肥	吨	23060.97	1860	2	13
(3)钾肥	吨	3783.05	330		
(4)复合肥	吨	26608.3	3700	3	39
3.农用化肥施用量(折纯量)	吨	29036.81	3321	2.73	35.8
#(1)氮肥	吨	9285.03	896	0.72	12
(2)磷肥	吨	3781.7	335	0.36	2.3
(3)钾肥	吨	1727.43	140		
(4)复合肥	吨	14242.65	1950	1.65	21.5
4.农用塑料薄膜使用量	吨	3806.93	170		4.97
#地膜使用量	吨	2412.54	60		4.97
地膜覆盖面积	公顷	24113.2	770		30.8
5.农用柴油使用量	吨	14652.02	2685	21.38	104.2
6.农药使用量	吨	878.67	60	1.06	12.4

生产条件

尖草坪区	万柏林区	晋源区	清徐县	阳曲县	娄烦县	古交市
12	7	6	9	10	8	14
2		3	4	4	3	3
			1	1	1	
3	1		5	6	5	7
7	6	3				4
85	44	89	188	117	142	146
85	38	89	188	112	130	129
85	44	89	188	117	142	146
85	44	89	188	117	142	146
35011	13066	44258	96962	45845	33715	37681
108853	35545	138975	261746	109525	109420	107099
55544	18510	69529	131133	58032	57968	57840
53309	17035	69446	130613	51493	51452	49259
62674	21263	84772	134926	57350	61443	42840
33460	11090	44956	69669	32180	36020	25840
29214	10173	39816	65257	25170	25423	17000
53498	17178	69499	122706	50930	51894	36670
29590	9627	38949	64125	29251	30160	23411
23908	7551	30550	58581	21679	21734	13259
16466	3970	29005	67693	28249	33251	18854
6918	1197	12000	23748	6968	5109	9116
2936	816	5065	4755	2485	2838	774
7024	2357	9510	10408	4047	3386	3487
1175	623	1684	1000	417	1396	310
3942	2088	4550	4794	2452	1598	1652
2628	1100	2185	1828	1807	1241	823
12409	5027	5500	8480	4505	3075	1654
7200	2350	4785	19702.12	3910	680	3391
3296.46	136.4	3852	43396.99	27264	2652.22	2652
1695.88	14.3	1756	18022.35	11198	1213.22	1845
329.67	1.1	859	13255.2	5934	365	442
77.26	3.3	261	1239.49	1512	154	206
1193.65	117.7	976	10879.95	8620	920	159
1161.48	63.8	1147	13049	8515	968	773
407.01	3.3	405	4325	2447	291	498
59.34		141	2121	968	78.7	76
38.63	1.1	119	620	635	64.7	109
656.5	59.4	482	5983	4465	533.6	90
420	2	208.1	1407.29	1354	80.57	160
150	2	89.91	638.09	1254	80.57	133
803	7	579.4	5479.4	14858	591.6	994
610	16.23	274.3	6851.91	2756	135	1198
110	1.65	84.15	472.21	96	10.2	31

9-3 主要农业

指 标	单 位	合计	小店区	迎泽区	杏花岭区
一、农业机械总动力	**千瓦**	**1379008**	**190547**	**10786**	**15440**
柴油发动机	千瓦	1121442	165920	4250	10940
汽油发动机	千瓦	113994	13712	3187	3700
电动机	千瓦	143572	10915	3349	800
二、耕作机械					
大中型拖拉机	台	4329	599	17	71
动力	千瓦	176327.66	29900	493	1457
小型拖拉机	台	5527	401	3	94
动力	千瓦	49116.86	3656	31	223
三、拖拉机配套农具					
大中型	部	8905	1625	22	55
小型	部	12294	770	37	125
四、收获机械					
联合收获机	台	798	141		1
机动割晒机	台	119			
脱粒机	台	926	142		
五、运输机械					
农用运输车	台	25820	5071	105	390
#三轮汽车	台	14449	3486	87	163
六、农田基本建设机械	**台**	**1130**	**126**	**18**	**1**

机械拥有量

尖草坪区	万柏林区	晋源区	清徐县	阳曲县	娄烦县	古交市
41701	**41032**	**174065**	**372509**	**209352**	**108568**	**215008**
30124	39006	152871	293833	186361	72991	165146
29	16	634	28304	6545	25900	31967
11548	2010	20560	50372	16446	9677	17895
219	90	170	1104	923	779	357
7147.8	2637	6142	51353	33403	32911	10884
243		180	777	2644	732	453
2047		1705	7595	22536	6870	4454
252	27	242	2915	2510	505	752
538	45	175	2020	7049	593	942
17		10	388	220	2	19
			13	5	11	90
97		54	246	372	15	
1130	1560	1795	5552	6237	1274	2706
642	1000	565	1500	5006	800	1200
87	**60**	**165**	**170**	**98**	**229**	**176**

9-4 农作物

指 标	合计	小店区	迎泽区	杏花岭区
农作物总播种面积	**101944.4**	**13372.6**	**164.7**	**705.3**
一、粮食作物	**76122.0**	**8390.0**	**157.0**	**623.0**
(一)夏收粮食	**149.0**	**88.0**		
#冬小麦	149.0	88.0		
(二)秋收粮食	**75973.0**	**8302.0**	**157.0**	**623.0**
(一)谷物	64073.0	8349.0	101.0	397.0
1.稻谷	159.0			
2.玉米	52913.0	8250.0	78.0	316.0
3.谷子	5673.0		14.0	33.0
4.高粱	1081.0	11.0	3.0	14.0
5.秋杂谷物	4098.0		6.0	34.0
#燕麦	478.0			
荞麦	1438.0		6.0	14.0
6.冬小麦	149.0	88.0		
(二)豆类合计	5873.0	41.0	11.0	193.0
1.大豆	4436.0	41.0	6.0	182.0
2.秋杂豆	1437.0		5.0	11.0
#绿豆	130.0		3.0	1.0
红小豆	436.0		2.0	1.0
(三)薯类(折粮)	6176.0		45.0	33.0
1.马铃薯	6026.0		45.0	28.0
2.红薯	150.0			5.0
二、油料作物	**2503.3**		**0.7**	**2.8**
1.花生	14.2			
2.胡麻籽	1240.0			1.1
3.向日葵籽	872.8		0.7	1.0
4.其他油料	376.3			0.7
三、棉花	**13.2**			
四、药材类合计	**711.7**			
五、蔬菜及食用菌	**21678.0**	**4971.3**	**6.9**	**79.5**
六、瓜果类	**219.1**	**11.3**	**0.1**	
#西瓜	106.4	7.7		
甜瓜	108.7	2.8		
七、其他农作物	**697.1**			
#青饲料	261.7			

播种面积

单位：公顷

尖草坪区	万柏林区	晋源区	清徐县	阳曲县	娄烦县	古交市
5607.7	**568.5**	**5328.9**	**30456.4**	**25053.8**	**11557.8**	**9128.7**
4534.0	**492.0**	**3100.0**	**20488.0**	**20741.0**	**10076.0**	**7521.0**
			61.0			
			61.0			
4534.0	**492.0**	**3100.0**	**20427.0**	**20741.0**	**10076.0**	**7521.0**
4100.0	393.0	3058.0	20158.0	19183.0	4805.0	3529.0
		159.0				
3635.0	312.0	2830.0	19488.0	14840.0	1694.0	1470.0
306.0	42.0		11.0	2879.0	1505.0	883.0
53.0		66.0	578.0	145.0	198.0	13.0
106.0	39.0	3.0	20.0	1319.0	1408.0	1163.0
					105.0	373.0
52.0		3.0		667.0	525.0	171.0
			61.0			
316.0	6.0	16.0	217.0	1254.0	1878.0	1941.0
306.0		16.0	209.0	872.0	1466.0	1338.0
10.0	6.0		8.0	382.0	412.0	603.0
			8.0	12.0	97.0	9.0
	5.0			3.0	229.0	196.0
118.0	93.0	26.0	113.0	304.0	3393.0	2051.0
93.0	93.0	20.0	5.0	299.0	3393.0	2050.0
25.0		6.0	108.0	5.0		1.0
42.1			**30.1**	**531.8**	**1152.0**	**743.8**
			13.5	0.7		
				172.0	760.3	306.6
42.1			16.6	218.5	299.0	294.9
				140.6	**92.7**	**142.3**
			13.2			
2.3	**2.0**		**24.7**	**407.0**	**5.7**	**270.0**
989.7	**41.2**	**2228.9**	**9611.6**	**2940.9**	**263.4**	**544.6**
34.9			**64.9**	**41.2**	**60.7**	**6.0**
0.9			37.6	29.8	28.7	1.7
34.0			27.3	9.5	32.0	3.1
4.7	**33.3**		**223.9**	**391.9**		**43.3**
	33.3		53.3	131.8		43.3

9-5 农作物

指 标	合计	小店区	迎泽区	杏花岭区
一、粮食作物	**338981**	**72810**	**374**	**889**
(一)夏收粮食	**877**	**507**		
#冬小麦	877	507		
(二)秋收粮食	**338104**	**72303**	**374**	**889**
(一)谷物	317075	72749	268	625
1.稻谷	1038			
2.玉米	295622	72146	223	518
3.谷子	10273		27	41
4.高粱	4923	96	6	23
5.秋杂谷物	4342		12	43
#燕麦	315			
荞麦	1384		12	14
6.小麦	877	507		
(二)豆类合计	8028	61	19	175
1.大豆	6430	61	6	159
2.秋杂豆	1598		13	16
#绿豆	179		11	1
红小豆	569		2	1
(三)薯类(折粮)	13878		87	89
1.马铃薯	13324		87	82
2.红薯	554			7
二、油料作物	**3087**		**1**	**3**
1.花生	22			
2.胡麻籽	1319			1
3.葵花籽	1277		1	1
4.其他油料	469			1
三、棉花	**22**			
四、药材类合计	**3697**			
五、蔬菜及食用菌	**1281776**	**274117**	**261**	**2087**
六、瓜果类	**4426**	**73**	**1**	
#西瓜	2215	47		
甜瓜	2160	15		

总产量

单位：吨

尖草坪区	万柏林区	晋源区	清徐县	阳曲县	娄烦县	古交市
14973	**1632**	**23100**	**129407**	**68509**	**15997**	**11290**
			370			
			370			
14973	**1632**	**23100**	**129037**	**68509**	**15997**	**11290**
14334	1223	22923	128577	65070	6766	4540
		1038				
13380	1054	21514	124410	56133	3455	2789
666	113	1	33	6689	1753	950
145		354	3690	396	163	50
143	56	16	74	1852	1395	751
					73	242
77		16		785	398	82
			370			
469	7	25	369	1911	2768	2224
455		25	357	1409	2169	1789
14	7		12	502	599	435
1			12	12	122	20
1	6			2	332	225
170	402	152	461	1528	6463	4526
128	402	123	15	1508	6463	4516
42		29	446	20		10.0
49			**51**	**709**	**1432**	**842**
			21	1		
				171	775	372
49			29	288	516	393
				250	141	77
			22			
	100		**217**	**3102**	**150**	**128**
65241	**1374**	**160978**	**634435**	**93835**	**9615**	**39833**
978			**1590**	**569**	**1174**	**41**
26			1139	394	584	25
952			451	138	590	14

9-6 农作物

指 标	太原市	小店区	迎泽区	杏花岭区
一、粮食作物	**4453.1**	**8678.2**	**2382.2**	**1427.0**
(一)夏收粮食	**5885.9**	**5761.4**		
#冬小麦	5885.9	5761.4		
(二)秋收粮食	**4450.3**	**8709.1**	**2382.2**	**1427.0**
(一)谷物	4948.7	8713.5	2653.5	1574.3
1.稻谷	6528.3			
2.玉米	5586.9	8745.0	2859.0	1639.2
3.谷子	1810.9		1928.6	1242.4
4.高粱	4554.1	8727.3	2000.0	1642.9
5.秋杂谷物	1059.5		2000.0	1264.7
#燕麦	659.0			
荞麦	962.4		2000.0	1000.0
(二)豆类合计	1366.9	1487.8	1727.3	906.7
1.大豆	1449.5	1487.8	1000.0	873.6
2.秋杂豆	1112.0		2600.0	1454.5
#绿豆	1376.9		3666.7	1000.0
红小豆	1305.0		1000.0	1000.0
(三)薯类(折粮)	2247.1		1933.3	2697.0
1.马铃薯	2211.1		1933.3	2928.6
2.红薯	3693.3			1400.0
二、油料作物	**1233.1**		**2000.0**	**1035.7**
1.花生	1556.3			
2.胡麻籽	1063.9			1090.9
3.葵花籽	1462.9		2000.0	1000.0
4.其他油料	1245.3			1000.0
三、棉花	**1681.8**			
四、药材类合计	**5195.2**			
五、蔬菜及食用菌	**59128.0**	**55139.9**	**37826.1**	**26251.6**
六、瓜果类	**20200.8**	**6460.2**	**10000.0**	
#西瓜	20817.7	6103.9		
甜瓜	19871.2	5357.1		

单产量

单位：公斤/公顷

尖草坪区	万柏林区	晋源区	清徐县	阳曲县	娄烦县	古交市
3302.4	**3317.1**	**7451.6**	**6316.2**	**3303.1**	**1587.6**	**1501.1**
			6065.6			
			6065.6			
3302.4	**3317.1**	**7451.6**	**6317.0**	**3303.1**	**1587.6**	**1501.1**
3496.1	3112.0	7496.1	6378.5	3392.1	1408.1	1286.5
		6528.3				
3680.9	3378.2	7602.1	6383.9	3782.5	2039.6	1897.3
2176.5	2690.5		3000.0	2323.4	1164.8	1075.9
2735.8		5363.6	6384.1	2731.0	823.2	3846.2
1349.1	1435.9	5333.3	3700.0	1404.1	990.8	645.7
					695.2	648.8
1480.8		5333.3		1176.9	758.1	479.5
1484.2	1166.7	1562.5	1700.5	1523.9	1473.9	1145.8
1486.9		1562.5	1708.1	1615.8	1479.5	1337.1
1400.0	1166.7		1500.0	1314.1	1453.9	721.4
			1500.0	1000.0	1257.7	2222.2
	1200.0			666.7	1449.8	1148.0
1440.7	4322.6	5846.2	4079.6	5026.3	1904.8	2206.7
1376.3	4322.6	6150.0	3000.0	5043.5	1904.8	2202.9
1680.0		4833.3	4129.6	4000.0		10000.0
1168.6			**1677.7**	**1333.8**	**1242.7**	**1131.8**
			1570.4	1285.7		
				994.2	1019.3	1213.3
1168.6			1765.1	1317.2	1724.4	1331.0
				1775.2	1521.0	543.2
			1681.8			
	50000.0		**8785.4**	**7621.6**	**26315.8**	**475.6**
65920.0	**33349.5**	**72223.1**	**66007.2**	**31906.9**	**36503.4**	**73141.8**
28022.9			**24499.2**	**13810.7**	**19341.0**	**6833.3**
28888.9			30292.6	13221.5	20348.4	14705.9
28000.0			16520.1	14526.3	18437.5	4516.1

9-7 水果

指 标	太原市		小店区	
	果园面积	产量	果园面积	产量
一、茶叶	**1.3**	**2**		
二、园林水果	**9966.4**	**75826**	**450**	**1050**
1.苹果	3785.6	12320	50	260
#红富士苹果	1938.7	8871	15	80
国光苹果	1238.1	1569	20	15
2.梨	1333.2	18989	45	105
#雪花梨	650.3	10674	20	50
鸭梨	105.2	365		
3.桃	680.6	3596	70	205
4.杏	515.2	1308	5	60
5.猕猴桃	0.3	1		
6.葡萄	2029.2	36094	80	210
7.红枣	928.7	1723	200	210
8.柿子	11.5	97		
9.沙果	15.8	77		
10.其他园林水果	666.3	1621		
三、食用坚果		**1279**		
#核桃	496.8	1279		

9-7 水果

指 标	晋源区		清徐县	
	果园面积	产量	果园面积	产量
一、茶叶				
二、园林水果	**483**	**2752**	**2739**	**45239**
1.苹果	117	1048	165	1776
#红富士苹果	75	701	78	901
国光苹果	16	99	9	137
2.梨	25	91	691	16909
#雪花梨	14	21	366	10169
鸭梨	9	61	14	157
3.桃	62	762	340	1810
4.杏	87	297	56	184
5.猕猴桃				
6.葡萄	56	367	1164	23284
7.红枣	117	152	175	571
8.柿子			5	76
9.沙果				
10.其他园林水果	19	35	143	629
三、食用坚果		**15**		**111**
#核桃	13	15	48	111

生产情况(一)

单位：公顷、吨

迎泽区		杏花岭区		尖草坪区		万柏林区	
果园面积	产量	果园面积	产量	果园面积	产量	果园面积	产量
53	**60**	**685**	**1045**	**1352**	**19914**	**81**	**461**
		465	548	520	5840	3	20
		127	216	401	5393	3	20
		337	328	87	137		
50	50	39	85	93	1113	15	68
		13	36	1	23	15	68
		9	29	15	18		
		27	96	27	379	1	5
		17	42	25	291	20	4
						…	1
		61	103	496	11488	25	297
3	10	13	99	120	192	8	44
						7	21
		5	26	6	5		
		58	46	65	606	2	1
					1		**3**
				3	1	13	3

生产情况(二)

单位：公顷、吨

阳曲县		娄烦县		古交市	
果园面积	产量	果园面积	产量	果园面积	产量
				1	**2**
3117	**3764**	**242**	**905**	**765**	**636**
2169	2277	123	267	175	284
1214	1432	3	8	23	120
698	721	17	19	55	113
292	421	24	85	59	62
206	264	8	23	7	20
58	100				
90	232	22	48	42	59
20	20	40	270	245	140
129	254	5	55	14	36
231	303	23	124	38	18
5	46				
182	211	5	56	192	37
	197		**950**		**2**
331	197	85	950	3	2

9-8 畜牧业

指标			单位	太原市	小店区	迎泽区	杏花岭区
畜禽存栏	猪		头	323953	19800	3713	16802
		能繁母猪	头	39485	1950	259	1385
	牛		头	38638	7580	10	58
		1.肉 牛	头	16304	220		42
		2.奶 牛	头	22334	7360	10	16
	羊		只	496917	18000	3502	8327
		1.山羊	只	123270	400	13	148
		2.绵羊	只	373647	17600	3489	8179
	家禽		万只	364.3	56.8	1.6	8.3
		蛋鸡	万只	255.2	21.8	1.5	8.2
畜禽出栏	猪		头	450822	24500	4670	20578
	牛		头	17411	2150		17
	羊		只	309104	10200	2046	6166
	家禽		万只	541.3	130.2	2.4	6.4
畜禽产品产量	猪肉		吨	37807	2150	394	1533
	牛肉		吨	2438	300		3
	羊肉		吨	5196	150	33	104
	禽肉		吨	7823	1900	20	89
	禽蛋		吨	29011	4800	193	411
	牛奶		吨	99396	42000	34	65
大牲畜（除牛外）		年末存栏	头	5542	35		46
		当年出栏	头	1183		58	8
		肉产量	吨	144.05		6.35	1.04
	#役用畜	年末存栏	头				
	#1.马	年末存栏	头	309	15		
		当年出栏	头	126			
		肉产量	吨	17.81			
	2.驴	年末存栏	头	2978			15
		当年出栏	头	721		33	
		肉产量	吨	82.47		3.35	
	3.骡	年末存栏	头	2251	20		31
		当年出栏	头	336		25	8
		肉产量	吨	43.77		3.00	1.04
	4.骆驼	年末存栏	头	4			
兔		年末存栏	万只	1.70			
		当年出栏	万只	3.52			0.55
		肉产量	吨	53.98			11.00
其他奶产量			吨	235.20			
山羊毛产量			吨	89.97			
绵羊毛产量			吨	373.31	15.00	5.54	5.30
	细羊毛		吨	43.56			
	半细羊毛		吨	97.25		5.54	5.30
羊绒产量			吨	47.43			
蜂蜜产量			吨	81.14			
肉类总产量			吨	53466.29	4500	453.35	1741.04

生产情况

尖草坪区	万柏林区	晋源区	清徐县	阳曲县	娄烦县	古交市
30087	8534	32639	138987	40176	11000	22215
3282	850	5209	18606	4645	1150	2149
4898	121	3301	9769	6988	3563	2350
138	40	30	6100	3919	3563	2252
4760	81	3271	3669	3069		98
20197	300	17384	94362	198319	64793	71733
121	300	52	3285	45863	32599	40489
20076		17332	91077	152456	32194	31244
17.2	6.7	60.1	101.0	56.8	9.3	46.6
13.4	5.9	52.9	60.7	54.4	7.1	29.4
48500	9863	34959	209481	56577	13360	28334
343	48	297	8400	3432	1485	1239
13750	50	9752	86036	85933	47921	47250
19.7	4.6	62.1	203.2	37.5	12.8	62.5
4119	856	2812	17350	4922	1131	2540
50	9	46	1203	487	175	165
216	1	158	1473	1548	763	750
285	50	930	3007	528	155	859
1950	480	4592	6500	6220	415	3450
9928	320	11341	16510	19048		150
73		82	135	1959	2000	1212
20			42	484	541	30
2.37			4.62	57.75	67.42	4.50
7		75	27	172	13	
			2	118	6	
			0.22	16.72	0.87	
44		2	26	1134	1250	507
17				351	320	
2.01				38.91	38.20	
22		1	82	653	737	705
3			40	15	215	30
0.36			4.40	2.12	28.35	4.50
		4				
			0.35	0.35	1.00	
0.05			0.82	1.10	1.00	
1.25			12.38	16.50	12.85	
10.00			122.90	102.30		
	0.18	0.13	0.27	29.68	54.30	5.41
12.25		10.41	98.13	182.66	39.00	5.02
				10.59	32.70	0.27
9.97		10.41	11.70	44.98	6.30	3.05
	0.02		0.01	7.53	37.30	2.57
1.07	0.20		35.46	34.91	9.50	
4673.82	916	3946	23050	7563.31	2304.27	4318.5

9–9 农林牧渔业

指 标	太原市		小店区		迎泽区		杏花岭区	
	按现行价格	按可比价格	按现行价格	按可比价格	按现行价格	按可比价格	按现行价格	按可比价格
农林牧渔业总产值	**760399.8**	**757886.1**	**147449.0**	**146585.5**	**9014.4**	**8861.6**	**14074.8**	**13093.5**
一、农业产值	**450781.4**	**449253.0**	**98672.1**	**98271.7**	**211.2**	**200.7**	**3137.9**	**2983.9**
(一)谷物及其他作物	110729.7	110597.0	20718.5	20472.9	111.0	102.6	291.1	285.3
1.谷物	81524.3	81424.5	19262.1	18537.8	58.7	54.1	137.1	138.5
# 小麦	210.5	214.9	124.2	121.7				
稻谷	259.5	259.5						
玉米	73905.5	73905.5	19118.7	18397.2	46.8	42.4	108.8	108.8
2.薯类	11116.3	10436.2			39.2	34.8	56.2	56.2
3.油料	1680.1	1680.1			0.7	0.7	1.6	1.6
# 花生	16.1	16.1						
油菜籽								
4.豆类	4525	4487.2	36.6	36.6	8.6	8.6	78.1	78.1
# 大豆	3375.8	3343.6	36.6	36.6	2.5	2.5	70.0	70.0
5.棉花	17.8	17.8						
6.其他农作物	11866.4	11812.7	1419.8	1419.8	3.9	4.0	18.0	18.0
# 饲料作物	287.5	264.0						
(二)蔬菜、食用菌及花卉盆景园艺产品	304204.6	301790.3	77491.9	77337.2	77.7	75.9	2634.3	2489.9
1.蔬菜(含菜用瓜)	292383.4	284022.3	76455.4	78447.5	15.3	14.9	269.2	293.7
2.食用菌	2490.4	2490.4	156.5	156.5	62.4	60.8	310.2	310.2
3.花卉	7330.8	7330.8	880.0	880.0			2054.9	2054.9
4.盆景园艺	2000.0	2000.0						
(三)水果、坚果、饮料和香料作物	31734.9	32753.5	461.7	461.7	22.6	22.3	212.6	208.7
1.园林水果	28156.5	28982.3	461.7	461.7	22.6	22.2	212.6	221.4
# 苹果	3141.6	3141.6	78.0	78.0			76.7	82.2
梨	5032.1	5032.1	36.8	36.8	12.0	11.7	15.3	15.3
红枣	956.3	956.3	109.2	109.2	10.0	10.0	49.5	49.5
2.坚果	2558.0	2558.0						
核桃	2558.0	2558.0						
3.茶及其他饮料	900.0	900.0						
# 茶	900.0	900.0						
4.香料原料	120.4.0	120.4.0						
# 花椒	120.4.0	120.4.0						

总产值

单位：万元

尖草坪区		万柏林区		晋源区		清徐县		阳曲县		娄烦县		古交市	
按现行价格	按可比价格	按现行价格	按可比价格	按现行价格	按可比价格	按现行价格	按可比价格	按现行价格	按可比价格	按现行价格	按可比价格	按现行价格	按可比价格
56643.4	**56101.6**	**15619.1**	**15729.0**	**71061.5**	**67957.3**	**271031.1**	**272029.5**	**94197.5**	**89849.4**	**39295.0**	**39017.6**	**42683.4**	**41658.5**
30323.7	**30096.2**	**1290.6**	**1277.6**	**43673.5**	**41010.5**	**185600.7**	**185604.7**	**46058.2**	**45153**	**17768.7**	**17630.1**	**15041.4**	**14008.8**
4504.0	4330.8	776.0	764.9	5788.9	6020.7	33995.8	33843.5	22520.5	22078.9	10618.7	10544.9	4514.6	4109.4
3399.2	3265.4	331.5	327.0	5094.5	5300.1	29671.5	29644.8	16887.4	16887.4	2609.2	2609.2	1261.7	1238.1
						96.2	87.9						
				249.1	228.6								
3077.4	2943.6	258.2	274.0	4733.1	4989.1	28614.3	28614.3	12349.3	12349.3	760.1	760.1	627.5	613.6
155.1	123.9	241.2	180.9	179.9	116.9	460.3	414.9	611.7	488.6	5332	5170.4	907.2	907.2
24.6	24.6					27.4	27.4	334.8	343.5	703.7	703.7	478.9	462.0
						12.7	12.7	0.6	0.6				
284.8	205.2	2.8	2.2	13.8	11.3	190.5	183.4	918.2	925.4	1269.6	1269.5	1173.3	1108.2
273.0	193.4			13.8	11.3	178.5	171.4	627.0	634.1	917.5	917.5	894.5	912.4
						17.8	17.8						
640.3	640.4	200.5	200.4	500.7	500.7	3628.4	3628.4	3768.3	3623.8	704.2	704.3	693.6	693.6
		26.6	26.6			48.0	48.0	171.3	131.8			45.9	45.9
16508.2	16453.9	303.6	301.7	36951.4	34056.6	128037.4	127858.4	18203.4	18023.2	2426.8	2399.9	9278	8671.0
14582.6	14582.6	303.6	301.7	32868.3	30870.6	124999.8	125891.3	17978.9	19558.9	1984.3	1984.3	8571.3	8004.6
890.2	890.2			503.3	366.0	162.6	162.6	198.9	198.9	142.5	142.5	6.7	6.6
35.5	35.5			3079.9	3079.9	3.0	3.0	25.6	25.6				
1000.0	1000.0			500.0	500.0	2872.0	2872.0			300.0	300.0	700.0	700.0
9311.5	9311.5	196.0	196.0	933.2	933.2	23283	23618.4	2064.3	1966	3823.2	3785.4	1097.4	1077.0
9295.9	9295.9	188.5	188.3	929.4	929.4	22965	25222.1	1473.3	1047.9	593.2	593.2	239.4	225.5
2277.6	2277.6	8.3	8.4	314.4	314.4	568.3	532.8	865.3	546.5	62.8	62.8	107.9	99.4
390.9	390.9	30.6	30.6	26.4	26.4	6763.6	4396.3	151.2	94.9	21.3	21.3	19.8	19.2
172.8	172.8	26.4	26.4	76.0	76.0	285.5	285.5	97.0	97.0	69.4	69.4	8.1	7.2
15.6	15.6	7.5	9.0	3.8	3.8	310.8	310.8	591.0	472.8	3230	3935.7	8.0	8.0
15.6	15.6	7.5	9.0	3.8	3.8	310.8	310.8	591.0	472.8	3230	3935.7	8.0	8.0
												850.0	850.0
												850.0	850.0
						7.2	7.2						
						7.2	7.2						

9-9 续表

指 标	太原市		小店区		迎泽区		杏花岭区	
	按现行价格	按可比价格	按现行价格	按可比价格	按现行价格	按可比价格	按现行价格	按可比价格
(四)中草药材	4112.2	4112.2						
二、林业产值	**76362.3**	**76210.8**	**9018.4**	**9018.4**	**7477.8**	**7444.3**	**6448.0**	**5992.6**
(一)林木的培育和种植	75916.8	75765.3	8904.6	8904.6	7477.8	7444.3	6448.0	5992.6
1.育种育苗	19343.8	18777.6	3693.6	3693.6	60.0	46.0	452.0	429.4
2.造 林	4090.3	4431.8	45.0	45.0	67.8	62.8	3530.0	3479.9
3.抚育和管理	282.7	300.4			60.0	48.0		
(二)木材采运	358.5	358.5	113.9	113.9				
#村及村以下	358.5	358.5	113.9	113.9				
(三)林产品	87.0	87.0						
三、牧业产值	**196440.7**	**195940.9**	**35504.0**	**35115.0**	**1238.6.0**	**1130.6**	**4488.9**	**4117.0**
(一)牲畜饲养	76379.7	76060.3	23962.5	23573.5	226.4	225.3	534.9	534.4
1.牛的饲养	14816.8	13928.8	1935.0	1935.0			12.2	12.2
2.羊的饲养	26006.5	26006.5	1020.0	1020.0	184.1	153.5	493.3	493.3
3.其他牲畜饲养	614.6	614.6			29.0	23.5	4.0	4.0
4.奶产品	33995.1	33995.1	21000.0	20412.0	10.4	10.2	22.8	21.1
#牛奶	33943.7	33943.7	21000.0	20412.0	10.4	10.2	22.8	21.1
5.毛绒产品	746.8	746.8	7.5	7.5	2.9	2.9	2.7	2.7
#羊毛	211.4	211.4	7.5	7.5	2.9	2.9	2.7	2.7
羊绒	535.5	535.5						
6.其他牲畜副产品	200.0	200.0						
(二)猪的饲养	84754.5	84574.2	4900.0	4900.0	803.2	700.5	3457.1	3086.7
(三)家禽饲养	33973.5	33973.5	6641.5	6641.5	208.9	204.8	489.7	488.7
1.肉禽	11368.1	11368.1	2993.5	2993.5	46.8	43.2	144.5	141.2
2.禽蛋	22605.4	22605.4	3648.0	3648.0	162.1	148.6	345.2	328.8
(四)狩猎和捕捉动物	484.6	484.6						
(五)其他畜牧业	848.3	848.3					7.2	7.2
#兔	123.3	123.3					7.2	7.2
四、渔业产值	**3082.8**	**3082.8**	**54.6**	**54.6**	**55.7**	**55.5**		
养殖	3082.8	3005.7			55.7	55.3		
鱼类	3082.8	3005.7	54.6	54.6	55.7	55.3		
五、农林牧渔服务业	**33732.6**	**33398.6**	**4200.0**	**4125.7**	**31.2**	**30.7**		

单位：万元

尖草坪区		万柏林区		晋源区		清徐县		阳曲县		娄烦县		古交市	
按现行价格	按可比价格	按现行价格	按可比价格	按现行价格	按可比价格	按现行价格	按可比价格	按现行价格	按可比价格	按现行价格	按可比价格	按现行价格	按可比价格
		15.0	15.0			284.4	284.4	3270.0	3084.9	900.0	900.0	151.4	151.4
9406.6	**9345.9**	**10201.3**	**10538.5**	**6001.5**	**6001.5**	**6163.2**	**6163.2**	**7367.1**	**7222.6**	**7138.1**	**7138.1**	**9349.4**	**9402.1**
9400.7	9340.0	10201.3	10538.5	5967.2	5967.2	5997.9	5997.9	7367.1	7222.6	7042.0	7042.0	9349.4	9402.1
1709.1	1645.8	1500.0	2248.0	1614.2	1614.2	1424.9	1424.9	1462.8	1844.4	1530.0	1530.0	2675.4	2388.8
131.6	134.2	465.3	465.4	353.0	353.0	3213.0	3213.0	604.3	604.3	679.4	679.4	812.0	811.8
										62.6	62.4	32.0	32.0
6.0	6.0			34.3	34.3	157.3	157.3			96.1	96.1		
6.0	6.0			34.3	34.3	157.3	157.3			96.1	96.1		
						8.0	8.0						
15971.1	**15729.9**	**2553.2**	**2354.2**	**19815.1**	**19392.5**	**68778.7**	**69858.1**	**38216.6**	**35059.6**	**12280.1**	**12157.0**	**14008.6**	**13984.6**
4849.1	4707.8	162.6	160.8	7760.9	7757.1	23626.6	24074.4	20049.3	18490.5	6275.6	6152.6	4283.7	4591.3
257.9	257.9	28.8	29.0	291.1	291.1	9492.0	9483.6	1716.0	1948.3	1336.5	1336.5	931.7	1239.0
937.8	907.5	3.7	3.7	2925.6	2633.0	7743.2	9231.7	10312.0	9452.6	4073.3	4406.1	3222.5	3255.5
8.1	8.1					29.4	29.4	77.4	77.4	259.7	259.7	12.2	15.0
3578.1	3578.1	80.0	80.0	4536.4	3969.4	6133.1	6129.8	7619.2	6666.8			54.0	49.5
3574.1	3574.1	80.0	80.0	4536.4	3969.4	6083.9	6080.6	7619.2	6666.8			54.0	49.5
7.2	7.2	0.1	0.1	7.9	7.9	68.9	68.9	324.7	324.7	606.2	606.2	63.4	54.5
7.2	7.2	0.1	0.1	7.9	7.9	68.9	68.9	114.7	114.7	46.7	46.7	6.2	5.1
								210.0	210.0	559.5	559.5	57.2	49.4
60.0	60.0	50.0	50.0			160.0	160.0						
8972.5	8972.5	1923.3	1726.0	6292.6	5945.3	34040.7	35046.2	12446.9	11315.4	2498.3	2498.3	5666.8	5666.8
2016.6	1920.6	467.0	467.0	5561.6	5490.2	10316.5	9942.6	5630.2	5165.3	636.8	636.8	4058.1	3726.4
394.2	394.2	68.6	79.3	1428.8	1428.8	4856.5	4856.5	592.0	592.0	294.4	294.4	1187.7	1000.2
1622.4	1622.4	398.4	360.0	4132.8	3903.2	5460.0	5086.3	5038.2	4354.0	342.4	342.4	2870.4	2725.5
						60.0	60.0			2496.8	2496.8		
132.9	129.0	0.4	0.4	200.0	200.0	734.9	734.9	90.2	88.4	372.6	372.6		
0.8	0.8					20.5	20.5	20.4	20.4	4.5	4.5		
242.0	**242.0**	**24.0**	**24.0**	**521.4**	**521.4**	**1888.6**	**1888.6**	**55.7**	**55.7**	**508.2**	**508.2**	**84.0**	**84.0**
										508.2	508.2	84.0	84.0
242.0	257.4	24.0	24.0	521.4	505.6	1888.6	1888.6	55.7	55.7	508.2	508.2	84.0	84.0
700.0	**687.6**	**1550.0**	**1534.7**	**1050.0**	**1031.4**	**8600.0**	**8514.9**	**2500.0**	**2358.5**	**1600.0**	**1584.2**	**4200.0**	**4179.1**

9-10 农林牧渔业

指 标	太原市	小店区	迎泽区	杏花岭区
农林牧渔业中间消耗合计	**355934.1**	**66398.4**	**4804.9**	**7432.4**
一、农业中间消耗合计	**175762.0**	**39262.0**	**92.0**	**1321.0**
(一)物质消耗	135669.1	28586.4	87.7	1276.9
1.用种量	26595.5	111.7	19.2	505.8
2.役畜用饲料、饲草	2236.8	4.7		1.5
3.肥料	35685.9	1548.0	2.6	10.6
4.燃料	14173.8	2105.0	9.4	97.1
5.农药	3900.0	80.0	3.3	9.0
6.农用塑料薄膜	4568.3	187.0		2.5
7.用电量	10322.6	1650.0	50.2	625.0
8.小农具购置	10296.0	5400.0	1.0	5.0
9.办公用品购置	13032.2	7500.0		10.4
10.其他	14858	10000.0	2.0	10.0
(二)生产服务支出	40092.9	10675.6	4.3	44.1
二、林业中间消耗合计	**38180.8**	**4909.0**	**3840.0**	**3253.5**
(一)物质消耗	29838.2	2352.2	3485.4	2507.5
1.用种量	20542.7	2025.0	2564.6	1087.5
2.肥料	709.6	70.5		5.2
3.燃料	1096.4	191.7	1.3	34.3
4.农药	394.8	40.0		6.0
5.用电量	598.8	25.0	679.5	1050.0
6.小农机具购置	3146.3		120.0	170.0
7.办公用品购置	1233.2		100.0	100.0
8.其他	2116.4		20.0	54.5
(二)生产服务支出	8342.6	2556.8	354.6	746.0
三、牧业中间消耗合计	**122659.1**	**20148.9**	**819.7**	**2857.9**
(一)物质消耗	119371.3	17541.1	779.7	2747.9
1.用种量	448.3	82.5	3.1	9.9
2.饲料、饲草	109390.2	10879.6	437.2	2610.5
3.燃料	1082.2	401.0	2.0	67.5
4.用电量	5066.4	1000.0	267.9	
5.畜牧用药品	1059.4	1828.0	31.6	
6.其他	1696.2	1650.0	21.0	60.0
(二)生产服务支出	3287.8	2607.8	40.0	110.0
四、渔业中间消耗合计	**1438.2**	**28.5**	**29.2**	
(一)物质消耗	1250.5	27.5	29.2	
1.饲料	459.1	12.0		
2.燃料	139.2	4.5	1.3	
3.用电量	469.3	5.0	27.5	
4.办公用品购置	50.9	5.0	0.4	
5.其他	132.0	1.0		
(二)生产服务支出	187.7	1.0		
五、农林牧渔服务业中间消耗合计	**17894.0**	**2050.0**	**24.0**	
#物质消耗	1200.0			

中间消耗

单位：万元

尖草坪区	万柏林区	晋源区	清徐县	阳曲县	娄烦县	古交市
26941.6	**7540.1**	**33537.9**	**124643.2**	**43088.7**	**19219.0**	**21853.9**
12030.0	**494.0**	**17229.0**	**76501.0**	**16043.0**	**6740.0**	**6050.0**
6470.1	419.3	14158.6	50978.7	15595.6	5788.0	4966.5
1347.1	96.3	2601.1	4616.4	1964.1	1597.7	1445.0
7.1		2.9	155.0	1712.8	593.3	108.4
511.1	13.5	6678.0	21103.7	5969.0	856.7	819.6
633.8	4.7	731.5	6640.2	1638.0	1307.6	767.2
220.0	3.4	141.0	2325.0	178.5	34.4	64.0
240.0	1.6	104.1	1970.2	1083.2	72.5	192.0
1128.0	206.8	1200.0	5467.2	1300.0	480.0	915.3
455.0	20.0	800.0	2800.0	400.0	210.0	205.0
633.0	33.0	500.0	3200.0	600.0	305.8	250.0
1295.0	40.0	1400.0	2701.0	750.0	330.0	200.0
5559.9	74.7	3070.4	25522.3	447.4	952.0	1083.5
4886.9	**4649.9**	**3047.4**	**3399.9**	**3503.3**	**3482.4**	**4608.5**
3710.9	3708.0	2860.4	3013.9	2685.8	2867.7	4399.2
1957.9	2148.5	1646.0	2062.1	854.6	1856.7	3091.0
31.0	8.8	120.4	26.3	394.9	104.3	11.7
35.0	2.4	298.8	13.6	609.0	11.0	84.0
		82.2	36.0	22.0	15.0	30.0
58.8	552.3	285.0	538.9	15.0	40.0	522.5
740.0	261.0	180.0	35.0	150.3	290.0	300.0
503.0	369.0	120.0	160.0	280.0	100.0	150.0
385.2	366.0	128.0	142.0	360.0	450.7	210.0
1176.0	941.9	187.0	386.0	817.5	614.7	209.3
9524.4	**1534.9**	**12436.2**	**39008.8**	**22272.2**	**7895.8**	**8860.3**
9079.4	1378.1	12050.2	37532.1	21312.2	6455.2	8590.3
16.0		99.0	277.9	100.0	155.0	67.5
8028.8	926.2	10543.6	36055.8	19262.2	5258.2	7949.8
73.1	1.9	42.4	152.0	260.0	357.0	57.3
395.2	200.0	540.0	946.4	630.0	35.0	390.5
242.1	120.0	535.2	50.0	360.0	350.0	42.5
170.0	70.0	150.0	20.0	300.0	200.0	55.2
445.0	156.8	386.0	1476.7	960.0	1440.6	270.0
140.3	**11.3**	**285.3**	**1023.5**	**30.2**	**270.8**	**45.1**
84.2	11.3	285.3	905.0	30.2	212.8	43.9
	4.9	248.5	183.0	10.0	144.8	1.2
20.2	1.2	18.2		7.8	12.1	20.4
	4.2	15.0	637.0	12.0	5.8	17.3
11.0	1.0	1.6	15.0	0.4	16.1	3.0
53.0		2.0	70.0		34.0	2.0
56.1			118.5		58.0	1.2
360.0	**850.0**	**540.0**	**4710.0**	**1240.0**	**830.0**	**2290.0**
				1200.0		

9-11 林业渔业生产情况

指 标	单位	合计	小店区	迎泽区	杏花岭区	尖草坪区	万柏林区	晋源区	清徐县	阳曲县	娄烦县	古交市	太原市直
林业生产情况													
一、当年造林面积	公顷	17043	180	206	706	516	1899	706	1400	2417	4853	4060	100
（一）按造林方式分													
1.人工造林	公顷	13444	180	206	706	516	1579	706	867	1654	3736	3294	
2.无林地和疏林地新封	公顷	3599					320		533	763	1117	766	100
（二）按林种用途分													
1.经济林	公顷	1708			67	133			467	440	267	334	
2.防护林	公顷	14795	180	206	639	383	1899	706	933	1910	4586	3253	100
二、零星植树	万株	1200	126	135	137	126	142	80	136	106	106	106	
三、育苗面积	公顷	4718	633	20	113	633	100	633	633	636	680	637	
#本年新育	公顷	1476	153	13	20	133	33	153	133	148	567	123	
四、村及村以下木材采伐量	立方米	7759	2530			119		343	2247		2002		518
渔业生产情况													
1.养殖面积	公顷	2391	22	167		220	11	587	396	37	936	15	
2.水产品产量	吨	2569	42	50		220	20	316	1349	40	462	70	

第10篇

工业、交通运输和邮电

Industry, transportation and telecommunications

资料整理、审核

李春宝　　亢会明　　高　宏　　郭　瑞

张　越　　张明敏

10-1 全市工业企业单位数

单位：个

指　　标	2014	2013
全部工业企业单位数总计	**4354**	**3986**
#规模以上工业企业数	**404**	**440**
在总计中：国有及国有控股	88	88
(一)按隶属关系分		
中央企业	30	32
省属企业	31	30
市属企业	30	31
县及县以下	313	347
(二)按轻重工业分		
轻工业	79	86
重工业	325	354
(三)按登记注册类型分组:		
国有企业	18	23
集体企业	19	21
股份合作企业	1	1
联营企业		
有限责任公司	97	93
股份有限公司	13	10
私营企业	232	268
其他企业		
港、澳、台商投资企业	4	5
外商投资企业	20	19
(四)按企业规模分		
大型企业	26	31
中型企业	76	86
小型企业	283	294
微型企业	19	29

10-2 全社会主要工业产品产量

指　　标	单　位	2014	2013
原煤	万吨	3645.12	3711.47
洗煤	万吨	2844.67	2940.80
#洗精煤	万吨	2139.62	2323.49
生铁	万吨	852.67	698.58
粗钢	万吨	1144.60	977.84
钢材	万吨	1084.92	940.20
焦炭	万吨	1078.64	1136.15
水泥	万吨	537.93	676.82
机制纸及纸板	万吨	5.05	9.74
白酒(折65度,商品量)	千升	2719.00	4920.71
饮料酒	千升	135691.48	118052.08
精制食用植物油	万吨	8.39	8.33
食醋	万吨	34.76	45.47
乳制品	万吨	11.87	10.9
软饮料	万吨	27.57	37.96

10-3　规模以上工业企业主要产品产量

指　标	单　位	2014	2013
原煤	万吨	3645.12	3711.47
洗煤	万吨	2844.67	2940.8
#洗精煤	万吨	2139.62	2323.49
发电量	亿千瓦小时	256.60	279.25
小麦粉	万吨	1.57	1.93
配混合饲料	万吨	23.37	20.29
精制食用植物油	万吨	8.39	8.23
白酒（折65度，商品量）	千升	2719	4921
啤酒	千升	132104	112358
软饮料	万吨	27.57	37.96
卷烟	亿支	163.5	158.5
家具	万件	2.17	2.79
机制纸及纸板	万吨	5.05	9.74
焦炭	万吨	1078.64	1136.15
饮料酒	万吨	13.57	11.57
单色印刷品	令	1659005.44	1688813.73
多色印刷品	对开色令	7300176	7316455
涂料（油漆）	万吨	1.59	2.43
橡胶轮胎外胎	万条	165.2	166.57
水泥	万吨	484.87	594.74
商品混凝土	万立方米	328.36	312.71
镁合金	吨	4835	3895
生铁	万吨	852.67	698.58
粗钢	万吨	1144.6	977.76
钢材	万吨	1084.92	939.37
铁合金	万吨	4.39	8.95
原铝（电解铝）	万吨	8.53	11.37
金属镁	万吨	1.82	2.03
钕铁硼	吨	1665	1709
工业锅炉	蒸发量吨	330	374
金属切削机床	台	165	466
起重机	吨	40354	57248
采矿专用设备	吨	81258	99957
交流电动机	万千瓦	94.38	91.98
乳制品	万吨	11.87	10.90
食醋	万吨	34.76	45.47
单色印刷品	万令	165.90	84.43
多色印刷品	万对开色令	73.00	241.72
粗苯	万吨	6.50	6.61
车轮	万吨	14.21	9.20
车轴	万吨	7.78	15.59
汽车	辆	46	178
煤气生产量	亿立方米	167.00	135.73
自来水生产量	亿立方米	3.04	3.02

10-4　规模以上工业主要产品生产能力

指　标	单 位	生产能力
原煤	吨	47000000
发电设备容量总计 / 发电量	万千瓦 / 万千瓦小时	602
卷烟	万支	286
移动通信手持机（手机）	台	30000000
微型计算机设备	吨	150
焦炭	吨	16280000
棉纺锭 / 纺纱量	吨	194
水泥	吨	10560200
硅酸盐水泥熟料	吨	5560155
初级形态塑料	吨	23100
生铁	吨	8552000
粗钢	吨	11417202
钢材	吨	12247082
铁合金	吨	47452
原铝（电解铝）	吨	48000
金属切削机床	台	616
汽车	辆	15000

10-5　规模以上工业企业

指　　标	企业单位数（个）	亏损企业	工业总产值（当年价格）	工业销售产值（当年价格）	出口交货值
总　计	**404**	**149**	**24310043.6**	**23746807.9**	**5259128.0**
一、按登记注册类型分组:					
内资企业	380	140	18624871.3	18189344.8	1581211.0
国有企业	18	8	557915.2	551177.4	2576.7
中央企业	7	2	326596.6	323292.6	1577.6
地方企业	11	6	231318.6	227884.8	999.1
集体企业	19	4	108971.5	108130.5	
股份合作企业	1	0	4860.9	4860.9	
有限责任公司	97	37	14213849.9	13886516.6	1566495.1
国有独资公司	19	7	8813902.9	8635626.2	1484784.1
其他有限责任公司	78	30	5399947.0	5250890.4	81711.0
股份有限公司	13	5	905401.6	899301.0	4742.0
私营企业	232	86	2833872.2	2739358.4	7397.2
私营独资企业	15	5	135759.0	136185.6	
私营有限责任公司	209	78	2399963.9	2307231.5	7397.2
私营股份有限公司	8	3	298149.3	295941.3	
港、澳、台商投资企业	4	1	4083799.3	3989495.0	3604215.2
合资经营企业（港或澳、台资）	4	1	4083799.3	3989495.0	3604215.2
外商投资企业	20	8	1601373.0	1567968.1	73701.8
中外合资经营企业	14	6	708073.1	695057.5	
外资企业	5	2	886134.7	865684.5	73701.8
外商投资股份有限公司	1	0	7165.2	7226.1	
二、按经济组织类型分组:					
独资企业	57	19	1688780.4	1661178.0	76278.5
国有企业	18	8	557915.2	551177.4	2576.7
集体企业	19	4	108971.5	108130.5	
私营独资企业	15	5	135759.0	136185.6	
外资企业	5	2	886134.7	865684.5	73701.8
合作、合伙企业	1	0	4860.9	4860.9	
股份合作企业	1	0	4860.9	4860.9	
股份有限公司	22	8	1210716.1	1202468.4	4742.0
股份有限公司（内资）	13	5	905401.6	899301.0	4742.0
私营股份有限公司	8	3	298149.3	295941.3	
外商投资股份有限公司	1	0	7165.2	7226.1	
有限责任公司	324	122	21405686.2	20878300.6	5178107.5
国有独资公司	19	7	8813902.9	8635626.2	1484784.1
私营有限责任公司	209	78	2399963.9	2307231.5	7397.2
合资经营企业（港或澳、台资）	4	1	4083799.3	3989495.0	3604215.2
中外合资经营企业	14	6	708073.1	695057.5	
其他有限责任公司	78	30	5399947.0	5250890.4	81711.0

主要经济指标(一)

单位：万元

年初存货	产成品	资产总计	流动资产合计	应收账款	存货	产成品	在产品
4037541.8	**1361766.7**	**44570558.0**	**19489784.9**	**5215911.3**	**4136739.2**	**1694353.3**	**1190479.3**
3685174.4	1171558.5	39866028.0	16219017.8	3922007.6	3648437.9	1403635.2	1142662.3
115857.3	47076.9	1818936.4	689381.1	102377.0	125624.6	51442.5	41513.8
45422.5	8959.3	785660.5	220751.2	70625.6	52734.5	11262.7	30303.7
70434.8	38117.6	1033275.9	468629.9	31751.4	72890.1	40179.8	11210.1
8818.3	3469.3	72065.2	60206.4	23903.6	10547.3	4550.2	1801.8
914.9		5427.2	4607.2	3398.5	1035.2		
3035677.2	939260.1	31553540.1	12092030.3	2914285.8	2961476.8	1130557.0	1055981.7
1865786.3	503049.3	17915610.4	6461751.9	1764760.7	1724510.3	711926.8	649089.9
1169890.9	436210.8	13637929.7	5630278.4	1149525.1	1236966.5	418630.2	406891.8
67327.2	27330.7	2222549.8	643357.2	220738.6	80066.9	33402.8	13530.0
456579.5	154421.5	4193509.3	2729435.6	657304.1	469687.1	183682.7	29835.0
18731.9	4335.9	174662.4	158748.6	33421.6	20512.1	9053.2	
411771.0	146172.8	3836420.2	2475849.8	587144.5	431642.2	170702.2	28390.3
26076.6	3912.8	182426.7	94837.2	36738.0	17532.8	3927.3	1444.7
211282.1	133754.6	2784624.8	2158040.6	854147.9	311352.2	236777.2	15981.1
211282.1	133754.6	2784624.8	2158040.6	854147.9	311352.2	236777.2	15981.1
141085.3	56453.6	1919905.2	1112726.5	439755.8	176949.1	53940.9	31835.9
101878.0	44005.0	729794.4	329828.8	87693.2	111420.3	37856.5	7777.0
36865.3	11216.6	1181492.2	777710.0	349820.5	63334.9	14914.5	23035.8
2342.0	1232.0	8618.6	5187.7	2242.1	2193.9	1169.9	1023.1
180272.8	66098.7	3247156.2	1686046.1	509522.7	220018.9	79960.4	66351.4
115857.3	47076.9	1818936.4	689381.1	102377.0	125624.6	51442.5	41513.8
8818.3	3469.3	72065.2	60206.4	23903.6	10547.3	4550.2	1801.8
18731.9	4335.9	174662.4	158748.6	33421.6	20512.1	9053.2	
36865.3	11216.6	1181492.2	777710.0	349820.5	63334.9	14914.5	23035.8
914.9		5427.2	4607.2	3398.5	1035.2		
914.9		5427.2	4607.2	3398.5	1035.2		
95745.8	32475.5	2413595.1	743382.1	259718.7	99793.6	38500.0	15997.8
67327.2	27330.7	2222549.8	643357.2	220738.6	80066.9	33402.8	13530.0
26076.6	3912.8	182426.7	94837.2	36738.0	17532.8	3927.3	1444.7
2342.0	1232.0	8618.6	5187.7	2242.1	2193.9	1169.9	1023.1
3760608.3	1263192.5	38904379.5	17055749.5	4443271.4	3815891.5	1575892.9	1108130.1
1865786.3	503049.3	17915610.4	6461751.9	1764760.7	1724510.3	711926.8	649089.9
411771.0	146172.8	3836420.2	2475849.8	587144.5	431642.2	170702.2	28390.3
211282.1	133754.6	2784624.8	2158040.6	854147.9	311352.2	236777.2	15981.1
101878.0	44005.0	729794.4	329828.8	87693.2	111420.3	37856.5	7777.0
1169890.9	436210.8	13637929.7	5630278.4	1149525.1	1236966.5	418630.2	406891.8

10-5　续表 1-1

指　　标	企业单位数（个）	亏损企业	工业总产值（当年价格）	工业销售产值（当年价格）	出口交货值
三、在总计中：亏损企业	**149**	**149**	**5466235.8**	**5315016.8**	**13300.5**
在总计中：国有控股企业	88	34	14989413.0	14676292.3	1573722.8
在总计中：农村工业	1				
在总计中：轻工业	79	19	1490784.2	1456784.9	4673.7
重工业	325	130	22819259.4	22290023.0	5254454.3
在总计中：大型企业	26	15	18453089.6	18072590.4	5218595.8
中型企业	76	20	3178700.1	3085500.1	27267.1
小型企业	302	114	2678253.9	2588717.4	13265.1
纯小型企业	283	101	2576920.8	2492163.5	13265.1
微型企业	19	13	101333.1	96553.9	
四、按行大行业分组					
煤炭开采和洗选业	32	24	2644560.7	2602706.7	
石油和天然气开采业	1	1	8410.1	8410.1	
黑色金属矿采选业	8	5	178663.7	135576.2	
农副食品加工业	15	1	350046.6	349035.3	1604.8
食品制造业	12	2	199089.8	190331.6	91.0
酒、饮料和精制茶制造业	6	2	90114.1	90996.3	
烟草制品业	1		445369.1	431891.2	
纺织业	4	2	20206.2	20718.3	2977.9
纺织服装、服饰业	1		3682.0	3627.1	
木材加工和木、竹、藤、棕、草制品业	1		5581.8	5769.5	
家具制造业	2		8796.9	8796.9	
造纸和纸制品业	5	2	26658.8	24344.4	
印刷和记录媒介复制业	12	3	63967.1	63805.7	
文教、工美、体育和娱乐用品制造业	1		21000.0	21000.0	
石油加工、炼焦和核燃料加工业	16	12	1275541.8	1214346.9	
化学原料和化学制品制造业	14	3	397489.6	392025.3	4293.6
医药制造业	8	4	62039.8	60527.9	
橡胶和塑料制品业	7	1	367661.8	308400.4	59595.8
非金属矿物制品业	42	20	369717.3	365355.0	
黑色金属冶炼和压延加工业	32	13	7681651.4	7620522.8	1343173.4
有色金属冶炼和压延加工业	13	8	511164.7	483319.3	1287.0
金属制品业	27	6	238397.1	230946.2	11673.3
通用设备制造业	25	7	294256.7	292506.4	960.5
专用设备制造业	36	12	1643930.1	1547118.5	132304.6
汽车制造业	4	1	36548.3	34784.0	
铁路、船舶、航空航天和其他运输设备制造业	13	5	651825.2	649842.1	19588.8
电气机械和器材制造业	13	4	77236.9	73042.1	1177.6
计算机、通信和其他电子设备制造业	16	3	4956625.6	4844233.0	3674923.1
仪器仪表制造业	18	3	252406.2	249733.8	5460.6
其他制造业	1		73.9	73.9	
废弃资源综合利用业	1		19822.3	16308.2	16.0
金属制品、机械和设备修理业	2		4641.9	4641.9	
电力、热力生产和供应业	7	3	519307.2	518512.0	
燃气生产和供应业	5		802259.2	802259.2	
水的生产和供应业	3	2	81299.7	81299.7	

单位：万元

年初存货	产成品	资产总计	流动资产合计	应收账款	存货	产成品	在产品
1144986.0	**379966.1**	**16158580.1**	**6548708.3**	**1217209.7**	**1173746.7**	**341907.8**	**329903.9**
2988782.0	912013.2	33596242.6	12292398.2	3050632.3	2945508.0	1097201.3	1091837.1
2049.7	0.0	3826.4	2712.4	141.0	2148.0		
192517.9	72364.8	1944905.1	894556.3	130053.2	201554.7	84315.4	15079.1
3845023.9	1289401.9	42625652.9	18595228.6	5085858.1	3935184.5	1610037.9	1175400.2
3018768.4	964010.4	35418974.3	14117312.5	3839007.7	3020665.0	1224396.0	1051435.5
535062.3	228089.6	4973894.6	2971208.5	630298.2	565316.9	253963.8	87454.9
483711.1	169666.7	4177689.1	2401263.9	746605.4	550757.3	215993.5	51588.9
461518.6	163245.1	3869898.5	2265556.2	709201.6	521612.1	201053.9	51117.3
22192.5	6421.6	307790.6	135707.7	37403.8	29145.2	14939.6	471.6
507418.8	156960.5	7826588.4	3103988.5	549110.2	623989.5	149249.9	289544.1
9.1	9.1	132053.2	12391.4	9734.8	23.6	23.6	
12598.3	4668.2	150648.1	52565.2	18930.1	28727.6	23191.7	161.4
40068.9	12780.1	308913.0	148674.3	19184.9	38443.8	17211.5	210.2
24433.5	10824.9	258465.7	117018.6	20896.7	30043.9	11736.8	5131.5
18873.5	7888.9	88404.2	34871.7	2523.1	18828.0	8596.5	154.9
36997.0	9737.7	296744.5	193058.9	3907.9	31784.6	11685.1	
7677.5	5074.1	99884.4	56919.0	6473.0	9827.5	6279.8	
2004.9	1313.1	8462.2	5065.5	1488.2	2213.0	1571.7	
1025.5	559.6	13346.2	6508.5	154.4	223.7	123.7	100.0
47.4		13148.7	6716.3	1558.0	1555.1		
4021.6	1009.3	39764.0	14695.3	8010.3	2985.7	1039.0	
11540.6	2416.5	153311.3	75406.1	13190.8	14267.7	2033.5	1287.1
		12056.4	11542.0	8936.8	9.7		
271232.9	102502.6	3741243.1	1757479.4	178302.8	184330.5	88169.6	1152.5
87471.9	25612.8	1488089.1	682868.0	177594.6	100490.5	26365.2	6277.1
31489.1	16787.6	112927.6	68392.6	8552.2	34786.8	17559.1	4480.0
85808.3	61228.1	427426.0	196376.6	60996.5	87689.8	55161.0	431.9
57794.9	19523.5	681446.6	292753.4	140056.7	61419.8	24390.3	2866.2
1337611.8	315249.5	13047207.0	3229467.7	354684.5	1086785.2	513588.8	257656.9
49663.0	10280.4	383923.4	180487.9	30841.5	44866.1	10483.4	8946.7
53900.8	20672.7	280400.3	196646.9	51823.1	70362.2	29580.0	9671.6
174278.0	57885.7	545234.4	395717.6	100631.1	174984.7	61429.7	80091.9
726380.7	301953.6	4600453.7	3414694.7	1563814.6	806030.2	297999.8	408059.5
18016.8	12087.8	166383.3	58204.9	12285.5	22245.6	14862.6	2121.1
107331.6	31242.8	1021434.4	610982.5	279401.4	149275.5	32808.7	36621.5
20361.8	10539.5	237514.5	148726.8	72177.3	27420.0	14630.5	3430.0
253890.1	142618.5	4111396.2	3054950.9	1229020.3	379651.2	247268.7	42723.2
56721.5	18680.0	384748.7	279257.3	119725.3	67779.6	23883.8	14766.8
160.7		5952.6	802.0	400.8	160.7		
944.3	33.0	46628.3	5055.1	2308.2	1477.1	1477.1	
1667.1		23633.6	20584.7	9978.8	1405.2		
27366.8	21.7	1780984.4	588939.5	81424.0	25949.2	26.3	14216.2
8192.8	1604.9	1641404.5	381865.6	68305.6	6194.2	1925.9	377.0
540.3		440336.0	86109.5	9487.3	511.7		

10-5 规模以上工业企业

指 标	固定资产合计	固定资产原价	累计折旧	本年折旧	在建工程
总 计	**15478430.8**	**24218832.2**	**10358252.4**	**1121069.9**	**3957412.4**
一、按登记注册类型分组:					
内资企业	14243480.7	22274182.4	9622071.9	947888.3	3904498.4
国有企业	1045796.7	1889999.5	873386.3	63751.4	56830.0
中央企业	548937.2	1128026.2	586817.5	30936.2	8612.9
地方企业	496859.5	761973.3	286568.8	32815.2	48217.1
集体企业	9482.6	20062.6	12217.4	1120.8	408.7
股份合作企业	820.0	2403.2	1583.2	167.4	
有限责任公司	11600770.8	18352201.7	8058329.7	766946.1	2885403.0
国有独资公司	6613125.0	10975186.4	4715000.8	465728.8	1620978.3
其他有限责任公司	4987645.8	7377015.3	3343328.9	301217.3	1264424.7
股份有限公司	700604.2	640043.1	122468.9	38048.4	702601.3
私营企业	886006.4	1369472.3	554086.4	77854.2	259255.4
私营独资企业	14480.5	24191.2	10023.8	1897.4	313.1
私营有限责任公司	812880.5	1233485.5	490863.2	70787.1	244107.9
私营股份有限公司	58645.4	111795.6	53199.4	5169.7	14834.4
港、澳、台商投资企业	525209.7	636909.0	111699.4	67122.9	23561.4
合资经营企业（港或澳、台资）	525209.7	636909.0	111699.4	67122.9	23561.4
外商投资企业	709740.4	1307740.8	624481.1	106058.7	29352.6
中外合资经营企业	345462.2	572684.7	251529.4	23224.9	27717.3
外资企业	360847.3	729658.1	370230.1	82190.3	1577.2
外商投资股份有限公司	3430.9	5398.0	2721.6	643.5	58.1
二、按经济组织类型分组:					
独资企业	1430607.1	2663911.4	1265857.6	148959.9	59129.0
国有企业	1045796.7	1889999.5	873386.3	63751.4	56830.0
集体企业	9482.6	20062.6	12217.4	1120.8	408.7
私营独资企业	14480.5	24191.2	10023.8	1897.4	313.1
外资企业	360847.3	729658.1	370230.1	82190.3	1577.2
合作、合伙企业	820.0	2403.2	1583.2	167.4	
股份合作企业	820.0	2403.2	1583.2	167.4	
股份有限公司	762680.5	757236.7	178389.9	43861.6	717493.8
股份有限公司（内资）	700604.2	640043.1	122468.9	38048.4	702601.3
私营股份有限公司	58645.4	111795.6	53199.4	5169.7	14834.4
外商投资股份有限公司	3430.9	5398.0	2721.6	643.5	58.1
有限责任公司	13284323.2	20795280.9	8912421.7	928081.0	3180789.6
国有独资公司	6613125.0	10975186.4	4715000.8	465728.8	1620978.3
私营有限责任公司	812880.5	1233485.5	490863.2	70787.1	244107.9
合资经营企业（港或澳、台资）	525209.7	636909.0	111699.4	67122.9	23561.4
中外合资经营企业	345462.2	572684.7	251529.4	23224.9	27717.3
其他有限责任公司	4987645.8	7377015.3	3343328.9	301217.3	1264424.7

主要经济指标(二)

单位：万元

负债合计	流动负债合计	应付账款	非流动负债合计	所有者权益合计	实收资本	国家资本	集体资本
32609851.5	**22459897.5**	**6534425.4**	**10012785.6**	**11920671.0**	**7370820.7**	**2447443.6**	**50878.8**
29200228.5	19103499.4	4630765.4	9959559.1	10632626.3	6512949.9	2440931.3	50878.8
1517496.5	532173.8	216307.0	976939.3	301092.2	84466.0	60061.8	
685469.1	102223.2	127845.3	579299.4	99843.8	34752.3	14736.1	
832027.4	429950.6	88461.7	397639.9	201248.4	49713.7	45325.7	
47733.5	47527.9	21030.8		24268.2	13083.0	1827.0	9703.2
2659.0	2592.0	437.5	67.0	2768.2	2000.0		
22546566.2	15244530.8	3579896.0	7288148.3	9000687.4	3591657.4	2335925.9	29346.0
12102951.8	8475694.7	1716009.3	3627257.1	5812658.3	1042921.0	1034049.8	
10443614.4	6768836.1	1863886.7	3660891.2	3188029.1	2548736.4	1301876.1	29346.0
1691936.9	782956.3	164683.7	906858.6	530612.9	191804.1	42898.6	
3393836.4	2493718.6	648410.4	787545.9	773197.4	2629939.4	218.0	11829.6
176234.0	168368.2	31229.8	8.0	-3100.1	7049.1		
3081430.0	2215664.3	595100.0	766446.0	730043.5	2589016.2	218.0	11829.6
136172.4	109686.1	22080.6	21091.9	46254.0	33874.1		
2221244.3	2206432.1	1517922.2	14812.2	563380.5	354481.5		
2221244.3	2206432.1	1517922.2	14812.2	563380.5	354481.5		
1188378.7	1149966.0	385737.8	38414.3	724664.2	503389.3	6512.3	
545782.6	510398.2	100080.4	35386.0	184011.8	175436.9	6512.3	
639986.6	636988.3	285436.2	2998.3	534643.4	327652.0		
2609.5	2579.5	221.2	30.0	6009.0	300.4		
2381450.6	1385058.2	554003.8	979945.6	856903.7	432250.1	61888.8	9703.2
1517496.5	532173.8	216307.0	976939.3	301092.2	84466.0	60061.8	
47733.5	47527.9	21030.8		24268.2	13083.0	1827.0	9703.2
176234.0	168368.2	31229.8	8.0	-3100.1	7049.1		
639986.6	636988.3	285436.2	2998.3	534643.4	327652.0		
2659.0	2592.0	437.5	67.0	2768.2	2000.0		
2659.0	2592.0	437.5	67.0	2768.2	2000.0		
1830718.8	895221.9	186985.5	927980.5	582875.9	225978.6	42898.6	
1691936.9	782956.3	164683.7	906858.6	530612.9	191804.1	42898.6	
136172.4	109686.1	22080.6	21091.9	46254.0	33874.1		
2609.5	2579.5	221.2	30.0	6009.0	300.4		
28395023.1	20177025.4	5792998.6	8104792.5	10478123.2	6710592.0	2342656.2	41175.6
12102951.8	8475694.7	1716009.3	3627257.1	5812658.3	1042921.0	1034049.8	
3081430.0	2215664.3	595100.0	766446.0	730043.5	2589016.2	218.0	11829.6
2221244.3	2206432.1	1517922.2	14812.2	563380.5	354481.5		
545782.6	510398.2	100080.4	35386.0	184011.8	175436.9	6512.3	
10443614.4	6768836.1	1863886.7	3660891.2	3188029.1	2548736.4	1301876.1	29346.0

10-5 续表 2-1

指 标	固定资产合计	固定资产原价	累计折旧	本年折旧	在建工程
三、在总计中：亏损企业	**5964600.0**	**9092998.2**	**4218471.2**	**362452.0**	**1443462.9**
在总计中：国有控股企业	13002810.8	20382238.7	8873887.0	829808.1	3513251.6
在总计中：农村工业	1114.0	1530.6	486.7	152.7	70.1
在总计中：轻工业	745912.3	1035517.3	383215.3	53280.6	179753.2
重工业	14732518.5	23183314.9	9975037.1	1067789.3	3777659.2
在总计中：大型企业	12961241.0	20615635.3	9028076.1	956166.0	3377161.2
中型企业	1366882.3	2067964.4	837920.9	92303.6	305229.1
小型企业	1150307.5	1535232.5	492255.4	72600.3	275022.1
纯小型企业	1102966.5	1465926.5	456757.8	72412.4	263541.8
微型企业	47341.0	69306.0	35497.6	187.9	11480.3
四、按行大行业分组					
煤炭开采和洗选业	3460527.2	5076013.7	2468267.9	194825.6	562014.2
石油和天然气开采业	74004.8	83177.9	9173.1	0.0	45515.6
黑色金属矿采选业	41004.0	75060.1	36458.0	4758.7	18429.7
农副食品加工业	101844.8	109692.7	30155.3	4888.8	45722.9
食品制造业	89181.1	121595.0	34426.9	6253.2	34505.9
酒、饮料和精制茶制造业	51782.0	77716.5	35012.6	4096.8	1561.8
烟草制品业	100940.5	142460.7	63041.5	6545.6	21521.2
纺织业	6781.0	10626.5	5044.2	224.9	22423.6
纺织服装、服饰业	2491.1	2491.1	1637.4	96.1	154.5
木材加工和木、竹、藤、棕、草制品业	1347.6	1391.5	43.9	2.2	4927.2
家具制造业	6259.4	8032.3	1781.5	429.6	8.5
造纸和纸制品业	17135.4	32997.0	15861.6	1361.0	163.1
印刷和记录媒介复制业	49614.5	79200.0	40919.4	4235.5	24909.8
文教、工美、体育和娱乐用品制造业	514.4	1023.3	508.9	153.2	0.0
石油加工、炼焦和核燃料加工业	533836.9	926514.4	395014.8	60407.4	439562.5
化学原料和化学制品制造业	495382.1	696318.0	212434.8	8105.9	21541.4
医药制造业	25959.4	40352.6	11532.1	1730.9	7964.2
橡胶和塑料制品业	178279.0	215217.2	57783.3	10795.3	61300.1
非金属矿物制品业	271308.4	396784.8	151565.4	21224.2	100300.2
黑色金属冶炼和压延加工业	5419303.8	9762363.0	4348297.2	446008.7	1418377.2
有色金属冶炼和压延加工业	103575.2	132366.7	54024.0	5910.8	43864.7
金属制品业	76016.5	124141.2	70966.7	5876.0	10425.9
通用设备制造业	80028.1	111092.2	33643.4	3830.3	50166.5
专用设备制造业	1044408.9	1004494.3	292718.6	27271.3	174032.2
汽车制造业	41663.4	66193.1	25661.8	3902.8	27371.3
铁路、船舶、航空航天和其他运输设备制造业	403923.0	295175.7	67680.4	17829.9	75243.3
电气机械和器材制造业	62194.7	51327.3	14599.1	4365.4	20047.0
计算机、通信和其他电子设备制造业	881166.0	1365203.9	493054.9	143071.1	10594.7
仪器仪表制造业	35627.3	47318.0	18295.3	3897.3	28714.3
其他制造业	4611.6	239.9	161.8	18.2	4533.5
废弃资源综合利用业	39378.8	42184.2	2805.4	1989.2	267.9
金属制品、机械和设备修理业	2942.6	8900.5	5957.9	2.5	
电力、热力生产和供应业	1075357.1	2234476.5	1166948.0	75916.8	49992.1
燃气生产和供应业	463922.4	544682.0	83485.4	34572.9	621013.0
水的生产和供应业	236117.8	332008.4	109289.9	16471.8	10242.4

单位：万元

负债合计	流动负债合计	应付账款	非流动负债合计	所有者权益合计	实收资本	国家资本	集体资本
13376439.6	**8642477.8**	**2133997.4**	**4629601.7**	**2777382.6**	**2592648.0**	**1363131.2**	**11489.0**
24416979.9	15357374.5	3548406.9	9048736.6	9177501.4	3545908.3	2409235.5	6064.0
3342.0	3342.0	3193.5		484.4	2500.0		2500.0
864994.2	755434.4	280471.4	104666.1	1059334.3	434455.4	150153.7	14423.0
31744857.3	21704463.1	6253954.0	9908119.5	10861336.7	6936365.3	2297289.9	36455.8
26453369.6	17122904.6	5019123.4	9326518.3	8965604.6	3382415.3	1945833.1	
3459041.0	3076328.5	709726.0	374931.0	1506613.2	923975.3	337674.8	19809.3
2697440.9	2260664.4	805576.0	311336.3	1448453.2	3064430.1	163935.7	31069.5
2504548.2	2178399.4	808363.2	272087.5	1343836.4	3037617.1	163935.7	28969.5
192892.7	82265.0	−2787.2	39248.8	104616.8	26813.0		2100.0
6421260.5	3743253.3	915543.4	2649302.8	1399395.3	1093705.2	1038267.9	2100.0
114604.9	114604.9	86567.5		17448.2	20000.0	20000.0	
124685.2	105115.4	33068.4		25780.2	24360.0		
148981.2	119977.9	69200.6	29003.2	145405.0	44286.8	14164.0	3667.0
159271.6	123002.3	25151.8	33806.8	100701.4	46354.5		5666.7
44315.3	43527.4	10347.0	782.5	43906.7	36917.8	2039.9	
17658.2	17658.2	9508.3		279086.2	61319.6		
50814.6	50464.6	15357.3	350.0	48909.8	22180.0		
3082.3	3082.3	1286.9		5379.9	2089.3		2089.3
10903.4	10903.4	139.8		2442.8	3000.0		
3067.1	3007.1	661.3	60.0	10081.6	2700.0		
28028.5	26525.5	7767.8	1503.0	11440.6	9861.8		
86609.0	78994.6	22621.0	7614.4	66698.1	32648.7	18221.3	
10429.5	10429.5	10399.7		1626.9	500.0		
3137770.6	2383574.4	419993.3	716404.9	603472.7	640921.0		
1121249.7	971279.6	153465.2	149150.4	366839.3	213452.9	138288.3	2313.6
92502.6	86326.4	20588.8	6176.2	20424.6	26051.1	6400.0	3000.0
295735.0	151022.4	27709.6	137218.3	124828.8	91006.2	551.5	
393020.9	336365.7	149539.6	47718.6	288371.6	171001.5	36850.6	5515.3
8637468.6	5432915.6	614285.9	3198441.6	4408708.3	860132.6	687886.9	7765.0
294741.3	189858.5	33980.6	94997.7	82921.5	110833.6	20142.4	
157326.1	150264.0	33071.2	5274.0	122546.9	45328.3	8017.3	4339.6
407652.0	365904.1	91988.9	41727.7	137234.6	2067042.4	29199.0	4022.3
3384858.2	2719458.1	1203571.0	659754.0	1213288.1	317400.3	90971.4	
146744.1	145989.7	12512.1	754.4	19639.1	41338.6	10858.9	
729432.6	599673.1	224089.2	129759.5	291943.8	171911.3	144220.7	4275.0
125910.0	82625.8	39611.0	40758.9	110112.0	85008.0	4250.0	
2971006.6	2961596.6	1867484.1	9318.1	1139071.4	662747.7	4931.7	
203129.2	171231.9	69770.1	30527.7	181619.2	61188.3	17921.6	6125.0
4954.6	2971.8	663.0	1982.8	998.0	1000.0		
20134.7	12134.7	1036.2	8000.0	26493.6	25000.0		
7594.0	7594.0	4476.9		16039.5	1400.0	18.0	
1787666.8	576279.8	185102.4	1207440.5	−6682.5	108638.1	40040.3	
1298023.7	529457.6	99353.8	768566.0	343380.7	153200.0	7000.0	
169218.9	132827.3	74511.7	36391.6	271117.1	116295.1	107201.9	

10-5　规模以上工业企业

指　　标	法人资本	个人资本	港澳台资本	外商资本	营业收入
总　计	**1571768.8**	**2556993.2**	**33453.1**	**709737.4**	**34220460.6**
一、按登记注册类型分组:					
内资企业	1457884.8	2555493.2	1100.0	6116.0	28541848.5
国有企业	24404.2				570470.1
中央企业	20016.2				349485.3
地方企业	4388.0				220984.8
集体企业	1507.0				112015.3
股份合作企业		2000.0			4860.9
有限责任公司	1093793.8	128475.7		4116.0	24083715.6
国有独资公司	8871.2				15783963.8
其他有限责任公司	1084922.6	128475.7		4116.0	8299751.8
股份有限公司	103730.5	44075.0	1100.0		966519.1
私营企业	234449.3	2380942.5		2000.0	2804267.5
私营独资企业	2180.0	4819.1			136461.6
私营有限责任公司	206055.2	2368463.4		2000.0	2435900.6
私营股份有限公司	26214.1	7660.0			231905.3
港、澳、台商投资企业	14980.0		26950.0	312551.5	4008183.9
合资经营企业（港或澳、台资）	14980.0		26950.0	312551.5	4008183.9
外商投资企业	98904.0	1500.0	5403.1	391069.9	1670428.2
中外合资经营企业	98603.6	1500.0	3500.0	65321.0	768052.4
外资企业			1903.1	325748.9	895149.7
外商投资股份有限公司	300.4				7226.1
二、按经济组织类型分组:					
独资企业	28091.2	4819.1	1903.1	325748.9	1714096.7
国有企业	24404.2				570470.1
集体企业	1507.0				112015.3
私营独资企业	2180.0	4819.1			136461.6
外资企业			1903.1	325748.9	895149.7
合作、合伙企业		2000.0			4860.9
股份合作企业		2000.0			4860.9
股份有限公司	130245.0	51735.0	1100.0		1205650.5
股份有限公司（内资）	103730.5	44075.0	1100.0		966519.1
私营股份有限公司	26214.1	7660.0			231905.3
外商投资股份有限公司	300.4				7226.1
有限责任公司	1413432.6	2498439.1	30450.0	383988.5	31295852.5
国有独资公司	8871.2				15783963.8
私营有限责任公司	206055.2	2368463.4		2000.0	2435900.6
合资经营企业（港或澳、台资）	14980.0		26950.0	312551.5	4008183.9
中外合资经营企业	98603.6	1500.0	3500.0	65321.0	768052.4
其他有限责任公司	1084922.6	128475.7		4116.0	8299751.8

主要经济指标(三)

单位：万元

主营业务收入	营业成本	主营业务成本	营业税金及附加	主营业务税金及附加	其他业务收入	其他业务利润	销售费用
33757656.5	**29856795.0**	**29527049.7**	**325133.5**	**320115.2**	**462804.1**	**80221.0**	**623583.7**
28119251.3	25425456.7	25125136.7	310214.7	305236.3	422597.2	72718.9	570364.4
559043.0	477695.4	474917.5	3589.1	3553.2	11427.1	5473.7	6239.8
344437.5	285172.6	284917.1	1781.6	1755.2	5047.8	4753.1	1774.4
214605.5	192522.8	190000.4	1807.5	1798.0	6379.3	720.6	4465.4
108739.2	101705.8	98180.2	987.0	976.3	3276.1	15.4	341.8
4860.9	3849.6	3849.6	25.8	25.8			40.3
23766017.6	21564026.4	21333874.5	278523.0	274536.4	317698.0	81932.1	413913.8
15712680.2	14430224.6	14371378.0	23764.9	23745.9	71283.6	14998.6	239690.1
8053337.4	7133801.8	6962496.5	254758.1	250790.5	246414.4	66933.5	174223.7
948732.0	776839.2	776839.2	3269.3	3058.0	17787.1	38.2	41104.1
2731858.6	2501340.3	2437475.7	23820.5	23086.6	72408.9	-14740.5	108724.6
136435.7	127121.0	125359.5	794.3	280.1	25.9	1.5	7513.6
2363517.6	2153398.9	2091295.8	22530.7	22311.0	72383.0	-14742.0	97287.4
231905.3	220820.4	220820.4	495.5	495.5			3923.6
3996901.2	3063658.3	3057496.5	2292.1	2292.1	11282.7	3492.1	5092.6
3996901.2	3063658.3	3057496.5	2292.1	2292.1	11282.7	3492.1	5092.6
1641504.0	1367680.0	1344416.5	12626.7	12586.8	28924.2	4010.0	48126.7
764758.5	650622.3	649446.4	2537.3	2521.7	3293.9	520.2	43503.8
869550.0	711307.9	689229.3	10034.5	10034.5	25599.7	3489.8	4500.9
7195.5	5749.8	5740.8	54.9	30.6	30.6		122.0
1673767.9	1417830.1	1387686.5	15404.9	14844.1	40328.8	8980.4	18596.1
559043.0	477695.4	474917.5	3589.1	3553.2	11427.1	5473.7	6239.8
108739.2	101705.8	98180.2	987.0	976.3	3276.1	15.4	341.8
136435.7	127121.0	125359.5	794.3	280.1	25.9	1.5	7513.6
869550.0	711307.9	689229.3	10034.5	10034.5	25599.7	3489.8	4500.9
4860.9	3849.6	3849.6	25.8	25.8			40.3
4860.9	3849.6	3849.6	25.8	25.8			40.3
1187832.8	1003409.4	1003400.4	3819.7	3584.1	17817.7	38.2	45149.7
948732.0	776839.2	776839.2	3269.3	3058.0	17787.1	38.2	41104.1
231905.3	220820.4	220820.4	495.5	495.5			3923.6
7195.5	5749.8	5740.8	54.9	30.6	30.6		122.0
30891194.9	27431705.9	27132113.2	305883.1	301661.2	404657.6	71202.4	559797.6
15712680.2	14430224.6	14371378.0	23764.9	23745.9	71283.6	14998.6	239690.1
2363517.6	2153398.9	2091295.8	22530.7	22311.0	72383.0	-14742.0	97287.4
3996901.2	3063658.3	3057496.5	2292.1	2292.1	11282.7	3492.1	5092.6
764758.5	650622.3	649446.4	2537.3	2521.7	3293.9	520.2	43503.8
8053337.4	7133801.8	6962496.5	254758.1	250790.5	246414.4	66933.5	174223.7

10-5　续表 3-1

指　　标	法人资本	个人资本	港澳台资本	外商资本	营业收入
三、在总计中：亏损企业	**900933.2**	**274847.8**	**3003.1**	**39243.7**	**8609108.0**
在总计中：国有控股企业	1040287.3	61605.5	4600.0	24116.0	24806905.2
在总计中：农村工业					4955.1
在总计中：轻工业	142915.9	94314.4		32648.4	1510533.0
重工业	1428852.9	2462678.8	33453.1	677089.0	32709927.6
在总计中：大型企业	761056.7	58888.0		616637.5	28152467.4
中型企业	342701.7	158475.8	3050.0	62263.7	3189420.0
小型企业	468010.4	2339629.4	30403.1	30836.2	2878573.2
纯小型企业	461585.4	2323391.4	30403.1	28836.2	2783782.6
微型企业	6425.0	16238.0		2000.0	94790.6
四、按行大行业分组					
煤炭开采和洗选业	14035.0	37302.3		2000.0	5363055.8
石油和天然气开采业					8683.3
黑色金属矿采选业	17810.0	6550.0			70202.7
农副食品加工业	7502.0	18953.8			359067.2
食品制造业	27549.5	13138.3			194596.6
酒、饮料和精制茶制造业	2076.8	26100.0		6701.1	118450.6
烟草制品业	61319.6				437673.0
纺织业	20930.0	660.0		590.0	16800.5
纺织服装、服饰业					3382.3
木材加工和木、竹、藤、棕、草制品业		3000.0			5769.5
家具制造业	2050.0	650.0			8849.4
造纸和纸制品业	1162.0	8699.8			25651.0
印刷和记录媒介复制业	10616.0	3811.4			71790.0
文教、工美、体育和娱乐用品制造业		500.0			19826.8
石油加工、炼焦和核燃料加工业	585055.0	43781.0		12085.0	1282473.7
化学原料和化学制品制造业	24597.5	26040.0		22213.5	819890.1
医药制造业	7710.0	8941.1			61738.2
橡胶和塑料制品业	67290.9	20.0		23143.8	375823.9
非金属矿物制品业	55446.1	68089.5		5100.0	369192.0
黑色金属冶炼和压延加工业	61509.0	100568.6	1903.1	500.0	14204276.3
有色金属冶炼和压延加工业	85091.2	5600.0			559609.0
金属制品业	6297.0	26128.6			240084.1
通用设备制造业	10678.0	2018978.0		4165.1	285901.9
专用设备制造业	156433.4	51979.5		18016.0	1806159.1
汽车制造业	28479.7	2000.0			40212.1
铁路、船舶、航空航天和其他运输设备制造业	12000.0	6594.2		4821.4	689672.8
电气机械和器材制造业	51019.2	29738.8			83659.9
计算机、通信和其他电子设备制造业	9418.8	37995.7		610401.5	4906082.9
仪器仪表制造业	24561.1	9530.6	3050.0		273601.4
其他制造业		1000.0			73.9
废弃资源综合利用业			25000.0		16310.0
金属制品、机械和设备修理业	1300.0	82.0			40319.2
电力、热力生产和供应业	68597.8				529077.4
燃气生产和供应业	142140.0	560.0	3500.0		842782.6
水的生产和供应业	9093.2				89721.4

单位：万元

主营业务收入	营业成本	主营业务成本	营业税金及附加	主营业务税金及附加	其他业务收入	其他业务利润	销售费用
8320579.3	**7866844.4**	**7662798.6**	**64961.5**	**61109.7**	**288528.7**	**59106.4**	**196323.6**
24464458.1	22111494.3	21882172.9	283009.2	278995.0	342447.1	86824.7	405170.1
4955.1	4687.8	4687.8	9.9	9.9			131.6
1497225.6	1048857.2	1039105.3	200350.4	200350.4	13307.4	3709.1	76803.6
32260430.9	28807937.8	28487944.4	124783.1	119764.8	449496.7	76511.9	546780.1
27794780.3	24859184.5	24611607.8	92941.2	89082.6	357687.1	72761.6	426914.4
3152283.3	2465966.6	2433000.6	210940.1	210642.5	37136.7	2915.6	110333.5
2810592.9	2531643.9	2482441.3	21252.2	20390.1	67980.3	4543.8	86335.8
2717874.2	2444851.0	2396338.4	20316.9	19969.0	65908.4	4349.9	84943.8
92718.7	86792.9	86102.9	935.3	421.1	2071.9	193.9	1392.0
5151027.0	4830915.2	4685356.9	51997.1	48162.5	212028.8	65020.2	73519.5
8410.1	11266.9	10912.2	127.5	127.5	273.2		
70202.7	54954.3	54954.3	3931.3	3931.3			1780.3
357134.6	315531.9	315531.9	551.4	551.4	1932.6	132.6	13397.0
192631.2	143961.2	143160.3	653.3	653.3	1965.4	329.8	23764.1
117709.7	88651.8	88044.2	4426.3	4426.3	740.9	-93.7	15059.3
437082.6	144328.5	143831.8	192847.7	192847.7	590.4	93.7	3722.3
16799.7	16445.5	16445.5	48.0	48.0	0.8	0.8	596.8
3382.3	2844.8	2844.8	46.7	46.7			27.1
5769.5	4895.0	4895.0	3.0	3.0			7.6
8849.4	5769.8	5769.8	17.0	17.0			1363.5
25651.0	25320.2	25320.2	70.8	70.8			178.0
67509.1	57203.8	53599.5	451.8	451.8	4280.9	398.6	3493.1
19826.8	17278.9	17278.9	150.9	150.9			451.0
1269151.3	1118785.9	1108721.8	13131.9	13121.0	13322.4	763.8	93199.5
810327.8	748103.3	739485.8	6448.7	6410.7	9562.3	5645.3	16215.5
61592.8	51077.6	50988.2	250.6	250.6	145.4	55.4	4115.9
371844.7	325582.8	323243.4	682.3	682.3	3979.2	825.6	8776.0
357805.4	320920.4	309651.3	1944.3	1918.6	11386.6	792.3	11131.2
14159770.2	13118452.6	13068477.4	15510.6	15510.5	44506.1	-17297.0	190728.7
527340.6	550128.1	520181.3	266.4	266.4	32268.4	406.6	2601.5
237452.6	195067.1	194423.0	1450.3	933.4	2631.5	1018.7	6879.6
284083.9	236498.9	235111.7	1530.8	1498.6	1818.0	413.4	9892.3
1772487.6	1498040.4	1476493.8	4799.0	4795.7	33671.5	8008.9	63016.8
38590.1	32881.5	32452.1	333.9	290.6	1622.0	202.1	2623.2
681618.5	576386.4	569389.7	2000.6	2000.6	8054.3	114.4	18589.3
83209.0	73045.5	72592.9	370.9	370.9	450.9	-5.9	3044.6
4867495.7	3798354.5	3770054.6	12706.2	12494.9	38587.2	6891.9	7741.7
272410.7	193003.1	192559.0	1502.4	1502.4	1190.7	690.0	12671.0
73.9	98.6	98.6	0.2	0.2		193.9	46.0
16308.2	6990.5	6990.5			1.8		298.5
40319.2	37296.0	37296.0	801.6	801.6			0.8
517106.7	460702.3	458320.4	3292.4	3212.9	11970.7	3486.4	2631.4
819373.6	708437.3	704998.5	2395.0	2172.5	23409.0	-279.9	27938.3
87308.3	87574.4	87574.4	392.6	392.6	2413.1	2413.1	4082.3

10-5　规模以上工业企业

指　　标	管理费用		财务费用		
		税金		利息收入	利息支出
总　计	**1703193.8**	**69377.9**	**714894.1**	**109568.6**	**787427.5**
一、按登记注册类型分组:					
内资企业	1533515.1	62278.9	710587.9	88265.1	758368.4
国有企业	51348.2	2475.3	49547.3	1748.5	50787.6
中央企业	17088.3	1823.0	25014.2	1736.9	26238.8
地方企业	34259.9	652.3	24533.1	11.6	24548.8
集体企业	10682.6	69.9	-87.6	2.5	-7.6
股份合作企业	716.4	13.5	5.3		
有限责任公司	1298486.9	53137.5	552498.2	82963.0	610609.7
国有独资公司	667489.6	27479.2	287059.9	64171.7	338262.7
其他有限责任公司	630997.3	25658.3	265438.3	18791.3	272347.0
股份有限公司	47951.2	1492.7	31365.4	2131.7	33022.2
私营企业	124329.8	5090.0	77259.3	1419.4	63956.5
私营独资企业	1998.3	554.2	3592.4	4.4	1582.9
私营有限责任公司	115103.7	3867.5	69930.9	1415.2	61498.7
私营股份有限公司	7227.8	668.3	3736.0	-0.2	874.9
港、澳、台商投资企业	58853.5	3710.9	-14220.3	18885.9	10171.8
合资经营企业（港或澳、台资）	58853.5	3710.9	-14220.3	18885.9	10171.8
外商投资企业	110825.2	3388.1	18526.5	2417.6	18887.3
中外合资经营企业	29666.4	1124.9	15796.5	151.0	13566.5
外资企业	79999.8	2234.0	2643.9	2236.4	5258.7
外商投资股份有限公司	1159.0	29.2	86.1	30.2	62.1
二、按经济组织类型分组:					
独资企业	144028.9	5333.4	55696.0	3991.8	57621.6
国有企业	51348.2	2475.3	49547.3	1748.5	50787.6
集体企业	10682.6	69.9	-87.6	2.5	-7.6
私营独资企业	1998.3	554.2	3592.4	4.4	1582.9
外资企业	79999.8	2234.0	2643.9	2236.4	5258.7
合作、合伙企业	716.4	13.5	5.3		
股份合作企业	716.4	13.5	5.3		
股份有限公司	56338.0	2190.2	35187.5	2161.7	33959.2
股份有限公司（内资）	47951.2	1492.7	31365.4	2131.7	33022.2
私营股份有限公司	7227.8	668.3	3736.0	-0.2	874.9
外商投资股份有限公司	1159.0	29.2	86.1	30.2	62.1
有限责任公司	1502110.5	61840.8	624005.3	103415.1	695846.7
国有独资公司	667489.6	27479.2	287059.9	64171.7	338262.7
私营有限责任公司	115103.7	3867.5	69930.9	1415.2	61498.7
合资经营企业（港或澳、台资）	58853.5	3710.9	-14220.3	18885.9	10171.8
中外合资经营企业	29666.4	1124.9	15796.5	151.0	13566.5
其他有限责任公司	630997.3	25658.3	265438.3	18791.3	272347.0

主要经济指标(四)

单位：万元

营业利润	资产减值损失	公允价值变动收益	投资收益	营业外收入	补贴收入	营业外支出	利润总额
42764.2	**301751.8**	**-805118.5**	**128298.5**	**249146.8**	**83724.1**	**73066.6**	**217580.3**
-170675.7	300582.8	-10507.7	124232.6	226779.2	83491.3	62493.1	-7653.8
-23912.3	12935.5		-55.4	22640.9	18126.6	5059.4	-6330.8
11710.3	12907.4		-55.4	3962.4	2078.8	2191.2	13481.5
-35622.6	28.1			18678.5	16047.8	2868.2	-19812.3
-1734.4	103.1			3240.2	2819.4	332.0	1185.0
223.5				43.9	43.0	0.7	266.7
-188991.4	281016.9	23.1	113177.0	179545.6	56547.2	49178.6	-56991.2
24200.9	219508.5		107942.3	68211.9	21374.7	31151.2	61261.6
-213192.3	61508.4	23.1	5234.7	111333.7	35172.5	18027.4	-118252.8
71391.2	4493.7		10157.3	8639.0	227.8	1181.2	78849.0
-27652.3	2033.6	-10530.8	953.7	12669.6	5727.3	6741.2	-24632.5
-87.5		-6593.6		1699.4		20.7	-2006.1
-22465.7	1476.2	-3937.2	953.7	10493.4	5392.2	6669.0	-17960.6
-5099.1	557.4			476.8	335.1	51.5	-4665.8
99205.2	693.4	-794609.8	2000.7	15325.8		44.5	114486.5
99205.2	693.4	-794609.8	2000.7	15325.8		44.5	114486.5
114234.7	475.6	-1.0	2065.2	7041.8	232.8	10529.0	110747.6
25534.7	495.4	-1.0	102.0	5344.0	232.8	10442.8	20436.0
88625.9			1963.2	1637.8		58.1	90205.6
74.1	-19.8			60.0		28.1	106.0
62891.7	13038.6	-6593.6	1907.8	29218.3	20946.0	5470.2	83053.7
-23912.3	12935.5		-55.4	22640.9	18126.6	5059.4	-6330.8
-1734.4	103.1			3240.2	2819.4	332.0	1185.0
-87.5		-6593.6		1699.4		20.7	-2006.1
88625.9			1963.2	1637.8		58.1	90205.6
223.5				43.9	43.0	0.7	266.7
223.5				43.9	43.0	0.7	266.7
66366.2	5031.3		10157.3	9175.8	562.9	1260.8	74289.2
71391.2	4493.7		10157.3	8639.0	227.8	1181.2	78849.0
-5099.1	557.4			476.8	335.1	51.5	-4665.8
74.1	-19.8			60.0		28.1	106.0
-86717.2	283681.9	-798524.9	116233.4	210708.8	62172.2	66334.9	59970.7
24200.9	219508.5		107942.3	68211.9	21374.7	31151.2	61261.6
-22465.7	1476.2	-3937.2	953.7	10493.4	5392.2	6669.0	-17960.6
99205.2	693.4	-794609.8	2000.7	15325.8		44.5	114486.5
25534.7	495.4	-1.0	102.0	5344.0	232.8	10442.8	20436.0
-213192.3	61508.4	23.1	5234.7	111333.7	35172.5	18027.4	-118252.8

10-5　续表 4-1

指　　标	管理费用	税金	财务费用	利息收入	利息支出
三、在总计中：亏损企业	**655549.2**	**29005.0**	**353157.8**	**13607.7**	**342267.7**
在总计中：国有控股企业	1327115.3	54479.3	603195.0	84579.1	662720.2
在总计中：农村工业	7.1		81.9		
在总计中：轻工业	91400.7	3803.6	13262.9	6565.6	17434.7
重工业	1611793.1	65574.3	701631.2	103003.0	769992.8
在总计中：大型企业	1296722.9	57125.4	624190.7	97808.9	703484.2
中型企业	243593.4	7112.6	50070.4	8509.6	52119.3
小型企业	162877.5	5139.9	40633.0	3250.1	31824.0
纯小型企业	156325.8	4585.8	39871.2	3252.5	31093.8
微型企业	6551.7	554.1	761.8	−2.4	730.2
四、按行大行业分组					
煤炭开采和洗选业	453317.1	17647.5	180851.1	8651.8	178989.5
石油和天然气开采业	2276.8		−2.6	3.5	
黑色金属矿采选业	8317.3	503.4	2504.9	−1.7	462.9
农副食品加工业	7935.7	285.5	3321.8	367.1	3030.0
食品制造业	12330.3	457.2	5357.6	348.2	4880.6
酒、饮料和精制茶制造业	5869.1	525.2	−0.6	103.9	81.8
烟草制品业	25995.0	925.3	−4628.1	4634.6	
纺织业	1616.0	178.4	1216.8	1.0	1195.0
纺织服装、服饰业	949.5	10.2	−0.5	0.8	
木材加工和木、竹、藤、棕、草制品业	85.0	14.2	47.8	1.3	1.2
家具制造业	1159.0	13.0	40.6	13.0	
造纸和纸制品业	841.7	67.2	831.6	0.2	499.1
印刷和记录媒介复制业	8300.3	243.5	2578.4	95.7	2488.2
文教、工美、体育和娱乐用品制造业	229.2		−16.2	17.5	0.6
石油加工、炼焦和核燃料加工业	45537.4	3048.0	85654.1	2337.1	83453.4
化学原料和化学制品制造业	56008.8	2308.7	18957.5	1170.2	19476.8
医药制造业	6142.7	230.4	2225.1	300.0	2525.2
橡胶和塑料制品业	7550.1	809.4	15008.7	776.9	15342.1
非金属矿物制品业	30657.2	1063.1	7920.3	342.1	6604.1
黑色金属冶炼和压延加工业	511678.0	24915.9	223450.8	59210.5	269253.6
有色金属冶炼和压延加工业	13799.8	675.8	7518.3	81.0	3199.9
金属制品业	27531.9	896.5	1359.8	232.3	2011.3
通用设备制造业	30102.4	568.1	6814.9	322.1	5146.1
专用设备制造业	131810.9	1111.8	63063.0	3005.0	65901.7
汽车制造业	27470.9	794.1	2474.1	115.9	2522.7
铁路、船舶、航空航天和其他运输设备制造业	46819.0	461.2	10510.7	335.8	9764.8
电气机械和器材制造业	9357.5	335.1	606.9	141.7	607.1
计算机、通信和其他电子设备制造业	147161.8	6110.0	−13330.2	22731.7	15836.9
仪器仪表制造业	24911.9	379.5	1579.8	82.6	1283.3
其他制造业	120.6	3.2	−0.1		
废弃资源综合利用业	2654.1	229.0	968.3	18.6	981.2
金属制品、机械和设备修理业	1364.0		−20.7	−29.0	0.2
电力、热力生产和供应业	20607.1	2945.2	64238.3	290.0	64936.7
燃气生产和供应业	17767.9	769.6	21730.5	3341.3	24369.4
水的生产和供应业	14917.8	852.7	2061.4	525.9	2582.1

单位：万元

营业利润	资产减值损失	公允价值变动收益	投资收益	营业外收入	补贴收入	营业外支出	利润总额
-602512.6	**83357.2**	**-287.9**	**7089.1**	**134157.1**	**58333.8**	**29812.8**	**-498068.7**
-90298.3	293783.6	21.1	116073.7	182649.1	54619.5	63692.5	28409.0
36.8				4.3			41.1
86046.6	570.4	1.0	3052.9	7504.6	4803.6	1982.6	91393.3
-43282.4	301181.4	-805119.5	125245.6	241642.2	78920.5	71084.0	126187.0
-104515.0	291299.9	-794587.7	118640.9	170721.6	45059.2	50972.3	15234.3
115061.8	3683.5	-10219.8	8501.0	53580.9	27333.5	14130.3	154337.2
32217.4	6768.4	-311.0	1156.6	24844.3	11331.4	7964.0	48008.8
31319.4	6768.4	-311.0	1156.6	23060.9	11331.4	7933.7	48531.9
898.0				1783.4		30.3	-523.1
-246297.0	23501.1	22.1	4683.9	72235.3	4339.9	15119.5	-189181.2
-4985.5	0.2			3090.0	3090.0	14.3	-1909.8
-1227.5				149.2		101.5	-712.7
18329.5				812.0	282.6	106.0	19035.5
6799.9	563.9	1.0	5.8	631.4	446.0	112.3	7319.0
4430.0				305.5	2.0	412.3	4323.2
75758.2			175.3	64.2	64.2	659.9	74987.1
-3122.6				2.7		3.4	-3123.3
-485.3				516.1	153.8	4.2	26.6
667.5	63.6						667.5
502.9			3.4	10.0			512.9
-1591.3				13.8		26.6	-1604.1
-240.4	9.9		1.4	2412.0	2400.0	423.5	1748.0
1733.0				65.0		5.0	1793.0
-71640.7	805.5			790.5	150.5	4110.0	-74960.2
-30625.8	10490.3	6593.6	-497.2	21892.7	11156.4	16295.7	-25028.7
-2015.0	-50.9			929.0	205.0	5.6	-1091.5
18002.7	200.8			1026.6	74.6	278.0	18751.3
-3669.3	865.2	-311.0	174.7	5777.0	1896.9	1149.4	2948.5
57347.7	191667.9		104544.2	32732.8	7625.6	22422.4	67658.1
-15273.5	324.6			2705.0	525.1	66.6	-12631.6
6004.5	487.8	-3626.2	28.5	3961.3	2146.7	263.2	6531.9
-527.3	544.5		-148.7	3233.8	2450.1	299.3	2407.2
25845.3	20478.7		425.3	17057.9	3288.6	2282.6	40620.6
-24560.2	107.7		1119.0	19320.6	19008.0	108.5	-5348.1
33765.9	1756.7		155.7	744.9	297.8	684.6	33826.2
-2807.4	216.8		41.2	1968.6	744.3	459.2	-1298.0
168822.5	1507.8	-794609.8	11112.5	24772.5	2047.4	523.3	192692.8
38442.0	1263.5		16.5	3206.9	445.5	736.6	40912.3
2.4							2.4
4681.5	717.1					5.6	4675.9
750.3	127.2			6.6		10.1	746.8
-60508.8	44879.9		16.9	26170.8	19314.0	4694.0	-39032.0
66957.1	1223.5	-1.0	3668.0	640.3	16.3	1509.3	66088.1
-16501.1	-1.5		2772.1	1901.8	1552.8	174.1	-14773.4

10-5　规模以上工业企业

指　　标	应交所得税	亏损企业亏损总额	利税总额	应交税金及附加	本年应付职工薪酬	本年应交增值税
总　计	**88159.4**	**498068.7**	**1126154.9**	**1066111.9**	**2450329.0**	**583441.1**
一、按登记注册类型分组:						
内资企业	57577.6	477811.1	789057.0	916567.3	2009149.9	486496.1
国有企业	481.3	29595.5	9477.1	18764.5	76238.3	12218.8
中央企业	173.0	8487.7	20626.6	9141.1	60065.8	5363.5
地方企业	308.3	21107.8	-11149.5	9623.4	16172.5	6855.3
集体企业	133.1	372.0	8460.6	7478.6	21713.7	6288.6
股份合作企业	40.0		463.3	250.1	213.9	170.8
有限责任公司	34667.0	333672.4	619458.6	764254.3	1725658.7	397926.8
国有独资公司	8781.1	56855.8	180343.6	155342.3	634980.7	95317.1
其他有限责任公司	25885.9	276816.6	439115.0	608912.0	1090678.0	302609.7
股份有限公司	15281.5	8531.2	97971.0	35896.2	66082.2	15852.7
私营企业	6974.7	105640.0	53226.4	89923.6	119243.1	54038.4
私营独资企业	27.0	2415.9	1695.0	4282.3	3280.4	2906.8
私营有限责任公司	5874.4	90069.3	52633.4	80335.9	110985.9	48063.3
私营股份有限公司	1073.3	13154.8	-1102.0	5305.4	4976.8	3068.3
港、澳、台商投资企业	13267.3	1349.0	116875.4	19367.1	218755.1	96.8
合资经营企业（港或澳、台资）	13267.3	1349.0	116875.4	19367.1	218755.1	96.8
外商投资企业	17314.5	18908.6	220222.5	130177.5	222424.0	96848.2
中外合资经营企业	7109.3	17855.0	44851.2	32649.4	39908.6	21877.9
外资企业	10099.4	1053.6	174860.4	96988.2	181837.6	74620.3
外商投资股份有限公司	105.8		510.9	539.9	677.8	350.0
二、按经济组织类型分组:						
独资企业	10740.8	33437.0	194493.1	127513.6	283070.0	96034.5
国有企业	481.3	29595.5	9477.1	18764.5	76238.3	12218.8
集体企业	133.1	372.0	8460.6	7478.6	21713.7	6288.6
私营独资企业	27.0	2415.9	1695.0	4282.3	3280.4	2906.8
外资企业	10099.4	1053.6	174860.4	96988.2	181837.6	74620.3
合作、合伙企业	40.0		463.3	250.1	213.9	170.8
股份合作企业	40.0		463.3	250.1	213.9	170.8
股份有限公司	16460.6	21686.0	97379.9	41741.5	71736.8	19271.0
股份有限公司（内资）	15281.5	8531.2	97971.0	35896.2	66082.2	15852.7
私营股份有限公司	1073.3	13154.8	-1102.0	5305.4	4976.8	3068.3
外商投资股份有限公司	105.8		510.9	539.9	677.8	350.0
有限责任公司	60918.0	442945.7	833818.6	896606.7	2095308.3	467964.8
国有独资公司	8781.1	56855.8	180343.6	155342.3	634980.7	95317.1
私营有限责任公司	5874.4	90069.3	52633.4	80335.9	110985.9	48063.3
合资经营企业（港或澳、台资）	13267.3	1349.0	116875.4	19367.1	218755.1	96.8
中外合资经营企业	7109.3	17855.0	44851.2	32649.4	39908.6	21877.9
其他有限责任公司	25885.9	276816.6	439115.0	608912.0	1090678.0	302609.7

主要经济指标(五)

单位：万元

总资产贡献率（%）	资产负债率（%）	流动资产周转率(次/年)	成本费用利润率(%)	产品销售率（%）	从业人员平均人数（人）	从业人员期末人数（人）	平均用工人数（人）	期末用工人数（人）
4.05	**73.16**	**1.76**	**0.66**	**97.68**	**318601**	**320803**	**322381**	**356266**
3.66	73.25	1.76	-0.03	97.66	252533	252640	253944	250334
3.22	83.43	0.83	-1.08	98.79	13945	15087	14677	16131
5.74	87.25	1.58	4.10	98.99	5377	5278	5338	5316
1.30	80.52	0.47	-7.75	98.52	8568	9809	9339	10815
11.73	66.24	1.86	1.05	99.23	5533	5647	5373	5447
8.54	48.99	1.06	5.78	100.00	80	79	80	79
3.64	71.45	1.99	-0.24	97.70	189850	189262	190739	188102
2.54	67.56	2.44	0.39	97.98	60661	60236	60081	59193
5.08	76.58	1.47	-1.44	97.24	129189	129026	130658	128909
5.80	76.13	1.50	8.79	99.33	10688	10692	10887	10493
2.76	80.93	1.03	-0.88	96.66	32437	31873	32188	30082
1.87	100.90	0.86	-1.43	100.31	1429	1199	1455	1553
2.94	80.32	0.98	-0.74	96.14	29839	29546	29605	27360
-0.12	74.64	2.45	-1.98	99.26	1169	1128	1128	1169
3.88	79.77	1.86	3.68	97.69	38448	39205	39452	37818
3.88	79.77	1.86	3.68	97.69	38448	39205	39452	37818
12.33	61.90	1.50	7.17	97.91	27620	28958	28985	68114
7.98	74.79	2.33	2.76	98.16	5243	5211	5345	46160
15.06	54.17	1.15	11.30	97.69	22157	23527	23410	21719
6.30	30.28	1.39	1.49	100.85	220	220	230	235
7.64	73.34	1.02	5.08	98.37	43064	45460	44915	44850
3.22	83.43	0.83	-1.08	98.79	13945	15087	14677	16131
11.73	66.24	1.86	1.05	99.23	5533	5647	5373	5447
1.87	100.90	0.86	-1.43	100.31	1429	1199	1455	1553
15.06	54.17	1.15	11.30	97.69	22157	23527	23410	21719
8.54	48.99	1.06	5.78	100.00	80	79	80	79
8.54	48.99	1.06	5.78	100.00	80	79	80	79
5.35	75.85	1.62	6.52	99.32	12077	12040	12245	11897
5.80	76.13	1.50	8.79	99.33	10688	10692	10887	10493
-0.12	74.64	2.45	-1.98	99.26	1169	1128	1128	1169
6.30	30.28	1.39	1.49	100.85	220	220	230	235
3.67	72.99	1.83	0.20	97.54	263380	263224	265141	299440
2.54	67.56	2.44	0.39	97.98	60661	60236	60081	59193
2.94	80.32	0.98	-0.74	96.14	29839	29546	29605	27360
3.88	79.77	1.86	3.68	97.69	38448	39205	39452	37818
7.98	74.79	2.33	2.76	98.16	5243	5211	5345	46160
5.08	76.58	1.47	-1.44	97.24	129189	129026	130658	128909

10-5　续表 5-1

指　　标	应交所得税	亏损企业亏损总额	利税总额	应交税金及附加	本年应付职工薪酬	本年应交增值税
三、在总计中：亏损企业	**-4168.6**	**498068.7**	**-179429.2**	**343475.9**	**1113409.4**	**253678.0**
在总计中：国有控股企业	53531.7	341554.3	718584.5	798186.5	1821709.3	407166.3
在总计中：农村工业			139.2	98.1	279.0	88.2
在总计中：轻工业	24123.9	30625.1	368708.8	305243.0	120046.0	76965.1
重工业	64035.5	467443.6	757446.1	760868.9	2330283.0	506476.0
在总计中：大型企业	39333.1	362322.8	515051.8	596276.0	2052016.9	406876.3
中型企业	37837.7	69464.9	489862.8	380475.9	257804.5	124585.5
小型企业	10988.6	66281.0	121240.3	89360.0	140507.6	51979.3
纯小型企业	10949.9	64682.7	117203.4	84207.2	136480.2	48354.6
微型企业	38.7	1598.3	4036.9	5152.8	4027.4	3624.7
四、按行大行业分组						
煤炭开采和洗选业	1002.7	191556.0	65181.5	273012.9	881944.8	202365.6
石油和天然气开采业		1909.8	-977.7	932.1	1166.3	804.6
黑色金属矿采选业	18.0	2563.3	9202.3	10436.4	3442.3	5983.7
农副食品加工业	356.7	357.8	21378.6	2985.3	9686.4	1791.7
食品制造业	2917.1	3996.1	13757.1	9812.4	13878.0	5784.8
酒、饮料和精制茶制造业	25.2	1795.9	14129.1	10356.3	13489.5	5379.6
烟草制品业	19730.9		322188.0	267857.1	37162.5	54353.2
纺织业	37.2	3590.2	-2788.6	550.3	1730.1	286.7
纺织服装、服饰业			343.8	327.4	1051.9	270.5
木材加工和木、竹、藤、棕、草制品业			682.0	28.7	551.8	11.5
家具制造业	10.2		659.3	169.6	1165.7	129.4
造纸和纸制品业	14.1	1734.5	-1286.4	399.0	1379.4	246.9
印刷和记录媒介复制业	351.0	1553.7	4143.5	2990.0	11543.3	1943.7
文教、工美、体育和娱乐用品制造业	43.3		2118.9	369.2	490.3	175.0
石油加工、炼焦和核燃料加工业	-2722.8	85378.6	-34941.8	40343.6	52963.8	26886.5
化学原料和化学制品制造业	3838.4	40222.4	-7153.4	24022.4	65367.2	11426.6
医药制造业	64.6	1849.1	874.0	2260.5	4767.3	1714.9
橡胶和塑料制品业	125.5	138.6	20183.4	2367.0	12896.4	749.8
非金属矿物制品业	1571.2	10971.6	16172.1	15857.9	27080.3	11279.3
黑色金属冶炼和压延加工业	7284.3	40361.6	158024.6	122566.7	477179.6	74855.9
有色金属冶炼和压延加工业	412.5	15359.9	-10972.5	2747.4	9729.7	1392.7
金属制品业	1327.4	1497.3	14442.2	10134.2	37824.6	6460.0
通用设备制造业	360.8	2479.8	13234.7	11756.4	37277.9	9296.7
专用设备制造业	4620.1	5143.7	77129.6	42240.9	114966.1	31710.0
汽车制造业	194.6	6195.4	-4115.0	2221.8	10974.9	899.2
铁路、船舶、航空航天和其他运输设备制造业	4819.4	7298.7	48231.5	19685.9	57325.5	12404.7
电气机械和器材制造业	36.8	2053.1	-51.8	1618.1	6004.6	875.3
计算机、通信和其他电子设备制造业	21232.9	1355.3	282851.4	117501.5	417310.0	77452.4
仪器仪表制造业	3092.0	623.2	50613.3	13172.5	16023.0	8198.6
其他制造业	0.7		3.8	5.3	118.5	1.2
废弃资源综合利用业	1158.3		4675.9	1387.3	1203.8	
金属制品、机械和设备修理业	108.7		6262.0	5623.9	15558.5	4713.6
电力、热力生产和供应业	597.9	52527.7	-24355.5	18219.6	63982.6	11384.1
燃气生产和供应业	15467.7		78132.5	28281.7	26641.8	9649.4
水的生产和供应业	62.0	15555.4	-11817.5	3870.6	16450.6	2563.3

单位：万元

总资产贡献率（%）	资产负债率（%）	流动资产周转率(次/年)	成本费用利润率(%)	产品销售率（%）	从业人员平均人数（人）	从业人员期末人数（人）	平均用工人数（人）	期末用工人数（人）
0.92	**82.78**	**1.31**	**−5.49**	**97.23**	**147593**	**148086**	**150416**	**190287**
3.86	72.68	2.02	0.12	97.91	201105	202270	203553	203147
3.64	87.34	1.83	0.84	0.00	83	83	83	83
19.52	44.47	1.69	7.43	97.72	19869	19445	19670	59536
3.34	74.47	1.76	0.40	97.68	298732	301358	302711	296730
3.16	74.69	1.99	0.06	97.94	238407	242194	243565	281392
10.73	69.54	1.07	5.38	97.07	47334	46728	46690	44657
3.59	64.57	1.20	1.70	96.66	32860	31881	32126	30217
3.75	64.72	1.23	1.78	96.71	31261	30834	30179	28829
1.55	62.67	0.70	−0.55	95.28	1599	1047	1947	1388
3.01	82.04	1.73	−3.42	98.42	100357	100790	102668	102236
−0.74	86.79	0.70	−14.10	100.00	132	113	132	113
6.42	82.77	1.34	−1.05	75.88	829	842	1111	884
7.78	48.23	2.42	5.60	99.71	2506	2217	2503	2206
7.08	61.62	1.66	3.95	95.60	3349	3253	3370	3270
15.96	50.13	3.40	3.95	100.98	1918	1924	2128	43147
107.01	5.95	2.27	44.26	96.97	971	947	1042	1004
−1.60	50.87	0.30	−15.71	102.53	523	536	499	512
4.05	36.42	0.67	0.70	98.51	354	355	354	354
5.11	81.70	0.89	13.26	103.36	145	135	145	135
4.92	23.33	1.32	6.16	100.00	265	269	265	268
−1.98	70.49	1.75	−5.90	91.32	567	466	577	470
4.26	56.49	0.95	2.44	99.75	3122	3122	2909	2059
17.43	86.51	1.72	9.99	100.00	152	157	85	88
1.23	83.87	0.73	−5.58	95.20	10894	10523	10534	10420
0.75	75.35	1.20	−2.98	98.63	10499	9892	10366	9890
2.74	81.91	0.90	−1.72	97.56	1534	1601	1509	1578
8.13	69.19	1.91	5.25	83.88	3125	3098	2956	3089
3.29	57.67	1.26	0.80	98.82	7179	6939	6832	6587
2.82	66.20	4.40	0.48	99.20	36805	37149	35906	35298
−2.05	76.77	3.10	−2.20	94.55	2429	2400	2784	1700
5.79	56.11	1.22	2.83	96.87	8686	8616	8886	8906
3.31	74.77	0.72	0.85	99.41	8017	8058	7983	7588
3.04	73.58	0.53	2.31	94.11	19812	19601	19907	19596
−1.03	88.20	0.69	−8.17	95.17	1889	1910	1892	1925
5.65	71.41	1.13	5.19	99.70	6746	6724	6693	6664
0.17	53.01	0.56	−1.51	94.57	1836	1680	1416	1254
6.71	72.26	1.61	4.89	97.73	63245	65139	65215	62152
13.47	52.80	0.98	17.62	98.94	3091	3231	3246	3285
0.06	83.23	0.09	0.91	100.00	38	35	34	35
12.09	43.18	3.23	42.85	82.27	145	153	145	153
26.62	32.13	1.96	1.93	100.00	1893	1856	1893	1856
2.26	100.38	0.90	−7.12	99.85	8709	9953	9311	10831
6.04	79.08	2.21	8.52	100.00	3858	4085	4065	3632
−2.22	38.43	1.04	−13.60	100.00	2981	3034	3020	3081

10-6 国有控股工业企业

指 标	企业单位数（个）	亏损企业	工业总产值（当年价格）	工业销售产值（当年价格）	出口交货值
总 计	**88**	**34**	**14989413.0**	**14676292.3**	**1573722.8**
煤炭开采和洗选业	5	3	2476456.3	2428222.5	
石油和天然气开采业	1	1	8410.1	8410.1	
黑色金属矿采选业	1	1	47000.0	37050.0	
农副食品加工业	2		19039.8	18123.9	1604.8
食品制造业	1		3393.2	3223.5	
酒、饮料和精制茶制造业	2	1	36513.5	35211.6	
烟草制品业	1		445369.1	431891.2	
印刷和记录媒介复制业	5	3	27546.5	27894.0	
石油加工、炼焦和核燃料加工业	1	1	62990.2	62261.9	
化学原料和化学制品制造业	5	2	262457.4	262989.0	2100.8
医药制造业	1	1	2000.0	2014.1	
橡胶和塑料制品业	3	1	319329.7	261994.5	59595.8
非金属矿物制品业	7	3	67727.1	67655.1	
黑色金属冶炼和压延加工业	3	2	7271487.2	7213677.1	1340364.4
有色金属冶炼和压延加工业	4	3	214078.6	204142.9	1257.8
金属制品业	2	1	87518.0	83544.7	9523.3
通用设备制造业	7		198987.5	193798.6	960.5
专用设备制造业	9	2	1459918.8	1367858.1	132088.4
汽车制造业	1		14384.0	14114.9	
铁路、船舶、航空航天和其他运输设备制造业	5	2	428724.0	421468.9	19588.8
电气机械和器材制造业	2		43547.6	39485.3	1177.6
计算机、通信和其他电子设备制造业	2	1	75938.4	75895.4	
仪器仪表制造业	5	1	26165.9	25730.1	5460.6
金属制品、机械和设备修理业	1				
电力、热力生产和供应业	6	3	506871.2	506076.0	
燃气生产和供应业	4		802259.2	802259.2	
水的生产和供应业	2	2	81299.7	81299.7	

主要经济指标(一)

单位：万元

年初存货	产成品	资产总计	流动资产合计	应收账款	存货	产成品	在产品
2988782.0	**912013.2**	**33596242.6**	**12292398.2**	**3050632.3**	**2945508.0**	**1097201.3**	**1091837.1**
481320.5	147174.8	7413635.6	2827447.6	497049.2	582917.7	131069.2	289359.1
9.1	9.1	132053.2	12391.4	9734.8	23.6	23.6	
		33021.6	1598.7	687.6	784.2	598.6	149.7
6665.6	1397.8	44837.9	27095.3	3943.4	3868.5	1791.7	
1341.9	965.2	3513.2	2816.2	1205.7	1273.5	581.8	95.2
9513.7	3952.0	38364.6	18295.3	495.7	10348.2	4377.1	
36997.0	9737.7	296744.5	193058.9	3907.9	31784.6	11685.1	
6412.5	2133.8	81188.7	33378.1	5900.6	5092.4	1564.6	1287.1
22433.5	6003.6	1272381.8	95821.5	35782.5	15757.4	6037.3	
73399.1	21402.5	1364378.4	594786.9	151941.5	85917.3	18963.8	2407.1
452.6	278.4	9475.5	1555.0	247.8	620.1	287.8	9.0
78411.8	59324.6	352458.9	162761.3	47224.8	77191.3	53087.3	
22959.8	5902.2	231528.3	68114.0	19772.2	25940.6	8867.6	1466.8
1217517.2	264073.2	12468524.6	2915957.5	308270.9	959029.5	455511.4	245656.8
27229.2	505.6	167090.8	90854.7	12368.7	28531.1	2478.8	1396.1
20906.1	7536.9	132500.4	80836.2	9703.2	28242.7	13280.1	1470.2
149071.1	51626.3	397666.4	296432.2	63727.5	149030.1	55812.6	78110.0
675317.8	287065.7	4185065.5	3131846.9	1418572.7	751847.4	281409.6	402735.7
5777.7	3260.5	47588.3	25156.5	7437.9	6111.3	3684.5	1098.0
74802.5	26094.3	802005.0	435870.8	218259.9	93697.3	27903.8	32289.3
12183.3	8502.5	147099.7	90017.1	38212.0	17836.3	11820.2	3267.5
16319.8	1585.2	198144.8	131727.0	19182.1	23097.9	1440.5	14642.8
12030.2	1876.4	52303.2	38819.7	13035.9	12535.8	2998.4	1803.5
1667.1		22196.9	19177.5	9546.6	1405.2		
27345.1		1711626.3	547944.8	79022.5	25922.9		14216.2
8192.8	1604.9	1582455.6	364305.1	66880.6	6194.2	1925.9	377.0
505.0		408392.9	84332.0	8518.1	506.9		

10-6　国有控股工业企业

指　标	固定资产合计	固定资产原价	累计折旧	本年折旧	在建工程
总　计	**13002810.8**	**20382238.7**	**8873887.0**	**829808.1**	**3513251.6**
煤炭开采和洗选业	3402419.9	4991540.7	2430615.5	193475.6	554171.1
石油和天然气开采业	74004.8	83177.9	9173.1		45515.6
黑色金属矿采选业	11717.9	14758.1	3040.3	927.5	11626.6
农副食品加工业	8136.5	17060.8	8924.3	537.5	885.9
食品制造业	382.1	1186.9	804.9	69.0	
酒、饮料和精制茶制造业	19985.6	20815.7	7480.5	1706.1	142.5
烟草制品业	100940.5	142460.7	63041.5	6545.6	21521.2
印刷和记录媒介复制业	27863.2	46932.8	24441.3	1954.9	15020.6
石油加工、炼焦和核燃料加工业	131319.0	207534.8	76215.8	18363.4	379845.4
化学原料和化学制品制造业	465085.8	643795.6	181037.6	6551.2	20672.6
医药制造业	5361.6	2850.1	677.2	244.6	3188.7
橡胶和塑料制品业	147247.2	162965.0	35717.8	4818.1	59944.0
非金属矿物制品业	77086.8	140059.5	66332.8	4992.3	71474.3
黑色金属冶炼和压延加工业	5210781.0	9428398.4	4217617.4	424032.6	1365852.0
有色金属冶炼和压延加工业	25648.0	10650.4	3738.0	659.6	72.9
金属制品业	51664.1	70066.0	40447.5	2117.0	4777.5
通用设备制造业	56410.4	77250.9	22153.8	2601.7	38375.0
专用设备制造业	964345.7	884985.0	238131.6	21811.7	153672.1
汽车制造业	9387.6	15045.7	5658.1	285.0	432.5
铁路、船舶、航空航天和其他运输设备制造业	362606.8	221656.8	35475.6	9137.9	72821.6
电气机械和器材制造业	49786.2	31962.9	6660.5	3136.5	16294.0
计算机、通信和其他电子设备制造业	60562.9	93573.4	33010.5	1922.9	2670.8
仪器仪表制造业	12589.9	13557.7	7062.1	862.5	6094.2
金属制品、机械和设备修理业	2913.2	8771.0	5857.8		
电力、热力生产和供应业	1052424.0	2208690.3	1164094.9	74183.0	46767.0
燃气生产和供应业	436284.5	510883.3	77324.6	32460.4	611171.1
水的生产和供应业	235855.6	331608.3	109152.0	16411.5	10242.4

主要经济指标(二)

单位：万元

负债合计	流动负债合计	应付账款	非流动负债合计	所有者权益合计	实收资本	国家资本	集体资本
24416979.9	**15357374.5**	**3548406.9**	**9048736.6**	**9177501.4**	**3545908.3**	**2409235.5**	**6064.0**
6088985.0	3469404.1	885576.1	2617777.1	1324650.5	1059967.2	1038267.9	
114604.9	114604.9	86567.5		17448.2	20000.0	20000.0	
29620.6	29620.6			3401.0	7000.0		
27213.3	23471.6	946.4	3741.7	17624.6	14064.0	14064.0	
2059.9	1918.7	628.7		1453.3	500.0		500.0
15252.1	15186.7	5503.4	60.0	23112.5	22039.9	2039.9	
17658.2	17658.2	9508.3		279086.2	61319.6		
50798.2	49217.0	15350.1	1581.2	30390.4	14933.8	7894.3	
1084748.0	641498.4	68735.1	443249.5	187633.8	400000.0		
1041851.2	915013.5	137588.5	126837.7	322527.2	182945.2	136161.7	2276.0
2616.8	2566.8	18.7	50.0	6858.7	8000.0	6400.0	
257081.3	122891.3	23284.2	134190.0	95377.6	64233.6	551.5	
85247.8	71713.6	34743.1	9098.7	146280.2	67339.4	36850.6	
7983665.2	5118162.1	449263.1	2865503.1	4484859.4	753929.9	687886.9	
132913.8	86468.5	5921.7	46445.3	34147.0	29803.6	42.4	
76848.9	72200.7	17504.1	4647.0	55651.5	8017.3	8017.3	
305445.5	267202.4	59941.2	38243.1	91873.2	35187.0	29199.0	100.0
3114090.5	2474684.4	1116840.7	639406.0	1070974.8	206651.9	90435.7	
30721.7	30095.8	8832.1	625.9	16866.6	10858.9	10858.9	
582298.1	452538.6	176539.5	129759.5	219707.0	147307.9	144119.9	3188.0
65116.9	24533.3	14183.2	40583.6	80600.5	44040.0	4250.0	
143151.1	139314.2	67022.4	3836.9	54993.5	13320.5	4931.7	
35573.6	33826.6	8271.6	1212.1	16729.5	15308.6	13021.6	
7006.8	7006.8	4451.9		15190.0	1300.0		
1719062.9	548072.5	182700.9	1167043.9	−7436.6	107638.1	40040.3	
1254033.4	499467.3	94575.5	754566.0	328422.1	143000.0	7000.0	
149314.2	129035.9	73908.9	20278.3	259078.7	107201.9	107201.9	

10-6　国有控股工业企业

指　　标					营业收入
	法人资本	个人资本	港澳台资本	外商资本	
总　计	**1040287.3**	**61605.5**	**4600.0**	**24116.0**	**24806905.2**
煤炭开采和洗选业	500.0	21199.3			5160677.3
石油和天然气开采业					8683.3
黑色金属矿采选业	7000.0				8323.6
农副食品加工业					23578.2
食品制造业					9511.9
酒、饮料和精制茶制造业		20000.0			37348.2
烟草制品业	61319.6				437673.0
印刷和记录媒介复制业	6944.0	95.5			29757.1
石油加工、炼焦和核燃料加工业	400000.0				86874.9
化学原料和化学制品制造业	24507.5			20000.0	693006.3
医药制造业	1600.0				2014.1
橡胶和塑料制品业	63682.1				328151.1
非金属矿物制品业	27461.1	3027.7			66112.6
黑色金属冶炼和压延加工业	50000.0	16043.0			13769756.0
有色金属冶炼和压延加工业	29361.2	400.0			205521.4
金属制品业					83571.9
通用设备制造业	5798.0	90.0			176479.3
专用设备制造业	112100.2			4116.0	1615995.2
汽车制造业					19118.8
铁路、船舶、航空航天和其他运输设备制造业					458822.1
电气机械和器材制造业	39040.0	750.0			41465.8
计算机、通信和其他电子设备制造业	8388.8				75676.0
仪器仪表制造业	1187.0		1100.0		28941.3
金属制品、机械和设备修理业	1300.0				35677.3
电力、热力生产和供应业	67597.8				514040.9
燃气生产和供应业	132500.0		3500.0		806383.5
水的生产和供应业					83744.1

主要经济指标(三)

单位：万元

主营业务收入	营业成本	主营业务成本	营业税金及附加	主营业务税金及附加	其他业务收入	其他业务利润	销售费用
24464458.1	**22111494.3**	**21882172.9**	**283009.2**	**278995.0**	**342447.1**	**86824.7**	**405170.1**
4950149.8	4638208.6	4494141.8	51511.8	47677.4	210527.5	65041.4	63345.1
8410.1	11266.9	10912.2	127.5	127.5	273.2		
8323.6	6923.6	6923.6	443.6	443.6			23.9
23445.6	20177.9	20177.9	32.7	32.7	132.6	132.6	806.9
9511.9	6935.9	6935.9	85.1	85.1			1577.0
37244.0	26562.5	26432.4	4014.2	4014.2	104.2		204.0
437082.6	144328.5	143831.8	192847.7	192847.7	590.4	93.7	3722.3
28350.2	24943.1	24086.5	182.6	182.6	1406.9	272.3	170.8
86646.3	72707.1	72660.0	44.8	44.8	228.6		6869.7
683459.1	628085.3	624313.5	5996.1	5958.1	9547.2	5632.5	9539.1
2014.1	1162.4	1162.4	11.4	11.4			1040.3
326364.2	284921.3	283775.1	584.0	584.0	1786.9	640.7	7764.0
56887.0	56796.2	47363.7	368.9	368.9	9225.6	593.4	3071.3
13748352.8	12681019.8	12655287.3	14925.2	14925.2	21403.2	478.0	186492.7
190263.9	193023.6	179581.5	150.1	150.1	15257.5	2.2	1103.1
82787.7	61015.7	60452.4	252.3	252.3	784.2	220.9	4139.6
175571.4	140701.7	140085.3	793.1	770.5	907.9	257.7	7216.1
1587829.8	1349145.5	1331676.9	3442.0	3438.7	28165.4	7677.2	56189.7
17901.8	14955.5	14707.4	269.0	250.0	1217.0		789.9
451838.9	388224.3	381373.7	925.7	925.7	6983.2	103.0	15601.2
41186.6	35710.7	35364.3	9.6	9.6	279.2	-67.2	1375.2
75300.6	59982.4	59748.6	109.4	109.4	375.4	126.7	512.0
28842.7	21106.8	21100.0	201.2	201.2	98.6		2019.4
35677.3	33059.3	33059.3	721.6	721.6			
502070.2	448864.9	446483.0	2377.1	2297.6	11970.7	3486.4	
787614.9	677991.3	676862.9	2189.9	2172.5	18768.6	-279.9	27514.5
81331.0	83673.5	83673.5	392.6	392.6	2413.1	2413.1	4082.3

10-6　国有控股工业企业

指　标	管理费用		财务费用		
		税金		利息收入	利息支出
总　计	**1327115.3**	**54479.3**	**603195.0**	**84579.1**	**662720.2**
煤炭开采和洗选业	451059.1	17547.5	175934.9	8647.3	176773.2
石油和天然气开采业	2276.8		-2.6	3.5	
黑色金属矿采选业	2073.1	501.7	386.8		
农副食品加工业	2410.6	47.0	-29.3	380.9	351.1
食品制造业	384.3	8.6	48.6	2.2	47.8
酒、饮料和精制茶制造业	1732.6	204.7	-74.4	78.3	1.4
烟草制品业	25995.0	925.3	-4628.1	4634.6	
印刷和记录媒介复制业	5400.3	212.9	421.7	63.1	480.9
石油加工、炼焦和核燃料加工业	10404.3	523.8	24797.5	148.1	24910.3
化学原料和化学制品制造业	50573.5	2170.3	17175.0	1212.4	17815.2
医药制造业	981.7	39.9	151.5	2.1	153.4
橡胶和塑料制品业	4780.7	603.5	14597.7	575.0	14804.5
非金属矿物制品业	11946.6	272.1	-578.1	35.8	-705.9
黑色金属冶炼和压延加工业	497992.4	24193.1	218402.8	59059.9	264916.0
有色金属冶炼和压延加工业	8512.4	104.3	2238.2	22.4	632.7
金属制品业	15542.9	225.9	-18.0	232.1	214.9
通用设备制造业	21278.2	435.6	3782.8	309.3	3992.8
专用设备制造业	108700.8	537.0	57889.0	2620.8	62226.1
汽车制造业	3560.1	335.8	-9.3	18.6	
铁路、船舶、航空航天和其他运输设备制造业	31695.0	399.9	8272.8	193.7	5693.1
电气机械和器材制造业	4505.3	280.4	150.8	129.7	263.9
计算机、通信和其他电子设备制造业	10283.6	503.5	-1887.8	2044.9	144.9
仪器仪表制造业	4560.8	53.3	327.6	26.8	300.6
金属制品、机械和设备修理业	1180.7		-16.0	-33.9	
电力、热力生产和供应业	18846.2	2945.2	64146.2	289.5	64844.1
燃气生产和供应业	16200.9	757.7	20568.4	3359.0	23192.6
水的生产和供应业	14237.4	650.3	1146.3	523.0	1666.6

主要经济指标(四)

单位：万元

营业利润	资产减值损失	公允价值变动收益	投资收益	营业外收入	补贴收入	营业外支出	利润总额
-90298.3	**293783.6**	**21.1**	**116073.7**	**182649.1**	**54619.5**	**63692.5**	**28409.0**
-238177.3	23501.1	22.1	4683.9	71680.4	4339.9	15072.5	-181569.4
-4985.5	0.2			3090.0	3090.0	14.3	-1909.8
-1468.9							-1542.7
179.4				585.1	120.6	45.1	719.4
481.0				0.3		1.3	480.0
4894.6				115.2	2.0	32.9	4976.9
75758.2			175.3	64.2	64.2	659.9	74987.1
-1364.4	9.9		1.4	1556.8	1550.0	404.2	-211.9
-24948.1	-0.5			47.4		349.8	-25250.5
-29501.7	10546.8		-592.1	21654.2	11061.8	16154.4	-24001.9
-1331.2	-2.0			60.8			-1270.4
15302.6	200.8			1011.8	74.6	245.2	16069.2
-5466.9	775.2		-11.8	3301.8	1664.0	313.5	-2478.6
83795.2	191667.9		104540.0	31965.7	7624.1	22282.5	93478.4
494.0				403.9		42.6	855.3
2654.7	-1.4		13.9	1563.2	1430.8	204.4	4013.5
1585.1	441.4		-148.7	550.9		175.3	1960.7
23262.4	17933.4		97.9	15302.5	1674.4	1547.0	37017.9
578.2	100.1		1124.7	208.9		71.8	715.3
12502.2	1756.7		155.7	498.5	99.4	294.4	12706.3
-380.9	136.3		41.2	644.5	641.3	19.2	244.4
6638.1	135.6		97.4	2038.4	2023.7	62.7	8613.8
86.0	351.5		-2.2	483.8	8.0	23.3	546.5
604.5	127.2			6.6		10.0	601.1
-58308.2	44879.9		16.9	23646.2	17884.4	4657.3	-39319.3
63802.1	1223.5	-1.0	3108.1	569.0	16.3	838.0	63533.1
-16983.5			2772.1	1599.0	1250.0	170.9	-15555.4

10-6　国有控股工业企业

指　标	应交所得税	亏损企业亏损总额	利税总额	应交税金及附加	本年应付职工薪酬
总　计	**53531.7**	**341554.3**	**718584.5**	**798186.5**	**1821709.3**
煤炭开采和洗选业	986.1	183861.7	67866.8	267969.8	878891.2
石油和天然气开采业		1909.8	-977.7	932.1	1166.3
黑色金属矿采选业		1542.7	-176.4	1868.0	1116.0
农副食品加工业			932.9	260.5	1909.8
食品制造业	120.0		1152.3	800.9	1339.7
酒、饮料和精制茶制造业	3.2	225.9	11384.8	6615.8	3857.5
烟草制品业	19730.9		322188.0	267857.1	37162.5
印刷和记录媒介复制业	210.3	1553.7	1140.0	1775.1	4357.0
石油加工、炼焦和核燃料加工业		25250.5	-24839.1	935.2	22376.9
化学原料和化学制品制造业	3334.6	36913.2	-9458.3	20048.5	57379.1
医药制造业		1270.4	-1164.8	145.5	10.6
橡胶和塑料制品业		138.6	17085.6	1619.9	11171.9
非金属矿物制品业	484.7	4206.0	732.9	3968.3	7798.6
黑色金属冶炼和压延加工业	6699.9	6195.6	179219.0	116633.6	462639.0
有色金属冶炼和压延加工业	234.3	669.6	2046.8	1530.1	3404.5
金属制品业	494.9	96.6	6262.2	2969.5	20564.2
通用设备制造业	171.3		8006.1	6652.3	23714.7
专用设备制造业	4052.5	1170.9	64286.0	31857.6	90721.9
汽车制造业	78.7		1429.3	1128.5	4371.9
铁路、船舶、航空航天和其他运输设备制造业	1566.6	7078.1	18083.5	7343.7	45507.5
电气机械和器材制造业	6.3		254.0	296.3	3142.4
计算机、通信和其他电子设备制造业	1.0	887.1	9221.7	1112.4	16887.4
仪器仪表制造业	111.2	500.8	1209.2	827.2	4428.9
金属制品、机械和设备修理业	56.5		5484.9	4940.3	12342.1
电力、热力生产和供应业	597.9	52527.7	-25558.1	17304.3	62891.9
燃气生产和供应业	14590.8		75372.4	27187.8	26641.8
水的生产和供应业		15555.4	-12599.5	3606.2	15914.0

主要经济指标(五)

单位：万元

本年应交增值税	总资产贡献率（%）	资产负债率（%）	流动资产周转率（次/年）	成本费用利润率（%）	产品销售率（%）	从业人员平均人数（人）
407166.3	**3.9**	**72.7**	**2.0**	**0.1**	**97.9**	**201105**
197924.4	3.2	82.1	1.8	-3.4	98.1	98427
804.6	-0.7	86.8	0.7	-14.1	100.0	132
922.7	-0.5	89.7	5.2	-16.4	78.8	244
180.8	2.0	60.7	0.9	3.1	95.2	418
587.2	34.1	58.6	3.4	5.4	95.0	128
2393.7	29.5	39.8	2.0	17.5	96.4	654
54353.2	107.0	6.0	2.3	44.3	97.0	971
1169.3	1.9	62.6	0.9	-0.7	101.3	1308
366.6	0.0	85.3	0.9	-22.0	98.8	1692
8547.5	0.5	76.4	1.2	-3.4	100.2	8839
94.2	-10.7	27.6	1.3	-38.1	100.7	85
432.4	8.9	72.9	2.0	5.2	82.1	2410
2842.6		36.8	1.0	-3.5	99.9	2179
70815.4	3.1	64.0	4.7	0.7	99.2	32217
1041.4	1.6	79.6	2.3	0.4	95.4	853
1996.4	4.7	58.0	1.0	5.0	95.5	3217
5252.3	2.9	76.8	0.6	1.1	97.4	4558
23826.1	3.0	74.4	0.5	2.4	93.7	15679
445.0	3.0	64.6	0.8	3.7	98.1	727
4451.5	2.9	72.6	1.1	2.9	98.3	5319
	0.3	44.3	0.5	0.6	90.7	1118
498.5	3.7	72.3	0.6	12.5	99.9	2588
461.5	2.8	68.0	0.8	2.0	98.3	1310
4162.2	24.9	31.6	1.9	1.8		1097
11384.1	2.3	100.4	0.9	-7.4	99.8	8336
9649.4	6.0	79.3	2.2	8.6	100.0	3698
2563.3	-2.8	36.6	1.0	-15.1	100.0	2901

10-7　集体工业企业

指　　标	企　业 单位数（个）	亏损 企业	工业总产值 （当年价格）	工业销售产值 （当年价格）	年初 存货	产成品
总　计	**19**	**4**	**108971.5**	**108130.5**	**8818.3**	**3469.3**
纺织服装、服饰业	1		3682.0	3627.1	2004.9	1313.1
印刷和记录媒介复制业	1		5591.1	5591.1	354.0	268.8
化学原料和化学制品制造业	1		1358.4	1516.0	435.9	255.0
黑色金属冶炼和压延加工业	1		1232.5	1232.5	301.0	
有色金属冶炼和压延加工业	1		4682.0	4467.6	23.2	
金属制品业	8		37224.8	36211.9	1582.4	810.3
通用设备制造业	3	1	47056.7	47020.0	2827.3	822.1
铁路、船舶、航空航天和其他运输设备制造业	3	3	8144.0	8464.3	1289.6	

10-7　集体工业企业

指　　标	累计折旧	本年折旧	在建工程	负债合计	流动负债 合计	应付账款
总　计	**12217.4**	**1120.8**	**408.7**	**47733.5**	**47527.9**	**21030.8**
纺织服装、服饰业	1637.4	96.1	154.5	3082.3	3082.3	1286.9
印刷和记录媒介复制业	1007.2	127.7		2765.6	2765.6	2257.7
化学原料和化学制品制造业	97.6	2.6	21.4	1139.5	1109.5	10.2
黑色金属冶炼和压延加工业	848.5	51.4		3498.6	3498.6	
有色金属冶炼和压延加工业	362.0	41.0		3196.3	3020.7	2700.1
金属制品业	3646.1	401.2	117.3	11584.3	11584.3	3424.2
通用设备制造业	3274.0	360.4	115.5	13091.6	13091.6	4490.1
铁路、船舶、航空航天和其他运输设备制造业	1344.6	40.4		9375.3	9375.3	6861.6

主要经济指标(一)

单位：万元

资产总计	流动资产合计	应收账款	存货			固定资产合计	固定资产原价
				产成品	在产品		
72065.2	**60206.4**	**23903.6**	**10547.3**	**4550.2**	**1801.8**	**9482.6**	**20062.6**
8462.2	5065.5	1488.2	2213.0	1571.7		2491.1	2491.1
4636.2	4081.6	242.7	576.1	468.9		184.5	1191.7
1279.8	992.1	627.1	105.1	85.1		266.4	364.0
4025.8	3155.4	1755.4	289.5	191.0		711.5	1560.0
5093.3	4122.1	2103.5	36.2			538.2	900.2
18589.9	16564.7	3519.5	2653.7	659.0		1654.6	5300.7
19588.3	16619.2	9740.0	2875.9	1473.8	1121.9	2853.6	6127.6
10389.7	9605.8	4427.2	1797.8	100.7	679.9	782.7	2127.3

主要经济指标(二)

单位：万元

所有者权益合计	实收资本	国家资本	集体资本	法人资本	营业收入	主营业务收入	营业成本
24268.2	**13083.0**	**1827.0**	**9703.2**	**1507.0**	**112015.3**	**108739.2**	**101705.8**
5379.9	2089.3		2089.3		3382.3	3382.3	2844.8
1870.5	1827.0	1827.0			5328.4	2622.1	4786.7
140.3	80.0			80.0	1514.7	1514.7	1467.6
527.2	265.0		265.0		1232.5	1232.5	1144.2
1897.0	130.0			130.0	4467.6	4467.6	4207.5
6942.2	5682.4		4339.6	1297.0	38804.9	38716.9	33732.8
6496.7	1922.3		1922.3		47108.4	46801.0	45376.2
1014.4	1087.0		1087.0		10176.5	10002.1	8146.0

10-7 集体工业企业

指 标	主营业务成本	营业税金及附加	主营业务税金及附加	其他业务收入	其他业务利润	销售费用
总 计	**98180.2**	**987.0**	**976.3**	**3276.1**	**15.4**	**341.8**
纺织服装、服饰业	2844.8	46.7	46.7			27.1
印刷和记录媒介复制业	2092.0	26.4	26.4	2706.3	11.6	
化学原料和化学制品制造业	1467.6	10.8	10.8			59.4
黑色金属冶炼和压延加工业	1144.2	7.5	7.5			10.0
有色金属冶炼和压延加工业	4207.5	26.9	26.9			27.6
金属制品业	33652.3	294.4	291.7	88.0	3.8	
通用设备制造业	44771.8	445.0	437.0	307.4		198.7
铁路、船舶、航空航天和其他运输设备制造业	8000.0	129.3	129.3	174.4		19.0

10-7 集体工业企业

指 标	补贴收入	营业外支出	利润总额	应交所得税	亏损企业亏损总额	利税总额
总 计	**2819.4**	**332.0**	**1185.0**	**133.1**	**372.0**	**8460.6**
纺织服装、服饰业	153.8	4.2	26.6			343.8
印刷和记录媒介复制业		14.6	48.1	12.0		283.5
化学原料和化学制品制造业	94.6		49.3			154.7
黑色金属冶炼和压延加工业			31.3			56.2
有色金属冶炼和压延加工业			49.1			161.7
金属制品业		33.1	286.5	81.0		2459.6
通用设备制造业	2372.6	51.6	914.7	31.7	151.4	4516.4
铁路、船舶、航空航天和其他运输设备制造业	198.4	228.5	-220.6	8.4	220.6	484.7

主要经济指标(三)

单位：万元

管理费用	税金	财务费用	利息收入	利息支出	营业利润	资产减值损失	营业外收入
10682.6	**69.9**	**-87.6**	**2.5**	**-7.6**	**-1734.4**	**103.1**	**3240.2**
949.5	10.2	-0.5	0.8		-485.3		516.1
460.5	5.8	-7.9	-8.4	0.2	62.7		
22.1	1.1	0.1	0.3	0.4	-45.3		94.6
39.6		-0.1	0.1		31.3		
163.3		-6.8	6.8		49.1		
4493.8	29.2	-29.8	21.0	0.1	296.7		11.7
2385.3	23.6	6.4	8.5	14.3	-1406.3	103.1	2372.6
2168.5		-49.0	-26.6	-22.6	-237.3		245.2

主要经济指标(四)

单位：万元

应交税金及附加	本年应付职工薪酬	本年应交增值税	总资产贡献率(%)	资产负债率(%)	流动资产周转率(次/年)	成本费用利润率（%）	产品销售率(%)	从业人员平均人数
7478.6	**21713.7**	**6288.6**	**11.7**	**66.2**	**1.9**	**1.1**	**99.2**	**5533**
327.4	1051.9	270.5	4.1	36.4	0.7	0.7	98.5	354
253.2	2003.5	209.0	6.3	59.7	1.3	0.9	100.0	299
106.5	154.6	94.6	12.1	89.0	1.5	3.2	111.6	69
24.9		17.4	1.4	86.9	0.4	2.6	100.0	80
112.6	75.2	85.7	3.0	62.8	1.1	1.1	95.4	25
2283.3	7211.6	1878.7	13.1	62.3	2.3	0.8	97.3	2274
3657.0	8708.2	3156.7	23.1	66.8	2.8	1.9	99.9	1874
713.7	2508.7	576.0	4.7	90.2	1.1	-2.1	103.9	558

10-8　私营工业企业

指　标	企业单位数（个）	亏损企业	工业总产值（当年价格）	工业销售产值（当年价格）	出口交货值
总　计	**232**	**86**	**2833872.2**	**2739358.4**	**7397.2**
煤炭开采和洗选业	26	20	168104.4	174484.2	
黑色金属矿采选业	7	4	131663.7	98526.2	
农副食品加工业	10		305886.3	305907.0	
食品制造业	7	1	72630.6	64280.8	
酒、饮料和精制茶制造业	2		5185.5	5192.8	
纺织业	2		7364.3	7422.8	
木材加工和木、竹、藤、棕、草制品业	1		5581.8	5769.5	
家具制造业	2		8796.9	8796.9	
造纸和纸制品业	5	2	26658.8	24344.4	
印刷和记录媒介复制业	5		22950.6	22843.8	
文教、工美、体育和娱乐用品制造业	1		21000.0	21000.0	
石油加工、炼焦和核燃料加工业	10	7	572067.3	555221.8	
化学原料和化学制品制造业	7	1	112556.9	107866.1	2192.8
医药制造业	4	2	16539.5	15443.7	
橡胶和塑料制品业	3		23238.2	24431.3	
非金属矿物制品业	25	13	201437.5	200567.0	
黑色金属冶炼和压延加工业	22	10	358886.4	353531.4	2809.0
有色金属冶炼和压延加工业	7	5	292404.1	274708.8	29.2
金属制品业	14	3	97446.4	95367.5	2150.0
通用设备制造业	13	5	47686.0	47485.6	
专用设备制造业	22	6	140076.8	134349.8	216.2
汽车制造业	1		12953.7	11351.8	
铁路、船舶、航空航天和其他运输设备制造业	1		2056.5	2056.5	
电气机械和器材制造业	10	3	30552.5	30420.0	
计算机、通信和其他电子设备制造业	11	2	46070.4	45500.2	
仪器仪表制造业	10	2	86925.3	85336.7	
其他制造业	1		73.9	73.9	
金属制品、机械和设备修理业	1		4641.9	4641.9	
电力、热力生产和供应业	1		12436.0	12436.0	
燃气生产和供应业	1				

主要经济指标(一)

单位：万元

年初存货		资产总计	流动资产合计				
	产成品			应收账款	存货	产成品	在产品
456579.5	**154421.5**	**4193509.3**	**2729435.6**	**657304.1**	**469687.1**	**183682.7**	**29835.0**
26098.3	9785.7	294339.8	256382.1	50116.3	39182.6	17989.4	185.0
12598.3	4668.2	117626.5	50966.5	18242.5	27943.4	22593.1	11.7
30453.0	9991.3	249636.7	116024.9	14289.2	32159.7	14178.6	195.4
10393.2	2086.5	114026.6	40888.2	9755.3	10594.4	2228.7	4990.7
3053.3		13414.0	8212.1	975.6	3788.1	1611.2	154.9
1170.3	560.4	9946.4	4608.9	422.5	1205.0	723.6	
1025.5	559.6	13346.2	6508.5	154.4	223.7	123.7	100.0
47.4		13148.7	6716.3	1558.0	1555.1		
4021.6	1009.3	39764.0	14695.3	8010.3	2985.7	1039.0	
2647.6	13.9	40476.8	24441.4	5210.6	6370.3		
		12056.4	11542.0	8936.8	9.7		
104051.6	42394.7	1250687.1	946412.2	78979.4	75788.6	31157.9	1152.5
10357.6	2540.8	101341.2	69445.8	16680.5	10837.0	5651.6	2361.9
10699.4	5415.9	41400.4	27365.0	4431.9	10017.7	4866.6	4264.0
3646.2	935.6	26990.3	21287.6	11943.0	6578.5	1105.8	
21547.0	6515.8	248305.4	151188.8	96955.8	19037.4	6473.3	519.6
87120.8	27870.1	486743.0	247002.2	29286.4	87712.0	30842.1	11417.0
17773.4	8704.7	145496.1	66684.7	16204.3	5016.5	4086.6	265.5
16540.7	7204.5	93251.8	68731.6	28697.7	23096.2	9628.5	1003.6
18383.2	2161.0	111547.6	74173.7	25972.2	19247.4	2737.1	860.0
32117.3	6162.8	300380.9	211117.6	110872.5	38300.1	9380.0	1906.8
9402.9	7381.0	22197.2	17772.0	2604.5	9441.3	9335.5	
3206.1	2359.5	10036.8	8822.9	5093.1	3371.4	2015.2	125.0
8096.2	2037.0	81756.1	54775.4	31666.0	8070.4	1717.6	162.5
4496.0	2009.4	76496.6	50216.2	22204.9	6357.4	1742.4	
17450.2	2032.1	143400.4	112689.3	53380.9	20610.5	2428.9	158.9
160.7		5952.6	802.0	400.8	160.7		
		1436.7	1407.2	432.2			
21.7	21.7	69358.1	40994.7	2401.5	26.3	26.3	
		58948.9	17560.5	1425.0			

10-8 私营工业企业

指 标	固定资产合计	固定资产原价	累计折旧	本年折旧	在建工程
总 计	**886006.4**	**1369472.3**	**554086.4**	**77854.2**	**259255.4**
煤炭开采和洗选业	30364.8	40793.5	14776.7	1350.0	904.3
黑色金属矿采选业	29286.1	60302.0	33417.7	3831.2	6803.1
农副食品加工业	85211.7	82921.2	19740.4	4093.2	44168.3
食品制造业	61763.4	70101.9	10267.6	2624.8	7606.8
酒、饮料和精制茶制造业	4228.8	2410.2	609.1	190.1	1363.3
纺织业	422.7	444.5	267.5	19.4	245.7
木材加工和木、竹、藤、棕、草制品业	1347.6	1391.5	43.9	2.2	4927.2
家具制造业	6259.4	8032.3	1781.5	429.6	8.5
造纸和纸制品业	17135.4	32997.0	15861.6	1361.0	163.1
印刷和记录媒介复制业	10509.3	20850.8	11119.2	1019.2	4704.7
文教、工美、体育和娱乐用品制造业	514.4	1023.3	508.9	153.2	
石油加工、炼焦和核燃料加工业	109539.1	231761.5	122234.4	13124.9	56540.2
化学原料和化学制品制造业	18323.8	40452.3	22706.0	1268.7	577.8
医药制造业	10880.9	15161.0	4335.5	578.4	1754.0
橡胶和塑料制品业	2130.3	3863.3	1733.0	237.4	511.1
非金属矿物制品业	77958.2	123606.5	54000.1	9248.7	8468.0
黑色金属冶炼和压延加工业	185915.3	300591.2	116784.1	19687.6	49479.0
有色金属冶炼和压延加工业	58992.9	101859.5	49363.5	4681.3	20895.4
金属制品业	17157.3	29772.7	13411.8	2211.5	5531.1
通用设备制造业	14540.6	20628.2	6779.4	613.6	11101.8
专用设备制造业	45352.5	65054.9	21508.0	3478.2	8035.4
汽车制造业	4425.1	4976.0	1573.0	597.1	1022.1
铁路、船舶、航空航天和其他运输设备制造业	1193.7	3064.6	1870.9	284.8	2.0
电气机械和器材制造业	12338.2	19233.1	7877.6	1167.9	363.9
计算机、通信和其他电子设备制造业	13619.3	11383.0	6780.7	663.8	6258.6
仪器仪表制造业	11383.6	16842.0	5458.5	1069.4	219.5
其他制造业	4611.6	239.9	161.8	18.2	4533.5
金属制品、机械和设备修理业	29.4	129.5	100.1	2.5	
电力、热力生产和供应业	22933.1	25786.2	2853.1	1733.8	3225.1
燃气生产和供应业	27637.9	33798.7	6160.8	2112.5	9841.9

主要经济指标(二)

单位：万元

负债合计	流动负债合计	应付账款	非流动负债合计	所有者权益合计	实收资本	国家资本	集体资本
3393836.4	**2493718.6**	**648410.4**	**787545.9**	**773197.4**	**2629939.4**	**218.0**	**11829.6**
285721.0	257863.6	46786.5	10657.9	8107.5	31638.0		
95064.6	75494.8	33068.4		22379.2	17360.0		
117633.2	92371.7	66651.8	25261.5	118381.9	23757.8	100.0	3667.0
65297.1	45642.9	8519.9	19568.2	48729.5	20650.0		
2553.0	2057.3	407.5	495.7	10678.8	6100.0		
3615.0	3265.0	556.2	350.0	6171.4	660.0		
10903.4	10903.4	139.8		2442.8	3000.0		
3067.1	3007.1	661.3	60.0	10081.6	2700.0		
28028.5	26525.5	7767.8	1503.0	11440.6	9861.8		
23765.6	19738.6	3059.4	4027.0	16707.3	7387.9		
10429.5	10429.5	10399.7		1626.9	500.0		
1093927.4	801945.6	58711.1	254190.6	156759.8	81536.0		
73078.3	49975.9	12732.8	22311.1	28262.8	26087.6		37.6
31487.0	29823.0	4981.8	1664.0	9913.2	9051.1		
22336.2	14811.9	3535.0	30.0	4654.1	3628.8		
183144.5	168182.7	77588.7	12047.9	65160.3	47854.4		
572281.0	233231.1	111106.9	332938.5	–86568.1	93333.3		
142915.1	102398.7	25358.8	30806.9	–3649.6	30900.0	100.0	
47590.9	45804.0	6909.2		45197.0	16628.6		
78960.5	75455.7	20632.1	3484.6	32587.0	2025768.0		2000.0
196786.1	187084.6	66733.0	4055.5	101287.7	76542.7		
19535.8	19535.8	2641.3		2661.4	2000.0		
4987.7	4987.7	931.3		4991.2	5000.0		
55068.4	52367.8	25304.8	175.3	26577.5	37968.0		
43877.4	38304.3	18978.3	5481.2	31301.2	11345.7		
63646.1	60753.8	26379.2	2057.6	79754.2	26379.7		6125.0
4954.6	2971.8	663.0	1982.8	998.0	1000.0		
587.2	587.2	25.0		849.5	100.0	18.0	
68603.9	28207.3	2401.5	40396.6	754.1	1000.0		
43990.3	29990.3	4778.3	14000.0	14958.6	10200.0		

10-8 私营工业企业

指 标				营业收入
	法人资本	个人资本	外商资本	
总 计	**234449.3**	**2380942.5**	**2000.0**	**2804267.5**
煤炭开采和洗选业	13535.0	16103.0	2000.0	202361.7
黑色金属矿采选业	10810.0	6550.0		61879.1
农副食品加工业	1337.0	18653.8		309030.9
食品制造业	8514.0	12136.0		63448.2
酒、饮料和精制茶制造业		6100.0		5231.3
纺织业		660.0		5521.7
木材加工和木、竹、藤、棕、草制品业		3000.0		5769.5
家具制造业	2050.0	650.0		8849.4
造纸和纸制品业	1162.0	8699.8		25651.0
印刷和记录媒介复制业	3672.0	3715.9		24541.8
文教、工美、体育和娱乐用品制造业		500.0		19826.8
石油加工、炼焦和核燃料加工业	62935.0	18601.0		564661.6
化学原料和化学制品制造业	10.0	26040.0		105712.6
医药制造业	1610.0	7441.1		15599.5
橡胶和塑料制品业	3608.8	20.0		26248.6
非金属矿物制品业	16810.0	31044.4		203901.6
黑色金属冶炼和压延加工业	10509.0	82824.3		385466.3
有色金属冶炼和压延加工业	25600.0	5200.0		223025.8
金属制品业		16128.6		101885.1
通用设备制造业	4880.0	2018888.0		52552.4
专用设备制造业	35633.2	40909.5		142864.0
汽车制造业		2000.0		11371.8
铁路、船舶、航空航天和其他运输设备制造业		5000.0		2056.5
电气机械和器材制造业	9179.2	28788.8		39277.6
计算机、通信和其他电子设备制造业	1030.0	10315.7		56514.7
仪器仪表制造业	10924.1	9330.6		84866.6
其他制造业		1000.0		73.9
金属制品、机械和设备修理业		82.0		4641.9
电力、热力生产和供应业	1000.0			15036.5
燃气生产和供应业	9640.0	560.0		36399.1

主要经济指标(三)

单位：万元

主营业务收入	营业成本	主营业务成本	营业税金及附加	主营业务税金及附加	其他业务收入	其他业务利润	销售费用
2731858.6	**2501340.3**	**2437475.7**	**23820.5**	**23086.6**	**72408.9**	**-14740.5**	**108724.6**
200860.4	192706.6	191215.1	485.3	485.1	1501.3	-21.2	10174.4
61879.1	48030.7	48030.7	3487.7	3487.7			1756.4
307230.9	270871.8	270871.8	518.7	518.7	1800.0		11921.2
63366.8	42674.7	42392.4	274.9	274.9	81.4		9347.5
5231.3	3746.0	3745.9	63.1	63.1			402.8
5520.9	3673.2	3673.2	41.2	41.2	0.8	0.8	537.3
5769.5	4895.0	4895.0	3.0	3.0			7.6
8849.4	5769.8	5769.8	17.0	17.0			1363.5
25651.0	25320.2	25320.2	70.8	70.8			178.0
24441.1	19561.1	19542.1	82.0	82.0	100.7	81.7	189.8
19826.8	17278.9	17278.9	150.9	150.9			451.0
551731.1	485480.5	475543.5	11674.9	11664.0	12930.5	680.5	36099.1
105699.8	102446.7	97602.8	338.7	338.7	12.8	12.8	4817.3
15573.1	12045.0	12045.0	110.0	110.0	26.4	25.8	1216.5
25134.9	21414.9	21086.0	39.8	39.8	1113.7	1.5	417.0
203876.8	182333.0	182333.0	1210.5	1208.7	24.8	23.0	5448.8
362623.1	398218.2	374721.7	517.5	517.4	22843.2	-17775.0	2860.1
206048.7	227246.2	210826.3	89.4	89.4	16977.1	404.4	541.5
100164.0	85623.5	85623.2	845.9	331.7	1721.1	755.8	2463.5
52014.8	42168.6	42002.2	290.6	289.0	537.6	91.0	1632.5
138505.6	111668.7	108333.8	825.4	825.4	4358.4	1.8	5319.8
11371.8	9980.4	9980.4	9.8	9.8			850.9
2056.5	1558.5	1558.5	19.8	19.8			
39105.9	34789.2	34683.0	357.1	357.1	171.7	61.3	1635.5
54039.8	41774.0	41084.0	397.5	397.5	2474.9	31.4	2998.8
83774.5	63446.2	63008.9	698.4	698.4	1092.1	690.0	2991.8
73.9	98.6	98.6	0.2	0.2		193.9	46.0
4641.9	4236.7	4236.7	80.0	80.0			0.8
15036.5	11837.4	11837.4	915.3	915.3			2631.4
31758.7	30446.0	28135.6	205.1		4640.4		423.8

10-8　私营工业企业

指　标	管理费用	税金	财务费用	利息收入	利息支出
总　计	**124329.8**	**5090.0**	**77259.3**	**1419.4**	**63956.5**
煤炭开采和洗选业	2258.0	100.0	4786.2	4.5	2086.6
黑色金属矿采选业	6244.2	1.7	2118.1	-1.7	462.9
农副食品加工业	4624.8	234.9	3310.6	-14.4	2646.1
食品制造业	3850.6	222.1	3586.2	127.8	3453.6
酒、饮料和精制茶制造业	539.6	0.7	28.6	0.2	28.6
纺织业	758.6	46.7	43.5	1.0	43.2
木材加工和木、竹、藤、棕、草制品业	85.0	14.2	47.8	1.3	1.2
家具制造业	1159.0	13.0	40.6	13.0	
造纸和纸制品业	841.7	67.2	831.6	0.2	499.1
印刷和记录媒介复制业	2148.1	24.8	1098.0	29.4	928.9
文教、工美、体育和娱乐用品制造业	229.2		-16.2	17.5	0.6
石油加工、炼焦和核燃料加工业	17426.8	1286.4	31364.6	641.1	31329.6
化学原料和化学制品制造业	4206.6	84.9	1824.3	3.3	1661.2
医药制造业	2030.8	51.7	685.8	26.5	753.7
橡胶和塑料制品业	1523.0	107.3	150.1	4.4	150.8
非金属矿物制品业	10520.9	425.6	6590.3	96.2	5935.1
黑色金属冶炼和压延加工业	8386.8	663.2	4378.3	123.6	3763.6
有色金属冶炼和压延加工业	4147.2	411.9	5346.3	43.3	2559.2
金属制品业	6284.9	612.2	1130.5	-22.5	1526.9
通用设备制造业	5243.8	105.0	2986.7	3.7	1094.1
专用设备制造业	15995.4	416.9	3935.8	292.0	2374.6
汽车制造业	401.0	22.0	103.7		94.9
铁路、船舶、航空航天和其他运输设备制造业	276.9		161.4		161.4
电气机械和器材制造业	4496.5	5.0	316.4	1.2	183.8
计算机、通信和其他电子设备制造业	7588.4	58.0	840.0	30.3	871.3
仪器仪表制造业	9430.2	99.5	320.7	9.8	75.9
其他制造业	120.6	3.2	-0.1		
金属制品、机械和设备修理业	183.3		-4.7	4.9	0.2
电力、热力生产和供应业	1760.9		92.1	0.5	92.6
燃气生产和供应业	1567.0	11.9	1162.1	-17.7	1176.8

主要经济指标(四)

单位：万元

营业利润	资产减值损失	公允价值变动收益	投资收益	营业外收入	补贴收入	营业外支出	利润总额
-27652.3	**2033.6**	**-10530.8**	**953.7**	**12669.6**	**5727.3**	**6741.2**	**-24632.5**
-8006.5				452.4		47.0	-7601.1
241.4				149.2		101.5	830.0
17783.9				226.9	162.0	60.3	17950.5
3712.7	2.4		0.8	513.8	431.5	73.0	4153.5
451.2							451.2
467.9				1.0		2.0	466.9
667.5	63.6						667.5
502.9			3.4	10.0			512.9
-1591.3				13.8		26.6	-1604.1
1462.8				5.2		4.7	1463.3
1733.0				65.0		5.0	1793.0
-17384.3				520.7	150.5	3695.3	-20558.9
-1718.7		-6593.6		133.7		119.7	-1704.7
-485.4				566.0	205.0		80.6
2683.2						27.3	2655.9
-2425.1		-311.0	186.5	471.8	232.9	693.7	-2539.2
-28874.6			4.2	250.5		124.2	-28748.3
-14588.6				382.3	335.1	20.1	-14222.9
3747.6	489.2	-3626.2	14.6	2214.0	544.5	11.5	2768.2
-134.2				310.3	77.5	71.3	104.8
4459.8	832.1		172.9	1697.0	1594.5	361.3	5795.5
26.0							26.0
39.9							39.9
-2263.9	80.5			1324.1	103.0	406.6	-1346.4
3286.4	8.4			39.9	23.7	13.2	2934.2
7451.5	557.4		11.4	726.1	437.5	168.8	8008.8
2.4							2.4
145.8						0.1	145.7
-2200.6				2524.6	1429.6	36.7	287.3
3155.0			559.9	71.3		671.3	2555.0

10-8 私营工业企业

指 标	应交所得税	亏损企业亏损总额	利税总额	应交税金及附加	本年应付职工薪酬
总 计	**6974.7**	**105640.0**	**53226.4**	**89923.6**	**119243.1**
煤炭开采和洗选业	16.6	7683.6	-2674.6	5043.1	2588.7
黑色金属矿采选业	18.0	1020.6	9378.7	8568.4	2326.3
农副食品加工业	356.7		20080.1	2721.2	6656.6
食品制造业	1427.3	2511.1	7042.0	4537.9	5843.7
酒、饮料和精制茶制造业	22.0		593.5	165.0	224.1
纺织业	37.2		745.6	362.6	796.0
木材加工和木、竹、藤、棕、草制品业			682.0	28.7	551.8
家具制造业	10.2		659.3	169.6	1165.7
造纸和纸制品业	14.1	1734.5	-1286.4	399.0	1379.4
印刷和记录媒介复制业	16.7		1964.2	542.4	2014.2
文教、工美、体育和娱乐用品制造业	43.3		2118.9	369.2	490.3
石油加工、炼焦和核燃料加工业	138.1	30073.4	2425.3	24408.7	15368.0
化学原料和化学制品制造业	287.7	3309.2	570.4	2647.7	5589.6
医药制造业	102.9	575.4	987.6	1061.6	2348.2
橡胶和塑料制品业	125.5		3013.1	590.0	630.4
非金属矿物制品业	353.3	4338.0	4123.2	7441.3	9350.6
黑色金属冶炼和压延加工业	73.3	33743.2	-24898.0	4586.8	11901.3
有色金属冶炼和压延加工业	0.5	14690.3	-13867.9	767.4	5189.2
金属制品业	711.5	597.7	5868.7	4424.2	8559.0
通用设备制造业	197.5	1697.6	1283.1	1480.8	3138.6
专用设备制造业	730.7	1217.7	11042.3	6394.4	14026.4
汽车制造业			140.0	136.0	953.3
铁路、船舶、航空航天和其他运输设备制造业	9.9		196.6	166.6	224.6
电气机械和器材制造业	30.5	1857.1	-215.2	1166.7	2595.5
计算机、通信和其他电子设备制造业	185.3	468.2	5673.8	2982.9	5658.0
仪器仪表制造业	1136.1	122.4	12836.5	6063.3	5248.0
其他制造业	0.7		3.8	5.3	118.5
金属制品、机械和设备修理业	52.2		777.1	683.6	3216.4
电力、热力生产和供应业			1202.6	915.3	1090.7
燃气生产和供应业	876.9		2760.1	1093.9	

主要经济指标(五)

单位：万元

本年应交增值税	总资产贡献率（%）	资产负债率（%）	流动资产周转率（次/年）	成本费用利润率（%）	产品销售率（%）	从业人员平均人数（人）
54038.4	**2.8**	**80.9**	**1.0**	**–0.9**	**96.7**	**32437**
4441.2	–0.2	97.1	0.8	–3.6	103.8	1137
5061.0	8.4	80.8	1.2	1.4	74.8	585
1610.9	9.1	47.1	2.7	6.2	100.0	1914
2613.6	9.1	57.3	1.6	7.0	88.5	1474
79.2	4.6	19.0	0.6	9.6	100.1	107
237.5	7.9	36.3	1.2	9.3	100.8	192
11.5	5.1	81.7	0.9	13.3	103.4	145
129.4	4.9	23.3	1.3	6.2	100.0	265
246.9	–2.0	70.5	1.8	–5.9	91.3	567
418.9	7.1	58.7	1.0	6.4	99.5	624
175.0	17.4	86.5	1.7	10.0	100.0	152
11309.3	2.7	87.5	0.6	–3.6	97.1	4607
1936.4	2.2	72.1	1.5	–1.5	95.8	1268
797.0	4.1	76.1	0.6	0.5	93.4	662
317.4	11.7	82.8	1.2	11.3	105.1	386
5451.9	4.0	73.8	1.4	–1.2	99.6	2851
3332.8	–4.4	117.6	1.6	–7.0	98.5	3560
265.6	–7.8	98.2	3.3	–6.0	94.0	1429
2254.6	8.0	51.0	1.5	2.9	97.9	2694
887.7	2.1	70.8	0.7	0.2	99.6	1301
4421.4	4.4	65.5	0.7	4.2	95.9	2464
104.2	1.1	88.0	0.6	0.2	87.6	285
136.9	3.6	49.7	0.2	2.0	100.0	85
774.1	0.0	67.4	0.7	–3.3	99.6	660
2342.1	8.5	57.4	1.1	5.5	98.8	823
4129.3	9.0	44.4	0.8	10.5	98.2	833
1.2	0.1	83.2	0.1	0.9	100.0	38
551.4	53.8	40.9	3.3	3.3	100.0	796
	1.9	98.9	0.4	1.8	100.0	373
	6.7	74.6	2.1	7.6		160

10-9 外商投资和港澳台商

指标	企业单位数(个)	亏损企业	工业总产值(当年价格)	工业销售产值(当年价格)	出口交货值	年初存货	产成品	资产总计
总计	**24**	**9**	**5685172.3**	**5557463.1**	**3677917.0**	**352367.4**	**190208.2**	**4704530.0**
食品制造业	1		55687.3	59075.0		2177.7	425.3	25267.9
酒、饮料和精制茶制造业	2	1	48415.1	50591.9		6306.5	3936.9	36625.6
纺织业	1	1	6795.8	6808.0	2977.9	281.3	203.0	23310.1
石油加工、炼焦和核燃料加工业	2	2	174558.5	153400.2		54494.1	29814.1	200382.0
化学原料和化学制品制造业	2		131183.7	129477.5		4655.0	1906.5	180261.5
橡胶和塑料制品业	1		25093.9	21974.6		3750.3	967.9	47976.8
非金属矿物制品业	2	1	22108.6	20236.9		3529.4	957.2	32868.3
黑色金属冶炼和压延加工业	2	1	6155.8	6022.3		3512.2	2852.4	11361.6
通用设备制造业	2	1	526.5	4202.2		3996.4	3276.3	16432.1
专用设备制造业	2	2	12026.3	13364.2		4666.8	1323.6	21924.5
汽车制造业	1		7165.2	7226.1		2342.0	1232.0	8618.6
铁路、船舶、航空航天和其他运输设备制造业	1		203013.0	207964.7		22459.7	2789.0	189562.3
计算机、通信和其他电子设备制造业	2		4825640.5	4713831.5	3674923.1	225560.2	136357.9	3731004.1
仪器仪表制造业	1		88790.7	88790.7		13308.9	4133.1	99503.6
废弃资源综合利用业	1		19822.3	16308.2	16.0	944.3	33.0	46628.3
燃气生产和供应业	1		58189.1	58189.1		382.6		32802.7

10-9 外商投资和港澳台商

指标	负债合计	流动负债合计	应付账款	非流动负债合计	所有者权益合计	实收资本	国家资本
总计	**3409623.0**	**3356398.1**	**1903660.0**	**53226.5**	**1288044.7**	**857870.8**	**6512.3**
食品制造业	11778.5	11603.0	6796.1	175.5	13489.4	11667.0	
酒、饮料和精制茶制造业	26510.2	26283.4	4436.1	226.8	10115.4	8777.9	
纺织业	13948.4	13948.4	9858.9		9361.7	12520.0	
石油加工、炼焦和核燃料加工业	199241.2	192489.3	17305.1	6751.9	1140.9	43585.0	
化学原料和化学制品制造业	102303.9	94803.9	7642.0	7501.6	77957.6	44340.1	2126.6
橡胶和塑料制品业	16317.5	13319.2	890.4	2998.3	24797.1	23143.8	
非金属矿物制品业	36493.1	15762.9	4732.0	20730.2	-3624.9	16009.8	
黑色金属冶炼和压延加工业	9196.1	9196.1	1166.4		2165.5	3903.1	
通用设备制造业	10154.4	10154.4	6925.5		6277.7	4165.1	
专用设备制造业	11395.8	11395.8	4323.9		10528.7	22985.7	385.7
汽车制造业	2609.5	2579.5	221.2	30.0	6009.0	300.4	
铁路、船舶、航空航天和其他运输设备制造业	126379.4	126379.4	36334.9		63182.9	16071.4	
计算机、通信和其他电子设备制造业	2749125.9	2749125.9	1775434.3		981878.2	610401.5	
仪器仪表制造业	51406.9	44594.7	9213.1	6812.2	48096.7	5000.0	
废弃资源综合利用业	20134.7	12134.7	1036.2	8000.0	26493.6	25000.0	
燃气生产和供应业	22627.5	22627.5	17343.9		10175.2	10000.0	4000.0

投资工业企业主要经济指标(一)

单位：万元

流动资产合计	应收账款	存货	产成品	在产品	固定资产合计	固定资产原价	累计折旧	本年折旧	在建工程
3270767.1	**1293903.7**	**488301.3**	**290718.1**	**47817.0**	**1234950.1**	**1944649.8**	**736180.5**	**173181.6**	**52914.0**
15897.6	4598.6	3595.4	296.7		6230.0	17488.8	11258.8	2088.0	84.8
8364.3	1051.8	4691.7	2608.2		27567.6	54490.6	26923.0	2200.6	56.0
14410.1	5730.5	1920.1	916.6		5271.8	9095.5	3823.8	180.7	
94958.6	14868.7	41023.4	23983.8		68394.4	122154.8	53760.4	7344.2	898.3
30610.5	9776.0	5075.5	2160.2	1508.1	157910.6	253799.3	106454.0	456.2	2241.3
12327.7	1828.7	3920.0	967.9	431.9	28901.5	48388.9	20332.5	5739.8	845.0
9466.4	2249.1	3741.3	2281.1	821.7	16305.5	9682.8	7097.2	962.7	11735.6
10246.9	3088.4	5070.7	2865.3	583.1	1114.7	2765.9	1672.9	260.6	21.7
8492.5	1191.4	3831.3	1406.2		6223.5	7085.5	1436.2	254.6	574.2
10183.6	2971.1	3488.5	1225.2	959.8	11709.4	26212.2	14502.8	1152.7	
5187.7	2242.1	2193.9	1169.9	1023.1	3430.9	5398.0	2721.6	643.5	58.1
147798.7	48978.3	44709.8	2789.0	3527.3	38783.7	66443.5	27659.8	7757.1	2417.6
2834737.9	1178598.8	346424.5	242437.8	25957.0	800749.4	1248789.4	448040.0	139896.5	1665.3
60041.2	14251.3	16761.1	4133.1	12628.0	4956.1	9323.0	4366.9	1101.1	21786.2
5055.1	2308.2	1477.1	1477.1		39378.8	42184.2	2805.4	1989.2	267.9
2988.3	170.7	377.0		377.0	18022.2	21347.4	3325.2	1154.1	10262.0

投资工业企业主要经济指标(二)

单位：万元

法人资本	个人资本	港澳台资本	外商资本	营业收入	主营业务收入	营业成本	主营业务成本	营业税金及附加	主营业务税金及附加
113884.0	**1500.0**	**32353.1**	**703621.4**	**5678612.1**	**5638405.2**	**4431338.3**	**4401913.0**	**14918.8**	**14878.9**
11667.0				59075.0	58536.5	52323.3	52035.4	88.4	88.4
2076.8			6701.1	75871.1	75234.4	58343.3	57865.9	349.0	349.0
11930.0			590.0	5423.0	5423.0	5079.5	5079.5	3.0	3.0
31500.0			12085.0	199290.2	199290.2	180836.0	180836.0	340.6	340.6
20000.0			22213.5	129723.3	129477.5	102616.4	102531.0	732.9	732.9
			23143.8	21424.2	20345.6	19246.6	18382.3	58.5	58.5
10909.8			5100.0	20525.5	20209.6	16668.4	16528.4	27.3	27.3
	1500.0	1903.1	500.0	6325.7	6212.2	5608.1	5608.1	2.8	2.8
			4165.1	9761.8	9696.7	8252.4	8252.4	2.1	2.1
8700.0			13900.0	13466.8	13324.1	11942.5	11900.7	121.8	121.8
300.4				7226.1	7195.5	5749.8	5740.8	54.9	30.6
11250.0			4821.4	208850.0	207964.7	170885.3	170885.3	860.0	860.0
			610401.5	4749568.4	4713831.5	3672501.2	3645125.1	11988.0	11988.0
3050.0		1950.0		97581.9	97581.9	59678.7	59678.7	273.9	273.9
		25000.0		16310.0	16308.2	6990.5	6990.5		
2500.0		3500.0		58189.1	57773.6	54616.3	54472.9	15.6	

10-9 外商投资和港澳台商

指　标	其他业务收入	其他业务利润	销售费用	管理费用	税金
总　计	**40206.9**	**7502.1**	**53219.3**	**169678.7**	**7099.0**
食品制造业	538.5	250.6	4741.4	1514.3	66.6
酒、饮料和精制茶制造业	636.7	–93.7	14452.5	3596.9	319.8
纺织业			54.5	461.5	
石油加工、炼焦和核燃料加工业			18383.9	4637.6	410.4
化学原料和化学制品制造业	245.8	159.9	1872.1	3145.5	183.8
橡胶和塑料制品业	1078.6	183.4	595.0	1246.4	98.6
非金属矿物制品业	315.9	175.9	436.5	3090.0	27.9
黑色金属冶炼和压延加工业	113.5		49.3	542.2	2.7
通用设备制造业	65.1	64.7	845.0	1195.1	3.9
专用设备制造业	142.7	27.5	689.6	2050.1	56.4
汽车制造业	30.6		122.0	1159.0	29.2
铁路、船舶、航空航天和其他运输设备制造业	885.3		2854.1	10779.6	33.8
计算机、通信和其他电子设备制造业	35736.9	6733.8	3430.8	126349.6	5516.1
仪器仪表制造业			4348.9	6526.1	96.2
废弃资源综合利用业	1.8		298.5	2654.1	229.0
燃气生产和供应业	415.5		45.2	730.7	24.6

10-9 外商投资和港澳台商

指　标	补贴收入	营业外支出	利润总额	应交所得税	亏损企业亏损总额	利税总额
总　计	**232.8**	**10573.5**	**225234.1**	**30581.8**	**20257.6**	**337097.9**
食品制造业	13.5	–13.6	27.1	262.9		837.8
酒、饮料和精制茶制造业		379.4	–1104.9		1570.0	2150.8
纺织业		0.3	–1349.0		1349.0	–1323.4
石油加工、炼焦和核燃料加工业		45.5	–14560.8	0.1	14560.8	–10081.7
化学原料和化学制品制造业		9113.4	12908.4	3517.0		19917.5
橡胶和塑料制品业		5.5	26.2			84.7
非金属矿物制品业	217.8	2.0	1454.5		96.7	1655.9
黑色金属冶炼和压延加工业	1.5		–403.9	4.3	422.8	–378.4
通用设备制造业		1.1	–573.0	–39.7	630.8	–570.9
专用设备制造业		40.3	–1627.5		1627.5	–556.0
汽车制造业		28.1	106.0	105.8		510.9
铁路、船舶、航空航天和其他运输设备制造业		161.4	21180.4	3203.9		28738.6
计算机、通信和其他电子设备制造业		89.2	175778.5	21049.7		262378.3
仪器仪表制造业		0.9	26556.3	1198.4		26902.4
废弃资源综合利用业		5.6	4675.9	1158.3		4675.9
燃气生产和供应业		714.4	2139.9	121.1		2155.5

投资工业企业主要经济指标(三)

单位：万元

财务费用			营业利润	资产减值损失	公允价值变动收益	投资收益	营业外收入
	利息收入	利息支出					
4306.2	**21303.5**	**29059.1**	**213439.9**	**1169.0**	**−794610.8**	**4065.9**	**22367.6**
−13.1	15.3		−88.5	509.2			102.0
45.2	25.4	51.8	−915.8				190.3
1173.2		1151.8	−1348.7				
9618.4	−149.0	6249.1	−14526.3				11.0
2500.6	3.0	2587.5	19010.3	−56.5		94.9	3011.4
260.9	197.5	386.8	16.9				14.8
764.1	109.3		−510.4	49.6			1966.9
529.6	1.9	531.5	−406.3				2.4
39.0	0.6	44.9	−571.9				
266.8	−0.7	239.4	−1605.1	1.0			17.9
86.1	30.2	62.1	74.1	−19.8			60.0
2130.4	168.7	3932.9	21340.6				1.2
−14612.6	20889.9	12281.2	159308.9		−794609.8	4007.3	16558.8
567.4	15.7	557.2	26167.2	−23.7		−43.4	390.0
968.3	18.6	981.2	4681.5	717.1			
−18.1	−22.9	1.7	2813.4	−7.9	−1.0	7.1	40.9

投资工业企业主要经济指标(四)

单位：万元

应交税金及附加	本年应付职工薪酬	本年应交增值税	总资产贡献率(%)	资产负债率(%)	流动资产周转率(次/年)	成本费用利润率(%)	产品销售率(%)	从业人员平均人数(人)
149544.6	**441179.1**	**96945.0**	**7.3**	**72.5**	**1.7**	**4.8**	**97.8**	**66068**
1140.2	2401.2	722.3	3.3	46.6	3.7	0.1	106.1	267
3575.5	9407.9	2906.7	5.9	72.4	9.1	−1.5	104.5	1157
25.6	308.0	22.6	−0.7	59.8	0.4	−19.9	100.2	119
4889.6	6640.9	4138.5	−1.8	99.4	2.1	−6.8	87.9	1853
10709.9	6616.9	6276.2	12.5	56.8	4.2	11.7	98.7	730
157.1	1094.1		0.6	34.0	1.7	0.1	87.6	329
229.3	3408.5	174.1	4.7	111.0	2.2	6.9	91.5	350
32.5	239.6	22.7	1.3	80.9	0.6	−6.0	97.8	68
−33.7	1716.4		−3.2	61.8	1.2	−5.6	798.1	284
1127.9	2715.0	949.7	−1.4	52.0	1.3	−10.9	111.1	241
539.9	677.8	350.0	6.3	30.3	1.4	1.5	100.9	220
10795.9	7559.8	6698.2	17.2	66.7	1.4	11.4	102.4	433
113165.6	392710.6	74611.8	6.8	73.7	1.7	4.6	97.7	59196
1640.7	3457.5	72.2	27.6	51.7	1.6	37.3	100.0	512
1387.3	1203.8		12.1	43.2	3.2	42.9	82.3	145
161.3	1021.1		6.7	69.0	19.5	3.9	100.0	164

10-10 大中型工业企业

指 标	企业单位数(个)	亏损企业	工业总产值(当年价格)	工业销售产值(当年价格)	出口交货值
总 计	**102**	**35**	**21631789.7**	**21158090.5**	**5245862.9**
煤炭开采和洗选业	5	3	2476456.3	2428222.5	
黑色金属矿采选业	1		41100.0	41100.0	
农副食品加工业	2		41925.0	46553.7	707.2
食品制造业	3		95410.0	90635.4	91.0
酒、饮料和精制茶制造业	3	2	77270.9	77787.9	
烟草制品业	1		445369.1	431891.2	
纺织服装、服饰业	1		3682.0	3627.1	
印刷和记录媒介复制业	3	1	27641.0	26481.9	
石油加工、炼焦和核燃料加工业	10	9	1086422.3	1032850.4	
化学原料和化学制品制造业	8	2	347056.0	346329.8	2100.8
医药制造业	1		26794.1	26027.5	
橡胶和塑料制品业	3		342750.3	282471.4	59595.8
非金属矿物制品业	6	3	138910.3	138013.6	
黑色金属冶炼和压延加工业	2	1	7368546.7	7299388.4	1340364.4
有色金属冶炼和压延加工业	3	2	390257.0	376825.9	
金属制品业	9	1	160576.7	155326.8	9523.3
通用设备制造业	8	1	235340.2	230114.6	960.5
专用设备制造业	7	1	1451687.2	1361867.6	132088.4
汽车制造业	3	1	29383.1	27557.9	
铁路、船舶、航空航天和其他运输设备制造业	4	1	603653.9	607632.1	19588.8
电气机械和器材制造业	1		16258.8	14740.2	1177.6
计算机、通信和其他电子设备制造业	5	1	4910555.2	4798732.8	3674923.1
仪器仪表制造业	3	1	135523.3	134691.5	4742.0
金属制品、机械和设备修理业	2		4641.9	4641.9	
电力、热力生产和供应业	5	3	501279.2	501279.2	
燃气生产和供应业	1		591999.5	591999.5	
水的生产和供应业	2	2	81299.7	81299.7	

主要经济指标(一)

单位：万元

年初存货	产成品	资产总计	流动资产合计	应收账款	存货	产成品	在产品
3553830.7	**1192100.0**	**40392868.9**	**17088521.0**	**4469305.9**	**3585981.9**	**1478359.8**	**1138890.4**
481320.5	147174.8	7413635.6	2827447.6	497049.2	582917.7	131069.2	289359.1
262.0	0.6	18587.3	11617.5	11337.1	247.7	51.7	11.7
5679.5	223.7	99726.9	34475.3	3576.5	3482.4	212.9	
12791.0	7282.0	174886.5	63865.1	5321.3	16798.2	8476.3	198.0
15459.1	7663.6	68687.2	25701.4	993.3	14938.2	6932.3	
36997.0	9737.7	296744.5	193058.9	3907.9	31784.6	11685.1	
2004.9	1313.1	8462.2	5065.5	1488.2	2213.0	1571.7	
6505.9	724.7	77755.7	33722.0	7409.8	6705.7	724.7	877.1
262259.1	100365.3	3626739.1	1697607.0	165245.8	174434.6	85622.9	
81680.1	24506.2	1415268.5	631629.6	167273.8	94576.8	22630.5	5647.6
17207.5	11093.3	41429.3	33702.3	2185.6	21183.9	10753.3	207.0
81758.5	60135.8	398358.2	173210.8	48102.1	80633.1	53941.4	431.9
19629.8	9016.9	279508.7	86961.1	39538.8	22621.4	11708.9	312.1
1224684.2	252541.6	12587936.4	2966526.5	301127.4	976214.3	453786.7	248388.5
21612.6	3800.7	222575.5	94477.1	10121.8	12505.4	2689.3	
29026.9	11989.9	177452.7	114095.7	17314.5	40965.4	19716.2	1470.2
151063.1	51830.0	412304.0	306752.2	69762.1	150479.3	56021.8	79252.8
678802.6	291867.2	4172424.3	3105662.5	1403998.8	751881.1	283393.8	405188.3
15674.8	10855.8	157764.7	53017.2	10043.4	20051.7	13692.7	1098.0
87049.2	26335.4	967547.9	565248.8	262419.5	129296.7	27966.2	34616.6
9624.4	5999.2	101740.9	74924.6	33864.1	12733.7	9316.9	1535.4
249394.1	140609.1	4034899.6	3004734.7	1206815.4	373293.8	245526.3	42723.2
26024.6	15406.8	182036.6	112251.8	41885.2	33421.2	18918.1	13379.1
1667.1		23633.6	20584.7	9978.8	1405.2		
27338.2	21.7	1557949.3	464062.6	76579.7	25926.4	26.3	14193.8
7809.0	1604.9	1466420.8	303786.5	63447.7	4763.5	1924.6	
505.0		408392.9	84332.0	8518.1	506.9		

10-10　大中型工业企业

指　标	固定资产合计	固定资产原价	累计折旧	本年折旧	在建工程
总　计	**14328123.3**	**22683599.7**	**9865997.0**	**1048469.6**	**3682390.3**
煤炭开采和洗选业	3402419.9	4991540.7	2430615.5	193475.6	554171.1
黑色金属矿采选业	6969.8	21757.7	15715.2	2910.1	927.3
农副食品加工业	13162.1	25237.0	12074.9	1208.0	20192.2
食品制造业	67386.5	82579.2	15192.7	2914.1	30535.8
酒、饮料和精制茶制造业	42264.5	66937.2	31323.1	3906.7	142.5
烟草制品业	100940.5	142460.7	63041.5	6545.6	21521.2
纺织服装、服饰业	2491.1	2491.1	1637.4	96.1	154.5
印刷和记录媒介复制业	23784.7	39981.9	21381.7	2544.1	20191.2
石油加工、炼焦和核燃料加工业	504093.0	887214.9	385447.4	58116.3	439235.1
化学原料和化学制品制造业	486055.5	669726.4	194592.3	7826.7	20942.2
医药制造业	7715.3	11131.9	5436.8	773.8	2020.2
橡胶和塑料制品业	175949.4	210428.8	55324.5	10504.6	60789.0
非金属矿物制品业	101959.9	168411.1	66451.2	8114.8	76809.4
黑色金属冶炼和压延加工业	5242685.4	9512915.0	4270229.6	434439.1	1410220.2
有色金属冶炼和压延加工业	62367.2	85618.0	44779.6	4183.8	16742.8
金属制品业	62770.5	91881.3	51214.5	3727.0	4928.3
通用设备制造业	60619.9	84979.8	25349.5	2720.1	38490.5
专用设备制造业	975982.2	904548.4	254575.3	22694.1	161264.6
汽车制造业	38232.5	60795.1	22940.2	3259.3	27313.2
铁路、船舶、航空航天和其他运输设备制造业	395795.5	279733.5	60363.6	16642.3	75239.2
电气机械和器材制造业	26816.2	8919.6	3929.6	405.6	12494.3
计算机、通信和其他电子设备制造业	867546.7	1353820.9	486274.2	142407.3	4336.1
仪器仪表制造业	21254.8	21864.9	7214.5	2286.4	28494.8
金属制品、机械和设备修理业	2942.6	8900.5	5957.9	2.5	
电力、热力生产和供应业	1004313.7	2150366.2	1153781.0	69679.7	47197.5
燃气生产和供应业	395748.3	467749.6	72001.3	30674.4	597794.7
水的生产和供应业	235855.6	331608.3	109152.0	16411.5	10242.4

主要经济指标(二)

单位：万元

负债合计	流动负债合计	应付账款	非流动负债合计	所有者权益合计	实收资本	国家资本	集体资本
29912410.6	**20199233.1**	**5728849.4**	**9701449.3**	**10472217.8**	**4306390.6**	**2283507.9**	**19809.3**
6088985.0	3469404.1	885576.1	2617777.1	1324650.5	1059967.2	1038267.9	
21983.3	21983.3	16255.6		−3396.0	800.0		
51788.9	40963.7	14578.2	10825.2	47938.0	14227.0	10560.0	3667.0
112759.1	80738.6	10912.4	32020.5	62127.4	20035.2		5166.7
35924.4	35632.2	7953.7	286.8	32762.8	30352.7	2039.9	
17658.2	17658.2	9508.3		279086.2	61319.6		
3082.3	3082.3	1286.9		5379.9	2089.3		2089.3
47114.9	40854.5	4667.8	6260.4	30640.7	16468.4	12036.5	
3041136.6	2334438.2	410540.8	706698.3	585602.7	623685.0		
1072676.1	945759.4	146202.5	126918.3	342592.4	190285.3	138288.3	2276.0
40599.3	39599.3	11930.5	1000.0	829.9	4500.0		
271464.5	134276.2	23932.3	137188.3	120031.5	86825.9		
122873.9	107131.5	53699.3	15742.3	156634.7	46242.4	19020.0	
8332525.7	5161444.4	498186.9	3171081.3	4255410.7	726355.9	667467.9	
210198.3	140946.0	18587.4	63857.9	11410.9	41640.0		
99241.0	94549.6	17074.2	4647.0	78148.4	14266.3	8017.3	1952.0
316214.7	277971.6	62349.5	38243.1	95741.7	37057.3	29199.0	1470.3
3120166.8	2466515.7	1120502.7	653651.0	1052257.2	197644.9	81208.7	
144134.6	143410.2	12290.9	724.4	13630.1	41038.2	10858.9	
690935.7	561176.2	196433.0	129759.5	276612.3	156959.4	137700.0	3188.0
60053.6	20897.0	10546.9	39156.6	41687.2	5000.0	4250.0	
2927129.2	2923292.3	1848505.8	3836.9	1107770.2	651402.0	4931.7	
103715.1	75682.2	34039.6	27498.0	78321.4	18088.6	5701.6	
7594.0	7594.0	4476.9		16039.5	1400.0	18.0	
1619822.9	471685.9	175476.3	1144190.5	−61873.7	71538.1	6740.3	
1203318.3	453510.6	59426.0	749807.6	263102.5	80000.0		
149314.2	129035.9	73908.9	20278.3	259078.7	107201.9	107201.9	

10-10　大中型工业企业

指　标					营业收入
	法人资本	个人资本	港澳台资本	外商资本	
总　计	**1103758.4**	**217363.8**	**3050.0**	**678901.2**	**31341887.4**
煤炭开采和洗选业	500.0	21199.3			5160677.3
黑色金属矿采选业	800.0				16747.5
农副食品加工业					51875.5
食品制造业	8992.3	5876.2			87285.2
酒、饮料和精制茶制造业	2076.8	20000.0		6236.0	106433.7
烟草制品业	61319.6				437673.0
纺织服装、服饰业					3382.3
印刷和记录媒介复制业	4216.0	215.9			32373.2
石油加工、炼焦和核燃料加工业	569420.0	42180.0		12085.0	1088542.1
化学原料和化学制品制造业	24507.5	3000.0		22213.5	776349.4
医药制造业	4500.0				26027.5
橡胶和塑料制品业	63682.1			23143.8	348077.6
非金属矿物制品业	3000.0	24222.4			136106.2
黑色金属冶炼和压延加工业		58888.0			13859813.4
有色金属冶炼和压延加工业	41640.0				316192.4
金属制品业	1297.0	3000.0			156381.9
通用设备制造业	6388.0				212876.4
专用设备制造业	108366.2	8070.0			1611135.9
汽车制造业	28179.3	2000.0			32986.0
铁路、船舶、航空航天和其他运输设备制造业	11250.0			4821.4	635679.7
电气机械和器材制造业		750.0			15226.5
计算机、通信和其他电子设备制造业	8388.8	27680.0		610401.5	4849568.2
仪器仪表制造业	9137.0	200.0	3050.0		154888.3
金属制品、机械和设备修理业	1300.0	82.0			40319.2
电力、热力生产和供应业	64797.8				509525.4
燃气生产和供应业	80000.0				591999.5
水的生产和供应业					83744.1

主要经济指标(三)

单位：万元

主营业务收入	营业成本	主营业务成本	营业税金及附加	主营业务税金及附加	其他业务收入	其他业务利润	销售费用
30947063.6	**27325151.1**	**27044608.4**	**303881.3**	**299725.1**	**394823.8**	**75677.2**	**537247.9**
4950149.8	4638208.6	4494141.8	51511.8	47677.4	210527.5	65041.4	63345.1
16747.5	11134.7	11134.7	2015.1	2015.1			1755.3
51875.5	42654.2	42654.2	233.5	233.5			3108.1
87255.8	57801.1	57801.1	283.4	283.4	29.4		11639.5
106073.8	78615.4	78482.7	4363.2	4363.2	359.9		14656.5
437082.6	144328.5	143831.8	192847.7	192847.7	590.4	93.7	3722.3
3382.3	2844.8	2844.8	46.7	46.7			27.1
31575.1	25594.2	25105.9	225.7	225.7	798.1	96.7	3388.9
1079248.8	956035.9	945971.8	2688.4	2677.5	9293.3	-963.1	88939.1
766799.9	707506.5	698889.0	6300.4	6262.4	9549.5	5632.5	14385.6
25912.9	21809.3	21719.9	76.6	76.6	114.6	25.2	1620.4
345212.1	303032.8	301022.3	627.1	627.1	2865.5	824.1	8245.1
126892.9	117315.0	108695.0	734.1	734.1	9213.3	593.4	4457.2
13816047.2	12787310.6	12738081.6	14960.4	14960.4	43766.2	-17775.0	185810.2
316192.4	314114.2	314114.2	61.7	61.7			630.6
153980.5	120714.9	120151.6	625.2	625.2	2401.4	873.1	4406.5
211678.7	175565.7	174361.2	1183.8	1154.5	1197.7	257.7	7339.6
1581970.4	1356044.6	1337874.7	3713.8	3713.8	29165.5	7979.6	53660.5
31394.6	27131.7	26711.3	279.0	260.0	1591.4	202.1	2501.2
628524.6	528855.9	522689.2	1672.7	1672.7	7155.1	103.0	18199.3
14947.3	10965.6	10619.2	9.6	9.6	279.2	-67.2	1228.0
4813455.9	3756580.5	3728970.6	12308.7	12097.4	36112.3	6860.5	4742.9
154888.3	106593.6	106593.6	573.2	573.2			6041.8
40319.2	37296.0	37296.0	801.6	801.6			0.8
499873.9	442749.3	440502.7	3223.5	3210.2	9651.5	3486.4	2631.4
574250.6	470674.0	470674.0	2121.8	2121.8	17748.9		26682.6
81331.0	83673.5	83673.5	392.6	392.6	2413.1	2413.1	4082.3

10-10 大中型工业企业

指 标	管理费用		财务费用		
		税金		利息收入	利息支出
总 计	**1540316.3**	**64238.0**	**674261.1**	**106318.5**	**755603.5**
煤炭开采和洗选业	451059.1	17547.5	175934.9	8647.3	176773.2
黑色金属矿采选业	1055.3		409.7		409.7
农副食品加工业	3963.4	168.7	365.6	366.9	656.1
食品制造业	7810.4	352.8	3555.4	69.0	3554.9
酒、饮料和精制茶制造业	5329.5	524.5	-70.3	103.7	12.1
烟草制品业	25995.0	925.3	-4628.1	4634.6	
纺织服装、服饰业	949.5	10.2	-0.5	0.8	
印刷和记录媒介复制业	3300.4	172.6	1878.0	44.6	1848.4
石油加工、炼焦和核燃料加工业	38360.0	2740.3	84936.6	2325.8	82858.7
化学原料和化学制品制造业	53201.7	2237.2	18867.0	1169.8	19465.6
医药制造业	1505.1	25.7	1000.2	271.8	1229.5
橡胶和塑料制品业	5653.7	702.1	14860.1	772.5	15191.3
非金属矿物制品业	12799.3	456.3	1745.1	87.8	1592.2
黑色金属冶炼和压延加工业	499768.9	24588.6	219252.1	58968.0	265822.0
有色金属冶炼和压延加工业	8451.8	401.6	5842.8	42.7	1546.1
金属制品业	21083.5	279.4	883.7	251.4	1513.1
通用设备制造业	23514.8	459.2	4300.9	317.0	3994.3
专用设备制造业	106539.3	703.2	58392.0	2442.8	62692.7
汽车制造业	26311.9	764.9	2388.0	85.7	2460.6
铁路、船舶、航空航天和其他运输设备制造业	41231.2	388.7	10411.1	354.3	9626.0
电气机械和器材制造业	2794.2	163.1	208.0	70.7	263.9
计算机、通信和其他电子设备制造业	139573.4	6052.0	-14170.2	22701.4	14965.6
仪器仪表制造业	10694.8	270.0	781.0	37.1	743.0
金属制品、机械和设备修理业	1364.0		-20.7	-29.0	0.2
电力、热力生产和供应业	20607.1	2945.2	63882.6	198.7	63522.2
燃气生产和供应业	13161.6	708.6	22109.8	1860.1	23195.5
水的生产和供应业	14237.4	650.3	1146.3	523.0	1666.6

主要经济指标(四)

单位：万元

营业利润	资产减值损失	公允价值变动收益	投资收益	营业外收入	补贴收入	营业外支出	利润总额
10546.8	**294983.4**	**-804807.5**	**127141.9**	**224302.5**	**72392.7**	**65102.6**	**169571.5**
-238177.3	23501.1	22.1	4683.9	71680.4	4339.9	15072.5	-181569.4
377.4							377.4
1550.7				461.6		73.3	1939.0
6193.0	2.4			548.6		63.5	6678.1
3524.7				288.2	2.0	406.0	3406.9
75758.2			175.3	64.2	64.2	659.9	74987.1
-485.3				516.1	153.8	4.2	26.6
-2012.6			1.4	1400.7	1400.0	7.9	-619.8
-80223.5	805.5			790.5	150.5	773.2	-80206.2
-28693.9	10490.3	-6593.6	-497.2	21675.0	11061.8	16181.8	-23200.6
15.9						5.6	10.3
15458.1	200.8			1026.6	74.6	250.7	16234.0
-1722.1	765.8		-11.8	1461.4		935.9	-1196.6
65608.2	191643.0		104540.0	32002.6	7624.1	22091.5	75519.3
-13152.4				420.7	335.1	17.0	-12748.6
5051.6	-1.4	-3626.2	13.9	2119.3	1975.3	226.3	6944.6
-253.7	544.4		-148.7	2628.5	2372.6	214.1	2160.7
15641.1	17712.2		97.9	15013.4	1565.4	1524.8	29129.7
-24634.3	127.5		1119.0	19260.6	19008.0	80.4	-5454.1
33840.7	1624.6		155.7	479.5	99.4	453.6	33866.6
62.3			41.2	0.1		15.3	47.1
165536.1	1499.4	-794609.8	11112.5	24732.6	2023.7	510.1	189758.6
29877.7	32.6		-31.2	1023.5		536.6	30364.6
750.3	127.2			6.6		10.1	746.8
-61479.9	44676.6		16.9	24732.6	18892.3	4694.0	-41441.3
59119.3	1231.4		3101.0	370.2		123.4	59366.1
-16983.5			2772.1	1599.0	1250.0	170.9	-15555.4

10-10 大中型工业企业

指 标	应交所得税	亏损企业亏损总额	利税总额	应交税金及附加	本年应付职工薪酬
总 计	**77170.8**	**431787.7**	**1004914.6**	**976751.9**	**2309821.4**
煤炭开采和洗选业	986.1	183861.7	67866.8	267969.8	878891.2
黑色金属矿采选业			3792.5	3415.1	1140.0
农副食品加工业	318.0		3733.5	2281.2	5053.0
食品制造业	1651.6		10184.2	5510.5	6020.9
酒、饮料和精制茶制造业	3.2	1795.9	12795.7	9916.5	12964.5
烟草制品业	19730.9		322188.0	267857.1	37162.5
纺织服装、服饰业			343.8	327.4	1051.9
印刷和记录媒介复制业	125.7	1107.4	138.7	1056.8	6286.1
石油加工、炼焦和核燃料加工业	-2860.7	81110.1	-53219.9	26865.9	51113.3
化学原料和化学制品制造业	3593.9	36913.2	-6384.0	22647.7	63412.7
医药制造业	2.5		654.4	672.3	2123.4
橡胶和塑料制品业			17179.8	1647.9	11581.0
非金属矿物制品业	397.0	5787.4	4505.7	6555.6	10200.9
黑色金属冶炼和压延加工业	6685.4	24154.7	161181.0	116935.7	464625.2
有色金属冶炼和压延加工业		13114.0	-12366.1	784.1	4001.0
金属制品业	1147.9	96.6	11510.6	5993.3	31753.3
通用设备制造业	140.1	619.8	11315.8	9754.4	31145.4
专用设备制造业	3428.9	484.8	58627.0	33629.4	94653.7
汽车制造业	88.8	6195.4	-4625.9	1681.9	10297.1
铁路、船舶、航空航天和其他运输设备制造业	4764.7	7075.7	46681.0	17967.8	49767.4
电气机械和器材制造业	12.9		56.7	185.6	2294.4
计算机、通信和其他电子设备制造业	21047.6	887.1	277177.6	114518.6	411652.0
仪器仪表制造业	1844.7	500.8	33962.8	5712.9	6099.0
金属制品、机械和设备修理业	108.7		6262.0	5623.9	15558.5
电力、热力生产和供应业		52527.7	-26833.7	17552.8	61990.3
燃气生产和供应业	13952.9		70786.1	26081.5	23068.7
水的生产和供应业		15555.4	-12599.5	3606.2	15914.0

主要经济指标(五)

单位：万元

本年应交增值税	总资产贡献率（%）	资产负债率（%）	流动资产周转率（次/年）	成本费用利润率（%）	产品销售率（%）	从业人员平均人数（人）
531461.8	**4.1**	**74.1**	**1.8**	**0.6**	**97.8**	**285741**
197924.4	3.2	82.1	1.8	-3.4	98.1	98427
1400.0	22.6	118.3	1.4	2.6	100.0	280
1561.0	4.0	51.9	1.5	3.9	111.0	1162
3222.7	7.8	64.5	1.4	8.3	95.0	1902
5025.6	18.5	52.3	4.1	3.5	100.7	1774
54353.2	107.0	6.0	2.3	44.3	97.0	971
270.5	4.1	36.4	0.7	0.7	98.5	354
532.8	2.5	60.6	1.0	-1.8	95.8	1851
24297.9	0.8	83.9	0.6	-6.9	95.1	10364
10516.2	0.8	75.8	1.2	-2.9	99.8	9908
567.5	3.9	98.0	0.8	0.0	97.1	530
318.7	7.9	68.2	2.0	4.9	82.4	2631
4968.2	2.2	44.0	1.6	-0.9	99.4	2914
70701.3	2.9	66.2	4.7	0.6	99.1	33665
320.8	-4.9	94.4	3.4	3.9	96.6	1499
3940.8	7.2	55.9	1.4	4.7	96.7	6426
7971.3	3.6	76.7	0.7	1.0	97.8	6340
25783.5	2.9	74.8	0.5	1.9	93.8	16451
549.2	-1.4	91.4	0.6	-9.4	93.8	1669
11141.7	5.8	71.4	1.1	5.7	100.7	5425
	0.3	59.0	0.2	0.3	90.7	936
75110.3	6.7	72.6	1.6	4.9	97.7	62422
3025.0	19.0	57.0	1.4	24.5	99.4	1324
4713.6	26.6	32.1	2.0	1.9	100.0	1893
11384.1	2.3	104.0	1.1	-7.8	100.0	8401
9298.2	6.3	82.1	2.0	11.2	100.0	3321
2563.3	-2.8	36.6	1.0	-15.1	100.0	2901

10-11　民用汽车拥有量

单位：辆

指　　标	2014	2013	比2013年增长（%）
总　计	**1033702**	**912372**	**13.3**
一、汽车	1015786	895044	13.5
#载客汽车	913027	794820	14.9
载货汽车	96481	93878	2.8
其他汽车	6278	6346	-1.1
#个人汽车	878199	756516	16.1
二、电车	111	193	-42.5
三、摩托车	249	356	-30.1
四、拖拉机	9856	9256	6.5
五、挂车	7558	7295	3.6
六、其他类型	142	228	-37.7

10-12　公路运输线路长度

单位：公里

指　　标	2014	2013
公路线路里程	**7347.85**	**7316.47**
#等级公路	6933.65	7188.93
#晴雨通车里程	7274.19	7242.81
#高速公路	287.43	288.31
小 店 区	956.03	952.44
迎 泽 区	163.74	156.62
杏花岭区	274.42	274.42
尖草坪区	639.78	645.77
万柏林区	510.74	506.23
晋 源 区	550.69	550.95
清 徐 县	1321.49	1315.34
阳 曲 县	1210.31	1197.16
娄 烦 县	726.93	727.99
古 交 市	993.73	989.55
每百平方公里平均里程	**105.15**	**104.70**

10-13　旅客运输量及周转量

指　　标	2014	比2013年增长（%）
旅客发送量总计（万人）		
铁　路	2619.52	3.8
公　路	1026.98	
民　航	793.19	1.6
旅客周转量总计（百万人公里）		
铁　路	6366.47	0.3
公　路	2984.30	

10-14　货物运输量及周转量

指　　标	2014	比 2013 年增长（%）
货物运输量总计（万吨）		
铁　路	4329.55	2.1
公　路	14205.83	
民　航	4.49	1.1
货物周转量总计（百万吨公里）		
铁　路	29084.16	-0.5
公　路	16744.11	

10-15　公路通车里程

指　　标	单　位	2014	比 2013 年增长（%、百分点）
公路通车里程	**公里**	**7347.85**	**0.4**
按隶属关系分			
国道	公里	384.51	-0.2
省道	公里	467.02	
县公路	公里	1012.52	-1.0
乡公路	公里	1709.36	-3.6
村道	公里	3672.03	0.9
专用公路	公里	102.42	229.7
按等级分			
等级里程	公里	6933.65	-3.6
高速	公里	287.43	-0.3
一级	公里	206.37	-3.4
二级	公里	947.44	2.9
三级	公里	1242.60	0.8
四级	公里	4537.24	0.1
等外里程	公里	126.77	-0.7
等级公路占总里程比重	%	94.4	-4.9
按铺装质量分			
有铺装路面里程	公里	5690.77	0.9
占总里程比重	%	77.4	0.3
简易铺装路面里程	公里	760.52	-0.2
占总里程比重	%	10.4	
未铺装路面里程	公里	896.56	-1.9
占总里程比重	%	12.2	-0.3
百平方公里公路网密度	**公里**	**105.15**	**0.4**

10-16　公路绿化里程

指　　标	单　位	2014	比 2013 年增长（%、百分点）
公路绿化里程	**公里**	**2253.28**	**0.8**
国道	公里	293.77	-1.5
省道	公里	337.45	-5.6
县公路	公里	676.17	2.2
乡公路	公里	615.35	-6.9
村道	公里	244.18	6.9
专用公路	公里	86.36	196.2
公路绿化率	**%**	**30.7**	**0.1**
国道	%	76.4	-1.0
省道	%	72.3	-4.2
县公路	%	66.8	2.1
乡公路	%	36.0	-1.3
村道	%	6.6	0.3
专用公路	%	84.3	-9.6

10-17　乡镇、村通公路、通油路情况

指　　标	单　　位	数　量
乡镇总数	个	52
通油路乡镇数	个	52
乡镇通油路率	%	100.0
行政村总数	个	951
通公路行政村数	个	951
行政村通公路率	%	100.0
通油路行政村数	个	949
行政村通油路率	%	99.8

10-18 铁路线路长度

线路名称	起始地点	营业里程（公里）	延展里程（公里）
太原铁路局		**2756.41**	**7595.61**
京包线	郭磊庄	155.50	435.63
太焦线	修文	190.80	248.44
南同蒲线	榆次	478.48	1275.15
侯西线	侯马	76.60	215.91
侯月线	侯马北	150.29	431.48
北同蒲线	大同	335.48	1136.58
京原线	灵丘	174.74	256.53
石太线	赛鱼	123.68	536.89
口泉线	平旺	9.73	100.93
宁岢线	宁武	95.37	165.96
忻河线	忻州	39.94	57.99
兰村线	汾河	12.66	17.06
太岚线	太北一场	12.62	21.67
西山线	太北四场	23.60	92.50
介西线	介休	46.91	116.71
二峰山线	翼城东	4.23	7.49
礼垣线	礼元	44.28	52.53
大秦线	韩家岭	652.00	1821.61
太兴线	西张	45.05	86.73
榆次联络线	榆北	1.80	0.85
侯西联络线	侯马北	4.03	7.39

10-19　邮电局(所)邮电线路及通信工具拥有量

指　标	单　位	2014	2013	比 2013 年增长%
邮电局所总数(包括代办点)	个	1459	1297	12.5
设在农村	个	726	658	10.3
邮路总条数	条	93	115	-19.1
邮路总长度	公里	60490	71045	-14.9
汽车邮路	公里	15524	18813	-17.5
铁路邮路	公里	4653	8179	-43.1
航空邮路	公里	40260	44000	-8.5
已通电话的行政村	个	933	933	
局用电话交换机容量	门	959437	1129529	-15.1
接入网交换机容量	门	132576	146078	-9.2
软交换接入设备容量	门	696154	547329	27.2

10-20　邮电业务量

指　标	单　位	2014	2013	比 2013 年增长%
邮电业务总量	**万元**	**905857**	**796122**	**13.8**
函件	万件	14089.16	14651.87	-3.8
包裹	万件	167.88	225.78	-25.6
特快专递	万件	2174.55	1239.2	75.5
汇票	万笔	77.98	116.97	-33.3
订销报纸	万份	8929.38	9189.84	-2.8
订销杂志	万份	587.49	655.89	-10.4
长途电话通话时长	万分钟	181830	210542	-13.6
固定电话用户	户	1201876	1233262	-2.5
# 住宅电话	户	553110	592419	-6.6
无线市话	户	8412	28587	-70.6
公用电话	部	166574	182699	-8.8
#IC 电话	部	13215	13257	-0.3
移动电话用户	户	7426620	7262221	2.3

第11篇

国内外贸易和旅游

Domestic trade, foreign trade and tourism

资料整理、审核

师　超　　李红令　　郑慧华　　马　娜　　陶姝钰

11-1 社会消费品零售总额

单位：万元

指　标	2014	2013	比 2013 年增长%
社会消费品零售总额	**14501658**	**12814594**	**13.2**
一、按销售地区分			
城镇	13477069	12555289	7.3
#城区	11543317	11836263	-2.5
乡村	1024590	259305	295.1
二、按行业分			
批发和零售业	13755518	12034094	14.3
住宿和餐饮业	746141	780500	-4.4

11-2 限额以上连锁零售餐饮业经营情况

指　标	单位	总计		
			直营店	加盟店
门店总数	个	2524	1154	1370
营业面积	平方米	1377582	1300677	76905
从业人员	人	34145	28149	5996
销售额	万元	2523292	2349013	174277
#零售额	万元	2341699	2167421	174278
比 2013 年增长速度				
门店总数	%	28.4	46.1	16.5
营业面积	%	34.6	40.2	-19.9
从业人员	%	1.6	6.0	-15.3
销售额	%	2.4	1.8	11.1
#零售额	%	-3.4	-4.4	11.4

11-3 限额以上批发和零售业法人商品购进、销售、库存总额

单位：万元

指标	法人企业数（个）	从业人员期末人数（人）	商品购进额	#进口	商品销售额	批发额	#出口	零售额	期末商品库存额
总计	**643**	**70515**	**42853828**	**816551.7**	**45810931.3**	**38416298.1**	**474001.7**	**7394633.2**	**2049617.9**
一、批发业	**283**	**25897**	**37006896.1**	**555260.8**	**38194032.3**	**37870663.1**	**471698.1**	**323369.2**	**1230527.5**
1.按批发行业小类分									
农、林、牧产品批发	4	278	9228.4		10559.7	10491.3		68.4	4661
谷物、豆及薯类批发	4	278	9228.4		10559.7	10491.3		68.4	4661
食品、饮料及烟草制品批发	26	3951	911708.4		1119638.5	1100178.4		19460.1	74793.3
米、面制品及食用油批发	3	144	67545.4		70452.7	63861.3		6591.4	5276.9
糕点、糖果及糖批发	1	5	3693.7		5421	5421			318.9
果品、蔬菜批发	1	390	186462.2		186254.4	186200		54.4	11411.8
肉、禽、蛋、奶及水产品批发	3	753	32133.7		35667.6	26907.4		8760.2	1351.9
盐及调味品批发	4	794	61342.3		83481.5	82949.5		532	2852.4
营养和保健品批发	1	25	7215.7		7672.4	7672.4			231.2
酒、饮料及茶叶批发	9	602	51582.6		66469.9	62947.8		3522.1	19326.6
烟草制品批发	1	781	461281.1		620711.6	620711.6			31381.3
其他食品批发	3	457	40451.7		43507.4	43507.4			2642.3
纺织、服装及家庭用品批发	20	2755	374000.8	44775.2	402119.5	373864.8	45750.3	28254.7	68665.1
服装批发	7	1621	82960		110023	108980.9		1042.1	26075.4
鞋帽批发	2	108	26524.9		28479.5	27991.6		487.9	2786.7
厨房、卫生间用具及日用杂货批发	1	17	705.3		975.2	975.2	975.2		7.9
家用电器批发	8	879	226766.3	44775.2	224770.9	207030.2	44775.1	17740.7	39120.9
其他家庭用品批发	2	130	37044.3		37870.9	28886.9		8984	674.2
文化、体育用品及器材批发	6	688	486479.1		492855.4	491111.8	21216	1743.6	51066.9
文具用品批发	1	82	166802.7		168425.9	168425.9			12220.7
体育用品及器材批发	1	45	20155.2		21216	21216	21216		0.1
图书批发	2	516	231095.8		233276.9	231876.9		1400	36237.6
首饰、工艺品及收藏品批发	2	45	68425.4		69936.6	69593		343.6	2608.5
医药及医疗器材批发	39	4009	1344922.9	35280.6	1378398.2	1371359.2		7039	108875.9
西药批发	16	2640	855990.3	0.1	871803.1	870410.4		1392.7	77476.7
中药批发	13	778	246515	34847	263227.7	257631.4		5596.3	19563.6
医疗用品及器材批发	10	591	242417.6	433.5	243367.4	243317.4		50	11835.6
矿产品、建材及化工产品批发	137	12247	29178993.3	223820	30002178	29768197.2	371058.7	233980.8	820568.6
煤炭及制品批发	49	9258	16179386.6	92185.7	16587954	16362643	321892.2	225311	469039.7
石油及制品批发	11	722	485482.8		584125.6	576534.9		7590.7	114868.2
非金属矿及制品批发	2	38	16663	99.6	16458.3	16458.3	15992.9		5728.4
金属及金属矿批发	51	1326	11340592.2	131491.7	11617973.7	11616997.7	30302.1	976	165488.8
建材批发	15	346	674048		693113.2	693022.7		90.5	23912.9

11-3 续表 1

单位：万元

指标	法人企业数（个）	从业人员期末人数（人）	商品购进额	#进口	商品销售额	批发额	#出口	零售额	期末商品库存额
化肥批发	3	218	385387.8		404326.1	404313.5		12.6	36454.1
其他化工产品批发	6	339	97432.9	43	98227.1	98227.1	2871.5		5076.5
机械设备、五金产品及电子产品批发	38	1422	4299412.9	740.8	4363879.9	4331057.3	4842.8	32822.6	35358.1
农业机械批发	2	115	13119.8		14205.6	14205.6			2248
汽车批发	4	56	17148.6		18289.3	18101.3		188	1580.2
汽车零配件批发	1	53	7842.4		8394.1			8394.1	542.9
摩托车及零配件批发									
五金产品批发	3	87	13816		15911.3	15809.9		101.4	1297.1
电气设备批发	3	73	11643.1		13256.1	12639.2		616.9	765.9
计算机、软件及辅助设备批发	4	55	19493.4		21032.2	19101		1931.2	971.1
其他机械设备及电子产品批发	21	983	4216349.6	740.8	4272791.3	4251200.3	4842.8	21591	27952.9
贸易经纪与代理	1	114	278153.6	250644.2	284569.9	284569.9	28830.3		23245.4
贸易代理	1	114	278153.6	250644.2	284569.9	284569.9	28830.3		23245.4
其他批发业	12	433	123996.7		139833.2	139833.2			43293.2
再生物资回收与批发	3	121	21119.2		22136.8	22136.8			558.5
其他未列明批发业	9	312	102877.5		117696.4	117696.4			42734.7
2.按登记注册类型分									
内资企业	278	24314	31219659.8	471200.6	32387683.6	32066490.3	416324.4	321193.3	1205231.6
国有企业	15	2195	1942337.3		2134192.5	2013731.5		120461	96551.8
集体企业	4	261	89194.4		101147.5	29115.3		72032.2	603.2
有限责任公司	77	13983	22687123.5	121364.5	23088682.2	22999574.5	317276.2	89107.7	572909.7
国有独资公司	21	6939	10312268.6	86517.5	10675254.2	10634261.4		40992.8	113203.9
其他有限责任公司	56	7044	12374854.9	34847	12413428	12365313.1	317276.2	48114.9	459705.8
股份有限公司	5	573	3125622.1		3530106.1	3530106.1			191019.4
私营企业	177	7302	3375382.5	349836.1	3533555.3	3493962.9	99048.2	39592.4	344147.5
私营有限责任公司	173	6745	3284916.7	340435.6	3430402.3	3394364.1	94432.2	36038.2	328784.5
私营股份有限公司	4	557	90465.8	9400.5	103153	99598.8	4616	3554.2	15363
港、澳、台商投资企业	4	1280	5776005.4	84060.2	5794078.6	5791902.7	55373.7	2175.9	25012.3
与港澳台商合资经营企业	2	285	5750370.8	84060.2	5753432.7	5753432.6	55373.7	0.1	14467.8
港澳台商独资企业	2	995	25634.6		40645.9	38470.1		2175.8	10544.5
外商投资企业	1	303	11230.9		12270.1	12270.1			283.6
中外合资经营企业	1	303	11230.9		12270.1	12270.1			283.6
3.按控股情况分									
国有控股	74	13420	32280343.2	160649.5	33269817.6	33106971.1	327874.8	162846.5	787559.6
集体控股	6	338	234213.5		238132.1	166099.9		72032.2	12012
私人控股	182	8104	3793809.8	349836.1	3945675.6	3896222.8	99048.2	49452.8	374788.5
港澳台商控股	2	995	25634.6		40645.9	38470.1		2175.8	10544.5
其他	19	3040	672895	44775.2	699761.1	662899.2	44775.1	36861.9	45622.9

11-3 续表 2

单位：万元

指标	法人企业数(个)	从业人员期末人数(人)	商品购进额	#进口	商品销售额	批发额	#出口	零售额	期末商品库存额
4.按经营形式分									
独立门店	170	15597	16960475.9	136420.4	17650038.6	17380421.3	45120.1	269617.3	534060.9
其他	113	10300	20046420.2	418840.4	20543993.7	20490241.8	426578	53751.9	696466.6
5.按单位规模分									
大型	14	10503	10387450.1	44775.2	10876031.3	10825024	44775.1	51007.3	216943.2
中型	135	12887	13486799	382583.6	14079594.9	13816277.3	376781.3	263317.6	888473.1
小型	105	2112	3010038.5	88617	3093150.5	3084335.5	38567.9	8815	82453.2
微型	29	395	10122608.5	39285	10145255.6	10145026.3	11573.8	229.3	42658
二、零售业	**360**	**44618**	**5846931.9**	**261290.9**	**7616899**	**545635**	**2303.6**	**7071264**	**819090.4**
1.按零售行业小类分									
综合零售	27	14607	910191.3	798.2	1485020.4	47914.7		1437105.7	74749.8
百货零售	15	2683	429734.4	798.2	515169.7			515169.7	9178.2
超级市场零售	9	10986	283608.8		767938.4			767938.4	59652
其他综合零售	3	938	196848.1		201912.3	47914.7		153997.6	5919.6
食品、饮料及烟草制品专门零售	40	2866	202093	3039.7	241766.3	52879.9	2303.4	188886.4	19911.5
粮油零售	8	470	37870.9		41449.3	1563		39886.3	1191.5
糕点、面包零售	1	681	11893.5		25178.8			25178.8	312.3
果品、蔬菜零售	6	321	69785.9		70244	9657.9		60586.1	748.7
肉、禽、蛋、奶及水产品零售	2	618	11724.4		14192			14192	239.5
酒、饮料及茶叶零售	17	481	48272.4	50.7	58867.9	33071.4	2303.4	25796.5	13046
烟草制品零售	2	99	8214.3		10842.8	2217.8		8625	1312.3
其他食品零售	4	196	14331.6	2989	20991.5	6369.8		14621.7	3061.2
纺织、服装及日用品专门零售	40	4255	260554.8		470313.7	41151.2		429162.5	81066.2
纺织品及针织品零售	1	50			14714.6	2031.5		12683.1	38
服装零售	33	3455	241127.6		431510.5	33265.1		398245.4	77732.4
鞋帽零售	1	380			58.6			58.6	48
化妆品及卫生用品零售	2	139	9001.4		11224.9	5854.6		5370.3	476.8
钟表、眼镜零售	3	231	10425.8		12805.1			12805.1	2771
文化、体育用品及器材专门零售	21	1447	142695.7	0.1	150115	45536.9	0.1	104578.1	40802.9
文具用品零售	1	19	1848.9		1940.6	1200		740.6	461.2
体育用品及器材零售	1	15	3080	0.1	2990	2520	0.1	470	1000
图书、报刊零售	7	568	31402.3		31247.5	3688.1		27559.4	6484.5
珠宝首饰零售	6	748	98997.5		100846.4	35394.5		65451.9	27525.5
工艺美术品及收藏品零售	2	21	1212.1		6667.4	1990.8		4676.6	3321
乐器零售	1	37	2430.2		2640.8			2640.8	1302.8
照相器材零售	2	32	2850.8		2912			2912	469.4
其他文化用品零售	1	7	873.9		870.3	743.5		126.8	238.5

11-3 续表 3

单位：万元

指　　标	法人企业数（个）	从业人员期末人数（人）	商品购进额	#进口	商品销售额	批发额	#出口	零售额	期末商品库存额
医药及医疗器材专门零售	18	6063	658080.3	5.4	701194.2	83374		617820.2	113448.9
药品零售	17	6042	657161.2	5.4	700360.3	82540.1		617820.2	112785.7
医疗用品及器材零售	1	21	919.1		833.9	833.9			663.2
汽车、摩托车、燃料及零配件专门零售	165	12478	3268826.3	257307.7	4116783.4	215396.1	0.1	3901387.3	468633.7
汽车零售	125	9314	2831991.8	252290.4	3019912.7	54812		2965100.7	437706
汽车零配件零售	3	13	6417.8		6856.2			6856.2	276.6
机动车燃料零售	37	3151	430416.7	5017.3	1090014.5	160584.1	0.1	929430.4	30651.1
家用电器及电子产品专门零售	33	2286	336213.9	139.7	373166.2	51183.8		321982.4	16541.9
家用视听设备零售	1	23	1485.5		1561.2			1561.2	246.4
日用家电设备零售	10	1559	215326.2	82.3	227711.6	7285.4		220426.2	12077.3
计算机、软件及辅助设备零售	12	279	65487.2	57.4	81577.3	40790.9		40786.4	2587.8
通信设备零售	7	388	41388.5		49837.9	3107.5		46730.4	833.3
其他电子产品零售	3	37	12526.5		12478.2			12478.2	797.1
五金、家具及室内装饰材料专门零售	12	286	19812.2	0.1	24304.3	6346.6		17957.7	2911.5
五金零售	4	65	5069.4	0.1	5708.6	3246.6		2462	694.9
家具零售	3	95	5928.1		7771.9	3100		4671.9	881.3
陶瓷、石材装饰材料零售	2	58	5383.4		6638.9			6638.9	484.3
其他室内装饰材料零售	3	68	3431.3		4184.9			4184.9	851
货摊、无店铺及其他零售业	4	330	48464.4		54235.5	1851.8		52383.7	1024
互联网零售	2	270	47337.3		51460.9			51460.9	291.1
其他未列明零售业	2	60	1127.1		2774.6	1851.8		922.8	732.9
2.按登记注册类型分									
内资企业	349	42386	5590179.8	204614.8	7327893.9	532823.6	2303.6	6795070.3	771734.8
国有企业	14	1072	69660.6		73805.7	363.9		73441.8	6306.5
集体企业	11	621	59309.6	205	70066.3	2315.6		67750.7	9921
股份合作企业	1	35	8741.9		9948			9948	62.8
联营企业	1	20	1375		1370			1370	20
国有联营企业	1	20	1375		1370			1370	20
有限责任公司	41	7175	1161424.6	71260.4	1363833.3	131156.3	0.1	1232677	163826.6
国有独资公司	2	82	14791.4	3445.8	15542.6			15542.6	567.9
其他有限责任公司	39	7093	1146633.2	67814.6	1348290.7	131156.3	0.1	1217134.4	163258.7
股份有限公司	4	1923	275749.6		903284.2	85907.6		817376.6	33686.2
私营企业	274	31467	4012808.5	133149.4	4904476.4	313054.2	2303.5	4591422.2	557874.7
私营独资企业	7	169	9737.9		9966.7	5223		4743.7	414.6
私营有限责任公司	262	21497	3701978.4	133149.4	4117561	248429.1	2303.5	3869131.9	509013.2
私营股份有限公司	5	9801	301092.2		776948.7	59402.1		717546.6	48446.9
其他企业	3	73	1110		1110	26		1084	37

11-3　续表 4

指　　标	法人企业数(个)	从业人员期末人数(人)	商品购进额	#进口	商品销售额	批发额	#出口	零售额	期末商品库存额
港、澳、台商投资企业	8	963	159975.4	56676.1	183381.4	12811.4		170570	42034.5
与港澳台商合资经营企业	3	465	82011.3		87207.8	10663.6		76544.2	34554
港澳台商独资企业	4	362	65917.4	56676.1	84133.6	2147.8		81985.8	7459.4
港澳台商投资股份有限公司	1	136	12046.7		12040			12040	21.1
外商投资企业	3	1269	96776.7		105623.7			105623.7	5321.1
中外合资经营企业	1	555	16845.7		20408.5			20408.5	1741
外资企业	2	714	79931		85215.2			85215.2	3580.1
3.按控股情况分									
国有控股	34	7754	1124350.4	5610.5	1832691.9	198306.7	0.1	1634385.2	144684.3
集体控股	19	1977	105660.1	577	221152.7	3889.2		217263.5	36000.5
私人控股	278	31596	4022447.1	133149.4	4913822.2	313054.2	2303.5	4600768	560509.6
港澳台商控股	7	878	150231.5	56676.1	176767.9	12811.4		163956.5	31200.6
外商控股	3	1269	96776.7		105623.7			105623.7	5321.1
其他	19	1144	347466.1	65277.9	366840.6	17573.5		349267.1	41374.3
4.按经营形式分									
独立门店	315	26083	4588925.2	261290.9	5157120.9	393169.9	2303.6	4763951	704765.6
连锁总店	20	8283	857360.7		1567484.4	88055.4		1479429	55271.2
连锁门店	6	9508	202929.6		682341.7	4318.4		678023.3	41773.3
其他	19	744	197716.4		209952	60091.3		149860.7	17280.3
5.按单位规模分									
大型	21	21858	2639544.4	798.2	3938123.7	251608.2		3686515.5	271808.2
中型	127	18362	2504992	235132.6	2839376.3	136900.7	0.1	2702475.6	432636.4
小型	166	4122	612966.9	25337.5	744017.3	141867.6	2153.5	602149.7	106083.3
微型	46	276	89428.6	22.6	95381.7	15258.5	150	80123.2	8562.5
6.按零售业态分									
有店铺零售	355	43961	5792470.2	261290.9	7556208.6	540954.5	2303.6	7015254.1	818236.7
便利店	3	938	196848.1		201912.3	47914.7		153997.6	5919.6
超市	11	387	28473.6	2989	32146.6	4087.8		28058.8	1348.3
大型超市	9	11279	290072.6		777811.8	5854.6		771957.2	61842.4
百货店	22	3047	455906.1	798.2	541286.8	1200		540086.8	10591.1
专业店	150	16292	2533586.1	22313.7	3324552.6	327346.2	2303.5	2997206.4	325999.1
专卖店	136	10340	2122595.6	235190	2362691.4	141952.6	0.1	2220738.8	387016.9
家居建材商店	3	68	5858		7100.6			7100.6	1205.5
购物中心	8	1231	86120		228224.5			228224.5	18774.3
厂家直销中心	13	379	73010.1		80482	12598.6		67883.4	5539.5
无店铺零售	5	657	54461.7		60690.4	4680.5		56009.9	853.7
网上商店	2	270	47337.3		51460.9			51460.9	291.1

11-4 限额以上住宿业和餐饮业经营情况

单位：万元

指　标	法人企业数(个)	从业人员期末人数(人)	营业额	客房收入	餐费收入	商品销售收入	其他收入	客房数(间)	床位数(个)
总　计	**209**	**32017**	**389540.8**	**108366.3**	**263515.3**	**3105.1**	**14554.1**	**17218**	**28924**
一、住宿业	**88**	**11309**	**137565.4**	**75576**	**49699.4**	**891.8**	**11398.2**	**11930**	**19887**
1.按住宿业行业小类分									
旅游饭店	48	8735	109921.7	54895.8	43760.8	698.6	10566.5	7742	12416
一般旅馆	38	2422	26552.6	20124.7	5938.6	72.6	416.7	4088	7261
其他住宿业	2	152	1091.1	555.5		120.6	415	100	210
2.按登记注册类型分									
内资企业	87	11004	134139.4	73841.1	48148.8	891.8	11257.7	11729	19567
国有企业	24	5068	57803.8	28075.9	26085.5	38.9	3603.5	3827	6495
集体企业	3	199	916.4	787.7	128.7			252	504
有限责任公司	11	1444	22191.7	12025.7	6372.5	285.1	3508.4	1654	2805
国有独资公司	1	71	1762.6	1052.5	582		128.1	202	345
其他有限责任公司	10	1373	20429.1	10973.2	5790.5	285.1	3380.3	1452	2460
股份有限公司	1	26	361.3	240.7		120.6		30	60
私营企业	48	4267	52866.2	32711.1	15562.1	447.2	4145.8	5966	9703
私营独资企业	1	28	237.1	236	1.1			102	204
私营有限责任公司	45	4024	47598.9	30686.5	12554	212.9	4145.5	5614	9016
私营股份有限公司	2	215	5030.2	1788.6	3007	234.3	0.3	250	483
港、澳、台商投资企业	1	305	3426	1734.9	1550.6		140.5	201	320
与港澳台商合资经营企业	1	305	3426	1734.9	1550.6		140.5	201	320
3.按控股情况分									
国有控股	31	6021	74505.5	36809	30802.3	40.1	6854.1	5054	8419
集体控股	3	199	916.4	787.7	128.7			252	504
私人控股	50	4440	53894.9	33589.8	15712.1	447.2	4145.8	6107	10073

11-4　续表 1

单位：万元

指　标	法人企业数(个)	从业人员期末人数(人)	营业额					客房数(间)	床位数(个)
				客房收入	餐费收入	商品销售收入	其他收入		
港澳台商控股	1	305	3426	1734.9	1550.6		140.5	201	320
其他	3	344	4822.6	2654.6	1505.7	404.5	257.8	316	571
4.按经营形式分									
独立门店	87	11209	136765.4	74926	49549.4	891.8	11398.2	11814	19567
连锁门店	1	100	800	650	150			116	320
5.按单位规模分									
大型	2	1368	21926.9	10900.7	10253.5		772.7	676	978
中型	19	5421	64710.7	29564.5	28282.2	400.6	6463.4	4163	6714
小型	62	4229	50665.8	34893.5	11124.1	486.4	4161.8	6929	11871
微型	5	291	262	217.3	39.6	4.8	0.3	162	324
6.按星级分									
五星	4	2270	29972.1	15111.8	13600.1		1260.2	1225	1898
四星	11	1911	25076.4	11631.1	10353.7	288.2	2803.4	1820	3008
三星	22	3158	41010.4	20520.9	15840.6	329.8	4319.1	3252	5448
二星	4	204	1679.9	1386	293.9			508	984
其他	47	3766	39826.6	26926.2	9611.1	273.8	3015.5	5125	8549
二、餐饮业	**121**	**20708**	**251975.4**	**32790.3**	**213815.9**	**2213.3**	**3155.9**	**5288**	**9037**
1.按餐饮业行业小类分									
正餐服务	117	14544	179229.9	32790.3	141070.4	2213.3	3155.9	5288	9037
快餐服务	4	6164	72745.5		72745.5				
2.按登记注册类型分									
内资企业	117	14810	188392.8	32779.4	150244.2	2213.3	3155.9	5198	8876
国有企业	6	544	5761	1311.1	3827.7	158.3	463.9	434	825
股份合作企业	1	45	258.8	144.9	113.9			24	50
有限责任公司	16	2760	40568.7	8954.4	29773.2	429.7	1411.4	1062	1734
国有独资公司	1	321	3593.5	1935.3	1593.4		64.8	294	562
其他有限责任公司	15	2439	36975.2	7019.1	28179.8	429.7	1346.6	768	1172

11-4　续表 2

单位：万元

指　　标	法人企业数（个）	从业人员期末人数（人）	营业额	客房收入	餐费收入	商品销售收入	其他收入	客房数（间）	床位数（个）
私营企业	93	11453	141747.9	22346.5	116495.5	1625.3	1280.6	3646	6205
私营独资企业	9	446	4207.8	197.2	4007.1	2.8	0.7	77	154
私营有限责任公司	83	10932	136748	21512.1	112335.8	1622.5	1277.6	3403	5755
私营股份有限公司	1	75	792.1	637.2	152.6		2.3	166	296
其他企业	1	8	56.4	22.5	33.9			32	62
港、澳、台商投资企业	2	112	703.9	10.9	693			90	161
港澳台商独资企业	2	112	703.9	10.9	693			90	161
外商投资企业	2	5786	62878.7		62878.7				
外资企业	2	5786	62878.7		62878.7				
3.按控股情况分									
国有控股	11	1605	16527.6	5632.9	9345.2	158.3	1391.2	1081	1943
私人控股	101	12759	165082.1	26503	134863.6	2055	1660.5	4019	6745
港澳台商控股	2	112	703.9	10.9	693			90	161
外商控股	2	5786	62878.7		62878.7				
其他	5	446	6783.1	643.5	6035.4		104.2	98	188
4.按经营形式分									
独立门店	114	11777	166533.7	32790.3	128374.2	2213.3	3155.9	5288	9037
连锁总店	3	8161	78584.5		78584.5				
连锁门店	2	680	6105.2		6105.2				
其他	2	90	752		752				
5.按单位规模分									
大型	2	7891	73099.9		73099.9				
中型	24	6868	115860.8	19820.9	92758.3	1598.8	1682.8	2246	3419
小型	81	5783	61669	12936	46645.4	614.5	1473.1	2920	5395
微型	14	166	1345.7	33.4	1312.3			122	223

11-5 限额以上批发和

指 标	法人企业数(个)	执行《2006年企业会计准则》企业数(个)	年初存货	流动资产合计	应收帐款
总 计	**643**	**580**	**1603001.2**	**13738145.3**	**3136331.0**
一、批发业	**283**	**248**	**1030411.3**	**10681815.8**	**2741986.1**
1.按批发行业小类分					
农、林、牧产品批发	4	4	7962.5	16395.4	1790.0
谷物、豆及薯类批发	4	4	7962.5	16395.4	1790.0
食品、饮料及烟草制品批发	26	22	81003.9	334033.2	60584.4
米、面制品及食用油批发	3	2	9914.7	13751.6	77.1
糕点、糖果及糖批发	1	1	602.2	-123.0	-723.2
果品、蔬菜批发	1	1	13146.2	64397.6	44415.5
肉、禽、蛋、奶及水产品批发	3	2	1236.2	3262.3	434.9
盐及调味品批发	4	3	6359.5	60291.1	4856.6
营养和保健品批发	1	1	26.0	1978.8	1381.2
酒、饮料及茶叶批发	9	9	22459.8	35299.0	4471.1
烟草制品批发	1	1	25120.7	142497.4	117.4
其他食品批发	3	2	2138.6	12678.4	5553.8
纺织、服装及家庭用品批发	20	17	71013.1	301716	68109.8
服装批发	7	6	30581.1	113184.6	42772.5
鞋帽批发	2	2	4051.8	26532.3	17475.7
厨房、卫生间用具及日用杂货批发	1	1	7.9	982.3	229.6
家用电器批发	8	6	35455.6	157046.5	5965.4
其他家庭用品批发	2	2	916.7	3970.3	1666.6
文化、体育用品及器材批发	6	5	34244.6	364833.4	82319.0
文具用品批发	1	1	11204.3	89308	42187.5
体育用品及器材批发	1	1	0.1	22128.2	13925.1
图书批发	2	2	19436.7	247982.6	24902.6
首饰、工艺品及收藏品批发	2	1	3603.5	5414.6	1303.8
医药及医疗器材批发	39	32	86939.3	745817.3	429646.1
西药批发	16	12	58490.2	444070.9	261070.9
中药批发	13	11	16853.2	155321.9	76982.4
医疗用品及器材批发	10	9	11595.9	146424.5	91592.8
矿产品、建材及化工产品批发	137	125	661952.7	8262059.7	1821557.0
煤炭及制品批发	49	46	352639.5	6168998.6	1348218.4
石油及制品批发	11	10	116231.5	328928.2	133334.1
非金属矿及制品批发	2	2	5381.4	14631.8	604.6
金属及金属矿批发	51	44	123327.9	1435580.6	272414.4
建材批发	15	14	32761.7	200898.4	63827.0
化肥批发	3	3	25659.4	82867.6	1423.8
其他化工产品批发	6	6	5951.3	30154.5	1734.7
机械设备、五金产品及电子产品批发	38	32	33316.4	446355.2	266067.6
农业机械批发	2	2	679.4	8646.5	2795.4
汽车批发	4	3	2120.8	6696.4	3097.7
汽车零配件批发	1		438.4	1559.4	963.7
五金产品批发	3	3	2300.6	13752.3	8438.4
电气设备批发	3	2	548.2	5645.2	2592.8
计算机、软件及辅助设备批发	4	4	1186.5	5309.2	2230.0

零售业法人企业财务状况(一)

单位：万元

存货	固定资产合计	固定资产原价	累计折旧	#本年折旧	在建工程	资产总计
2026843.7	**1274297.6**	**1807890.7**	**537287.5**	**80441.1**	**1045872.5**	**18690582.0**
1205694.9	**839760.5**	**1180779.9**	**343145.7**	**38209.5**	**957270.1**	**14723506.2**
9643.8	8653.1	13992.4	5339.3	298.7	121.1	29959.7
9643.8	8653.1	13992.4	5339.3	298.7	121.1	29959.7
80139.9	74506.1	112479.8	37973.7	5698.8	8243.8	446734.7
7435.3	3378.4	6943.9	3565.5	152.4	6010.3	27679.6
318.9	0.9	6.9	6.0	0.5		-122.1
13173.2	28657.6	33143.7	4486.1	1668.9	301.0	99141.1
1477.8	353.7	629.6	275.9	99.8		7181.7
8723.4	6465.4	13089.5	6624.1	704.7	96.0	77299.8
197.6	47.7	222.7	175.0	14.4		2026.5
19343.7	5220.5	10201.7	4981.2	625.2		41597.4
26828.7	30045.2	47212.9	17167.7	2338.1	5.6	177018.7
2641.3	336.7	1028.9	692.2	94.8	1830.9	14912.0
77022.8	5309.2	10134.6	4825.4	1541.8	135.2	449969.2
32042.6	4182.7	7302.7	3120.0	1198.7		256971.2
2802.4	283.3	544.5	261.2	71.9		26912.1
7.9	183.2	305.1	121.9	8.9		1264.7
41559.5	491.3	1450.9	959.6	190.5		160546.9
610.4	168.7	531.4	362.7	71.8	135.2	4274.3
30888.0	17380.9	24676.1	7295.2	1202	2137.3	460772.0
12221.1	1604.3	2561.3	957.0	146.4		91361.1
0.1	605.8	861.3	255.5	44.2	163.6	26342.6
16194.5	15092.3	21126.6	6034.3	997.8	1973.7	337575.2
2472.3	78.5	126.9	48.4	13.6		5493.1
115279.6	30883.8	40491.7	9942.7	2217.4	16949.5	816351.2
78307.4	15051.9	20291.2	5574.1	1020.1	11634.5	482511.7
18432.2	13968.7	17192.1	3223.4	587.0	5315.0	185163.3
18540.0	1863.2	3008.4	1145.2	610.3		148676.2
792914.4	666313.3	910136.4	245614.6	23741.0	924791.2	11786981.8
473795.0	526587.4	664105.1	138312.5	17607.8	788367.8	8953435.2
114896.8	100868.1	180542.9	80638.0	1987.2	96776.7	620422.3
6205.6	116.5	356.5	240.0	94.6		14968.3
145667.4	11153.6	23592.1	12455.1	1941.0	29562.3	1813389.9
21740.6	12023.2	20296.5	8290.2	1324.4	16.9	223610.2
25109.2	8363.6	10783.2	2419.6	382.1	133.6	103221.4
5499.8	7200.9	10460.1	3259.2	403.9	9933.9	57934.5
36944.9	15496.3	36706.1	21209.8	2020.2	3716.9	486554.4
459.7	4457.7	6171.5	1713.8	44.4		13204.1
1582.4	119.6	176.5	56.9	47.9		6816.7
542.9	136.1	237.7	101.6	101.6		1734.2
2030.7	68.8	408.1	339.3	60.5		13821.1
640.9	38.8	103.1	64.3	18.9		5706.2
1034.7	24.6	71.0	46.4	12.7		5336.3

11-5　续表 1-1

指　　标	法人企业数(个)	执行《2006 年企业会计准则》企业数(个)	年初存货	流动资产合计	应收帐款
其他机械设备及电子产品批发	21	18	26042.5	404746.2	245949.6
贸易经纪与代理	1	1	14079.3	138203.2	
贸易代理	1	1	14079.3	138203.2	
其他批发业	12	10	39899.5	72402.4	11912.2
再生物资回收与批发	3	3	992.5	11317.6	3349.1
其他未列明批发业	9	7	38907	61084.8	8563.1
2.按登记注册类型分					
内资企业	278	243	1001311.4	10318749.9	2733013.9
国有企业	15	14	85457.0	461124.0	98111.3
集体企业	4	3	5632.5	51254.1	9350.7
有限责任公司	77	72	344221	5262753.9	1774205.8
国有独资公司	21	20	120286.4	2539636.5	668501.5
其他有限责任公司	56	52	223934.6	2723117.4	1105704.3
股份有限公司	5	5	247438.1	2886197.2	305495.8
私营企业	177	149	318562.8	1657420.7	545850.3
私营有限责任公司	173	146	308044.9	1520423.4	502968.1
私营股份有限公司	4	3	10517.9	136997.3	42882.2
港、澳、台商投资企业	4	4	29005.3	362055.9	8934.8
与港澳台商合资经营企业	2	2	18057.6	318905.2	7099.0
港澳台商独资企业	2	2	10947.7	43150.7	1835.8
外商投资企业	1	1	94.6	1010.0	37.4
中外合资经营企业	1	1	94.6	1010.0	37.4
3.按控股情况分					
国有控股	74	72	634718.6	8274811	2031462.6
集体控股	6	5	7939.5	282655.4	34016.3
私人控股	182	152	344580.9	1856259.3	607254.8
港澳台商控股	2	2	10947.7	43150.7	1835.8
其他	19	17	32224.6	224939.4	67416.6
4.按经营形式分					
独立门店	170	145	532027	4222901.5	1098313.8
其他	113	103	498384.3	6458914.3	1643672.3
5.按单位规模分					
大型	14	12	198700.4	2812381.6	794221.9
中型	135	120	674182.7	6594923.3	1499942.4
小型	105	89	95000.4	578248.1	229708.3
微型	29	27	62527.8	696262.8	218113.5
二、零售业	**360**	**332**	**572589.9**	**3056329.5**	**394344.9**
1.按零售行业小类分					
综合零售	27	25	69301.2	657260.2	9719.3
百货零售	15	13	7996.3	336168.2	646.6
超级市场零售	9	9	56182.2	278299.4	7054.5
其他综合零售	3	3	5122.7	42792.6	2018.2
食品、饮料及烟草制品专门零售	40	38	25472.9	74440.8	11269.9
粮油零售	8	7	7287.2	13827.5	2217.3
糕点、面包零售	1	1	1235.8	10339.4	871.2

单位：万元

存货	固定资产合计	固定资产原价	累计折旧	#本年折旧	在建工程	资产总计
30653.6	10650.7	29538.2	18887.5	1734.2	3716.9	439935.8
23225.4	11976.0	17184.1	5208.1	565.1		161663.8
23225.4	11976.0	17184.1	5208.1	565.1		161663.8
39636.1	9241.8	14978.7	5736.9	924.5	1175.1	84519.4
2077.6	2606.7	3413	806.3	223.9	987.3	15338.0
37558.5	6635.1	11565.7	4930.6	700.6	187.8	69181.4
1180437.7	833899.9	1172116.6	340343.0	36866.1	955697.6	14324806.6
93586.6	50714.3	83457.4	32759.7	3563.6	35699.3	611850.0
6993.5	8552.1	15647.7	7095.6	696.4	1083.3	78585.7
549887.2	590755.8	749706.3	158950.5	18689.8	789884.4	7491043.1
115563.2	494671.2	613616.6	118945.4	10316.0	786940.4	4259278.9
434324.0	96084.6	136089.7	40005.1	8373.8	2944.0	3231764.2
191020.7	102050.1	178295.5	76245.4	2627.3	98012.3	4099494.8
338949.7	81827.6	145009.7	65291.8	11289.0	31018.3	2043833.0
323586.7	74695.6	132569.3	59983.4	8377.7	31018.3	1738742.5
15363.0	7132.0	12440.4	5308.4	2911.3		305090.5
25012.2	5585.3	8158.9	2573.6	1254.0	1572.5	397414.2
14467.7	60.7	227.0	166.3	122.8		346858.8
10544.5	5524.6	7931.9	2407.3	1131.2	1572.5	50555.4
245.0	275.3	504.4	229.1	89.4		1285.4
245.0	275.3	504.4	229.1	89.4		1285.4
763705.7	696023.6	949486.3	253479.3	21717.3	923225.6	11571487.5
18403.6	8892.1	16370.8	7478.7	710.9	1083.3	532058.7
371347.2	111074.4	179210.7	70246.0	13166.5	31319.3	2278248.8
10544.5	5524.6	7931.9	2407.3	1131.2	1572.5	50555.4
41693.9	18245.8	27780.2	9534.4	1483.6	69.4	291155.8
508609.1	617922.5	816025.4	199082.7	26610.4	804073.4	6508184.2
697085.8	221838.0	364754.5	144063.0	11599.1	153196.7	8215322.0
206602.4	558951.0	700364.5	141748.3	14581.2	827331.2	4676900.5
848658.6	249223.5	408659.1	161210.5	19317.9	112392.7	8637171.2
87725.9	22087.0	55101.3	33030.9	3555.4	17231.7	669703.1
62708.0	9499.0	16655.0	7156.0	755.0	314.5	739731.4
821148.8	**434537.1**	**627110.8**	**194141.8**	**42231.6**	**88602.4**	**3967075.8**
64376.7	105373.1	162557.3	55254.8	14563.9	6183.6	938180.5
7726.7	30905.3	43179.4	12274.1	971.0	2819.1	424090.9
52414.5	56661.6	96706.1	38115.1	12440.6	2451.1	441934.9
4235.5	17806.2	22671.8	4865.6	1152.3	913.4	72154.7
26049.1	92036.2	108102.2	16235.8	1379.7	43475.0	221694.1
6441.0	5890.7	8248.9	2514.6	103.3	156.4	22150.9
696.4	1858.8	3221.9	1363.1	72.6	30035.7	44545.7

11-5　续表 1-2

指　标	法人企业数(个)	执行《2006 年企业会计准则》企业数(个)	年初存货	流动资产合计	应收帐款
果品、蔬菜零售	6	6	752.0	1717.4	934.3
肉、禽、蛋、奶及水产品零售	2	2		3360.4	404.8
酒、饮料及茶叶零售	17	16	11216.5	28597.4	6458.1
烟草制品零售	2	2	2216.4	6176.3	74.3
其他食品零售	4	4	2765.0	10422.4	309.9
纺织、服装及日用品专门零售	40	36	43700.3	211309.0	30357.1
纺织品及针织品零售	1	1		1090.1	1090.1
服装零售	33	30	38318.4	201397.3	27872.7
鞋帽零售	1	1	7.6	1181.2	
化妆品及卫生用品零售	2	2	464.8	2309.6	188.1
钟表、眼镜零售	3	2	4909.5	5330.8	1206.2
文化、体育用品及器材专门零售	21	19	34263.6	54705.7	4883.7
文具用品零售	1	1	318.1	634.8	132.7
体育用品及器材零售	1	1	100.0	350.0	1.0
图书、报刊零售	7	7	4187.9	12984.4	1252.0
珠宝首饰零售	6	5	23473.5	33612.4	2607.1
工艺美术品及收藏品零售	2	1	3929.1	3512.3	10.4
乐器零售	1	1	1490.1	1961.8	179.9
照相器材零售	2	2	502.4	1068.2	358.1
其他文化用品零售	1	1	262.5	581.8	342.5
医药及医疗器材专门零售	18	16	47031.6	350678.8	175403.6
药品零售	17	16	46453.6	349264.9	174849.4
医疗用品及器材零售	1		578.0	1413.9	554.2
汽车、摩托车、燃料及零配件专门零售	165	154	330889.0	1532323.9	135271.6
汽车零售	125	118	296440.0	893996.2	53080.2
汽车零配件零售	3	3	218.0	1776.6	1078.8
机动车燃料零售	37	33	34231.0	636551.1	81112.6
家用电器及电子产品专门零售	33	31	16244.7	155172.5	16149.7
家用视听设备零售	1		194.3	312.6	
日用家电设备零售	10	10	11081.7	109728.5	1793.8
计算机、软件及辅助设备零售	12	12	3957.6	18016.7	9051.8
通信设备零售	7	7	416.4	23494.0	4427.6
其他电子产品零售	3	2	594.7	3620.7	876.5
五金、家具及室内装饰材料专门零售	12	9	3691.9	15576.0	8862.5
五金零售	4	1	1038.6	4905.4	3818.6
家具零售	3	3	1408.9	3914.1	1715.5
陶瓷、石材装饰材料零售	2	2	450.2	2688.1	684.1
其他室内装饰材料零售	3	3	794.2	4068.4	2644.3
货摊、无店铺及其他零售业	4	4	1994.7	4862.6	2427.5
互联网零售	2	2	1050.9	4493.7	2405.0
其他未列明零售业	2	2	943.8	368.9	22.5
2.按登记注册类型分					
内资企业	349	321	535395.5	2973086.5	386401.1
国有企业	14	13	9560.7	24032.7	2549.2
集体企业	11	10	11986.2	25141.1	2231.6
股份合作企业	1	1	152.1	1481.4	104.6
联营企业	1	1	24.0	199.0	20.0
国有联营企业	1	1	24.0	199.0	20.0

单位：万元

存货	固定资产合计	固定资产原价	累计折旧	#本年折旧	在建工程	资产总计
453.4	76221.6	77514.6	1293.0	800.6	10839.8	93407.5
239.5	136.6	144.4	7.8	7.8	1609.0	6302.1
11852.3	6326.6	15036.8	8723.6	239.6	834.1	36915.7
1312.3	253.0	747.4	494.4	61.6		6429.3
5054.2	1348.9	3188.2	1839.3	94.2		11942.9
55081.5	69184.7	94786.2	27301.0	2076.5	18223.4	332114.1
	8559.9	8655.7	95.8	61.0		9707.8
51826.1	52616.9	79061.5	26444.6	1868.4	16524.2	302494.7
7.6	7397.5	6141.4	443.4	47.3	1699.2	10911.9
476.8	188.2	257.0	68.8	67.1		2813.8
2771.0	422.2	670.6	248.4	32.7		6185.9
31680.3	20005.6	31856.9	11851.3	1688.8	78.5	87727.7
394.2	6.1	26.4	20.3	4.2		640.9
100.0	56.0	65.0	9.0	3.0		406.0
4711	4732.3	9196.2	4463.9	369.2	78.5	19712.1
21611.1	15183.3	22195.5	7012.2	1301.2		59741.3
2852.5	13.9	166.1	152.2	6.7		3526.2
1302.8	11.5	27.1	15.6	4.1		2044.2
469.4	2.5	176.1	173.6	0.4		1070.7
239.3		4.5	4.5			586.3
62880.7	9816.1	15983.3	6177.0	3571.6	1294.7	388397.2
62217.5	9784.3	15951.5	6167.2	3567.7	1294.7	386941.3
663.2	31.8	31.8	9.8	3.9		1455.9
566635.7	131736.1	203035.3	72917.6	17761.0	16898.1	1800931.4
334071.0	115118.2	167900.3	54385.4	16295.1	15520.1	1088989.6
276.6	45.5	91.2	45.7	12.9		1822.1
232288.1	16572.4	35043.8	18486.5	1453.0	1378.0	710119.7
10249.7	1812.9	3618.0	1805.1	316.6	400.5	167997.9
21.1		0.3	0.3			312.6
6443.8	1138.9	2002.4	863.5	163.1	400.5	120389.7
2401.8	377.3	892.3	515.0	64.8		19279.7
635.1	271.6	584.5	312.9	82.9		24370.1
747.9	25.1	138.5	113.4	5.8		3645.8
2928.2	1603.4	3396.9	1793.5	328.6	2048.6	19300.3
695.4	3.6	41.7	38.1	35.1		4909.2
812.4	1523.2	3076.2	1553.0	249.6	2048.6	7539.4
461.1	32.5	91.5	59.0	19.4		2736.2
959.3	44.1	187.5	143.4	24.5		4115.5
1266.9	2969.0	3774.7	805.7	544.9		10732.6
1009.8	2381.3	2999.6	618.3	543.0		7349.7
257.1	587.7	775.1	187.4	1.9		3382.9
776562.0	394776.2	571439.2	180160.5	37845.0	88144.9	3830867.0
9077.7	9708.9	15535.1	5826.2	343.7	15.0	37746.4
13036.0	3298.1	12760.9	9462.8	1558.5		28820.2
62.8	91.0	207.1	116.1	30.9		1612.3
100.0	7.0	8.5	1.5	0.3		565.0
100.0	7.0	8.5	1.5	0.3		565.0

11-5　续表 1-3

指　　标	法人企业数(个)	执行《2006年企业会计准则》企业数(个)	年初存货	流动资产合计	应收帐款
有限责任公司	41	38	104094.6	530109.3	177893.4
国有独资公司	2	2	844.1	4668.1	930.4
其他有限责任公司	39	36	103250.5	525441.2	176963.0
股份有限公司	4	4	24296.8	605998.7	76684.7
私营企业	274	251	385189.4	1785372.9	126426.3
私营独资企业	7	7	972.2	3127.6	992.6
私营有限责任公司	262	240	337263.4	1504958.9	119166.0
私营股份有限公司	5	4	46953.8	277286.4	6267.7
其他企业	3	3	91.7	751.4	491.3
港、澳、台商投资企业	8	8	30825.6	64924.2	7736.2
与港澳台商合资经营企业	3	3	25289.5	42489.5	5343.5
港澳台商独资企业	4	4	5523.7	21181.4	2394.8
港澳台商投资股份有限公司	1	1	12.4	1253.3	-2.1
外商投资企业	3	3	6368.8	18318.8	207.6
中外合资经营企业	1	1	2488.0	2895.8	
外资企业	2	2	3880.8	15423.0	207.6
3.按控股情况分					
国有控股	34	33	81459.9	996501.0	248860.3
集体控股	19	16	33006.1	69332.0	3961.1
私人控股	278	255	390482.9	1790032.7	127651.2
港澳台商控股	7	7	23122.2	52483.7	7258.9
外商控股	3	3	6368.8	18318.8	207.6
其他	19	18	38150.0	129661.3	6405.8
4.按经营形式分					
独立门店	315	290	458665.7	1764129.9	290454.9
连锁总店	20	20	54102.6	971686.6	85342.5
连锁门店	6	6	42550.7	248757.4	7841.0
其他	19	16	17270.9	71755.6	10706.5
5.按单位规模分					
大型	21	21	196162.8	1706379.8	265829.0
中型	127	122	270974.0	984551.8	75140.0
小型	166	146	95941.5	331560.8	41700.7
微型	46	43	9511.6	33837.1	11675.2
6.按零售业态分					
有店铺零售	355	327	569926.3	3047262.0	390916.2
便利店	3	3	5122.7	42792.6	2018.2
超市	11	11	1608.3	8452.8	3440.4
大型超市	9	9	58432.7	277161.5	6345.9
百货店	22	19	12365.0	377515.4	1032.2
专业店	150	137	218541.5	1483454.4	324137.1
专卖店	136	125	252457.2	767072.5	45256.7
家居建材商店	3	3	1055.5	4362.9	1670.4
购物中心	8	8	11571.2	60908.6	756.1
厂家直销中心	13	12	8772.2	25541.3	6259.2
无店铺零售	5	5	2663.6	9067.5	3428.7
网上商店	2	2	1050.9	4493.7	2405.0

单位：万元

存货	固定资产合计	固定资产原价	累计折旧	# 本年折旧	在建工程	资产总计
100239.9	33119.6	61771.3	28665.1	5868.6	34163.6	631049.5
505.9	3318.2	5864.7	2546.5	107.8		8026.9
99734.0	29801.4	55906.6	26118.6	5760.8	34163.6	623022.6
224767.4	6719.1	13192.6	6473.5	806.9		642931.3
429070.2	339496.4	465515.9	129503.6	29220.8	49711.5	2480773.7
767.1	441.3	489.8	48.5	5.2		3569.1
383218.6	276012.0	375635.6	103107.7	28550.6	47740.4	2028025.5
45084.5	63043.1	89390.5	26347.4	665.0	1971.1	449179.1
208.0	2336.1	2447.8	111.7	15.3	4254.8	7368.6
39570.0	34372.6	42378.3	8005.7	2809.8		110603.5
31850.1	11879.8	17164.4	5284.6	2013.1		62810.5
7709.5	4881.9	6213.7	1331.8	411.6		27537.1
10.4	17610.9	19000.2	1389.3	385.1		20255.9
5016.8	5388.3	13293.3	5975.6	1576.8	457.5	25605.3
1740.7	2422.8	7914.0	3561.8	1124.0	457.5	5892.5
3276.1	2965.5	5379.3	2413.8	452.8		19712.8
285870.0	36468.9	66304.7	29849.2	3968.2	786.5	1096960.4
37336.5	6869.3	20258.1	13388.8	1799.4	30035.7	110377.8
431724.3	339745.0	466144.7	129883.8	29255.6	49711.5	2485685.0
28736.1	34372.6	42378.3	8005.7	2809.8		98163.0
5016.8	5388.3	13293.3	5975.6	1576.8	457.5	25605.3
32465.1	11693.0	18731.7	7038.7	2821.8	7611.2	150284.3
505196.5	360957.3	508174.2	150714.4	37151.6	52701.2	2398472.9
258398.0	21702.2	40655.1	17023.5	3350.5	31333.3	1091016.3
40388.8	15665.3	68332.1	22666.8	106.0	1897.8	393168.1
17165.5	6212.3	9949.4	3737.1	1623.5	2670.1	84418.5
399018.4	127997.5	190343.6	62346.1	19804.3	10254.0	2091879.9
311746.7	264280.9	369504.7	105622.7	18114.4	68381.4	1429907.0
101645.0	38454.9	60726.6	23426.2	3850.6	8406.9	398319.0
8738.7	3803.8	6535.9	2746.8	462.3	1560.1	46969.9
819302.4	429604.9	619866.0	191829.2	41688.0	88602.4	3950165.1
4235.5	17806.2	22671.8	4865.6	1152.3	913.4	72154.7
1088.9	3662.0	6412.9	2750.9	130.5		12473.3
54311.0	55217.9	93572.9	36425.6	12704.8	2451.1	440637.0
12063.0	56171.9	81591.8	25419.9	1773.8	2891.5	493689.6
436150.2	197953.9	251468.6	55916.2	13609.7	44040.5	1871959.5
279672.4	92983.1	152037.0	60149.9	11329.4	37789.6	952501.3
1077.4	56.8	148.3	91.5	28.1		4435.3
19929.5	2300.6	5726.6	3426.0	620.1		70154.7
10774.5	3452.5	6236.1	2783.6	339.3	516.3	32159.7
1846.4	4932.2	7244.8	2312.6	543.6		16910.7
1009.8	2381.3	2999.6	618.3	543.0		7349.7

11-5　限额以上批发和

指　标	流动负债合计	#应付帐款	非流动负债合计	负债合计	所有者权益合计
总　计	**12128266.6**	**2939620.2**	**2889589.3**	**15013958.3**	**3676623.7**
一、批发业	**9398301.1**	**2186802.6**	**2189292.7**	**11583675.4**	**3139830.8**
1.按批发行业小类分					
农、林、牧产品批发	14510.6	1642.4	6070.5	20581.1	9378.6
谷物、豆及薯类批发	14510.6	1642.4	6070.5	20581.1	9378.6
食品、饮料及烟草制品批发	182273.2	90857.0	46280.2	224988.7	221746.0
米、面制品及食用油批发	13144.8	5092.3	7638.6	20783.4	6896.2
糕点、糖果及糖批发	-384.6	-384.7		-384.6	262.5
果品、蔬菜批发	58106.7	39545.0	31000.0	89106.7	10034.4
肉、禽、蛋、奶及水产品批发	5774.0	404.3	3564.7	5774.0	1407.7
盐及调味品批发	46253.4	24263.3	873.2	47126.6	30173.2
营养和保健品批发	1604.6	993.5	146.0	1750.6	275.9
酒、饮料及茶叶批发	40431.9	17009.1	560.3	40992.2	605.2
烟草制品批发	7754.2	1726.2	18.0	7772.2	169246.5
其他食品批发	9588.2	2208.0	2479.4	12067.6	2844.4
纺织、服装及家庭用品批发	252244.1	55822.4	120.0	252364.1	197605.1
服装批发	60584.2	24407.9	120.0	60704.2	196267.0
鞋帽批发	22698.6	9202.1		22698.6	4213.5
厨房、卫生间用具及日用杂货批发	1001.4	811.4		1001.4	263.3
家用电器批发	164042.2	17918.5		164042.2	-3495.3
其他家庭用品批发	3917.7	3482.5		3917.7	356.6
文化、体育用品及器材批发	359667.4	98631.2	600.0	360267.4	100504.6
文具用品批发	85233.6	14741.2		85233.6	6127.5
体育用品及器材批发	23277.8	15807.1		23277.8	3064.8
图书批发	246935.5	67706.1	600.0	247535.5	90039.7
首饰、工艺品及收藏品批发	4220.5	376.8		4220.5	1272.6
医药及医疗器材批发	705366.8	262616.7	9117.7	714484.5	101866.7
西药批发	425867.5	154330.2	2056.1	427923.6	54588.1
中药批发	147672.6	56285.4	7061.6	154734.2	30429.1
医疗用品及器材批发	131826.7	52001.1		131826.7	16849.5
矿产品、建材及化工产品批发	7326833.5	1329211.3	2086241.3	9413140.9	2373840.9
煤炭及制品批发	5548929.9	940783.8	1708138.3	7257068.3	1696366.9
石油及制品批发	254347.2	129533.5	345173.4	599485.6	20936.7
非金属矿及制品批发	11236.9	2832.5		11236.9	3731.4
金属及金属矿批发	1145714.5	209173.2	20441.6	1166257.1	647132.8
建材批发	247813.9	33976.9		247813.9	-24203.7
化肥批发	74354.3	10759.9	4889.7	79244.0	23977.4
其他化工产品批发	44436.8	2151.5	7598.3	52035.1	5899.4
机械设备、五金产品及电子产品批发	385499.5	279372.7	11292.0	396371.7	90182.7
农业机械批发	10567.8	7434.6	248.0	10815.8	2388.3
汽车批发	4548.1	1842.2		4548.1	2268.6
汽车零配件批发	1223.5	1060.6		1223.5	510.7
五金产品批发	10563.0	9460.0		10563.0	3258.1
电气设备批发	4328.5	3305.3		4328.5	1377.7
计算机、软件及辅助设备批发	3132.4	848.5		3132.4	2203.9

零售业法人企业财务状况(二)

单位：万元

实收资本	国家资本	集体资本	法人资本	个人资本	港澳台资本	外商资本
1899926.6	**632602.9**	**99624.3**	**778981.2**	**346918.9**	**34151.3**	**7648.0**
1349232.0	**514266.5**	**91754.6**	**533185.9**	**185305.1**	**24719.9**	
7559.1	7559.1					
7559.1	7559.1					
31650.4	4590.7	5000.9	6802.9	15255.9		
1979.9	1599.3		290.6	90.0		
50.0	50.0					
10034.4				10034.4		
1150.0			122.5	1027.5		
8610.0		5000.9	3000.0	609.1		
200.0			200.0			
6492.3	2941.4		406.0	3144.9		
1683.8			1683.8			
1450.0			1100.0	350.0		
32133.6	500.0	77.8	6692.6	23460.4	1402.8	
24432.9			4154.7	18875.4	1402.8	
3415.7	500.0	77.8	837.9	2000.0		
305.0				305.0		
3430.0			1200.0	2230.0		
550.0			500.0	50.0		
20920.4	13920.4		2000.0	5000.0		
660.0	660.0					
3000.0				3000.0		
15260.4	13260.4		2000.0			
2000.0				2000.0		
69779.7	2915.0	1231.0	31933.0	31315.7	2385.0	
29983.7		31.0	14943.0	15009.7		
24770.0		1200.0	12815.0	10755.0		
15026.0	2915.0		4175.0	5551.0	2385.0	
1099108.8	453522.6	84028.3	473707.4	87850.5		
579017.7	167546.6	9531.0	380400.2	21539.9		
28645.4	5906.3		14731.2	8007.9		
5000.0			4500.0	500.0		
435184.7	272269.7	70727.3	59105.0	33082.7		
26940.0	5000.0		3500.0	18440.0		
15101.0	2800.0		7551.0	4750.0		
9220.0		3770.0	3920.0	1530.0		
71536.5	31165.5	138.8	10150.0	9150.1	20932.1	
1329.5	1190.7	138.8				
3010.0			1500.0	1510.0		
300.0			105.0	195.0		
3100.0			500.0	2600.0		
1310.0			1310.0			
1650.0			850.0	800.0		

11-5　续表 2-1

指　标	流动负债合计	#应付帐款	非流动负债合计	负债合计	所有者权益合计
其他机械设备及电子产品批发	351136.2	255421.5	11044.0	361760.4	78175.4
贸易经纪与代理	101483.5	43765.9	25271.4	126754.9	34908.9
贸易代理	101483.5	43765.9	25271.4	126754.9	34908.9
其他批发业	70422.5	24883.0	4299.6	74722.1	9797.3
再生物资回收与批发	11524.8	5088.6	2036.3	13561.1	1776.9
其他未列明批发业	58897.7	19794.4	2263.3	61161.0	8020.4
2.按登记注册类型分					
内资企业	9157639.3	2153739.5	2189292.6	11343013.5	2981793.1
国有企业	277049.0	40787.2	17862.2	294911.2	316938.8
集体企业	45563.8	22511.3	2909.5	48473.3	30112.4
有限责任公司	4878513.6	1347596.5	1142765.5	6021279.2	1469763.9
国有独资公司	2391890.7	545159.7	1051117.5	3443008.2	816270.7
其他有限责任公司	2486622.9	802436.8	91648.0	2578271.0	653493.2
股份有限公司	2380656.8	260031.7	949605.6	3330262.4	769232.4
私营企业	1575856.1	482812.8	76149.8	1648087.4	395745.6
私营有限责任公司	1461579.3	470687.4	74645.8	1532306.6	206435.9
私营股份有限公司	114276.8	12125.4	1504.0	115780.8	189309.7
港、澳、台商投资企业	239765.3	33014.8	0.1	239765.4	157648.8
与港澳台商合资经营企业	218225.1	26458.3		218225.1	128633.7
港澳台商独资企业	21540.2	6556.5	0.1	21540.3	29015.1
外商投资企业	896.5	48.3		896.5	388.9
中外合资经营企业	896.5	48.3		896.5	388.9
3.按控股情况分					
国有控股	7187866.2	1513186.4	2077951.1	9265817.4	2305670.1
集体控股	200780.4	39859.6	3234.7	204015.1	328043.6
私人控股	1765025.7	529738.0	107149.8	1868257.0	409991.8
港澳台商控股	21540.2	6556.5	0.1	21540.3	29015.1
其他	223088.6	97462.1	957.0	224045.6	67110.2
4.按经营形式分					
独立门店	3768642.1	1008700.6	1080968.0	4845691.7	1662492.5
其他	5629659.0	1178102.0	1108324.7	6737983.7	1477338.3
5.按单位规模分					
大型	2513297.0	619247.8	1098682.8	3611979.8	1064920.7
中型	5770089.7	1158337.9	1054067.6	6824157.3	1813013.9
小型	572499.9	190327.1	31189.3	599770.7	69932.4
微型	542414.5	218889.8	5353.0	547767.6	191963.8
二、零售业	**2729965.5**	**752817.6**	**700296.6**	**3430282.9**	**536792.9**
1.按零售行业小类分					
综合零售	820318.9	262399.8	73324.2	893643.1	44537.4
百货零售	309223.2	39735.1	61395.5	370618.7	53472.2
超级市场零售	457645.3	199731.6	5857.0	463502.3	-21567.4
其他综合零售	53450.4	22933.1	6071.7	59522.1	12632.6
食品、饮料及烟草制品专门零售	141208.2	91194.3	34121.0	175329.3	46364.8
粮油零售	14588.8	2452.5	2819.1	17408.0	4742.9
糕点、面包零售	22305.3	3831.1	20312.9	42618.2	1927.5

单位：万元

实收资本	国家资本	集体资本	法人资本	个人资本	港澳台资本	外商资本
60837.0	29974.8		5885.0	4045.1	20932.1	
5000.0				5000.0		
5000.0				5000.0		
11543.5	93.2	1277.8	1900.0	8272.5		
2423.3		1277.8	600.0	545.5		
9120.2	93.2		1300.0	7727.0		
1176847.1	364266.5	91754.6	533163.4	185277.6	2385.0	
117622.5	113504.9	138.8	3978.8			
9434.2		9388.7		45.5		
568009.5	235755.3	80618.3	223694.2	25556.7	2385.0	
243483.4	169578.9		72256.0	1648.5		
324526.1	66176.4	80618.3	151438.2	23908.2	2385.0	
219051.9	14506.3	1500.0	200245.6	2800.0		
262729.0	500.0	108.8	105244.8	156875.4		
232023.3	500.0	108.8	95765.5	135649.0		
30705.7			9479.3	21226.4		
172334.9	150000.0				22334.9	
150000.0	150000.0					
22334.9					22334.9	
50.0			22.5	27.5		
50.0			22.5	27.5		
933437.2	513566.5	6559.8	397268.6	13657.3	2385.0	
82161.5		80116.0	2000.0	45.5		
280688.4	500.0	108.8	109539.8	170539.8		
22334.9					22334.9	
30610.0	200.0	4970.0	24377.5	1062.5		
636580.6	339429.9	83467.0	95953.2	115345.5	2385.0	
712651.4	174836.6	8287.6	437232.7	69959.6	22334.9	
299909.7	149887.0	4921.0	124618.8	20482.9		
728113.5	169100.9	83545.8	346963.1	103783.8	24719.9	
111441.1	11351.3	1277.8	52914.0	45898.0		
209767.7	183927.3	2010.0	8690.0	15140.4		
550694.6	**118336.4**	**7869.7**	**245795.3**	**161613.8**	**9431.4**	**7648.0**
53811.9	2812.1	883.2	28211.8	19243.3	13.5	2648.0
27216.5	1075.7	883.2	21052.1	1544.0	13.5	2648.0
22495.4	1736.4		4600.0	16159.0		
4100.0			2559.7	1540.3		
37942.1	10418.3	914.9	11922.8	14016.0	670.1	
5083.1	4192.9		710.2	180.0		
1926.6			1926.6			

11-5 续表 2-2

指 标	流动负债合计	#应付帐款	非流动负债合计	负债合计	所有者权益合计
果品、蔬菜零售	69436.5	68845.2	1491.9	70928.4	22479.1
肉、禽、蛋、奶及水产品零售	3452.7	607.4		3452.7	2849.4
酒、饮料及茶叶零售	26176.2	10873.6	9158.5	35334.7	1581.0
烟草制品零售	504.4	279.8		504.4	5924.9
其他食品零售	4744.3	4304.7	338.6	5082.9	6860.0
纺织、服装及日用品专门零售	303375.4	80906.9	38514.8	341890.2	-9776.1
纺织品及针织品零售	7992.8	2806.0	1297.0	9289.8	418.0
服装零售	290327.6	77926.7	37042.7	327370.3	-24875.6
鞋帽零售	1400.5			1400.5	9511.4
化妆品及卫生用品零售	1156.4	192.5		1156.4	1657.4
钟表、眼镜零售	2498.1	-18.3	175.1	2673.2	3512.7
文化、体育用品及器材专门零售	47978.8	17967.8	745.9	48724.7	39003.0
文具用品零售	116.8	2.2		116.8	524.1
体育用品及器材零售	246.0	240.0		246.0	160.0
图书、报刊零售	15557.5	9007.5	13.1	15570.6	4141.5
珠宝首饰零售	28861.0	7551.1	732.8	29593.8	30147.5
工艺美术品及收藏品零售	1385.1	105.5		1385.1	2141.1
乐器零售	1077.1	808.7		1077.1	967.1
照相器材零售	221.2	221.2		221.2	849.5
其他文化用品零售	514.1	31.6		514.1	72.2
医药及医疗器材专门零售	252335.1	141980.7	4230.8	256565.9	131831.3
药品零售	251075.4	141292.9	4230.8	255306.2	131635.1
医疗用品及器材零售	1259.7	687.8		1259.7	196.2
汽车、摩托车、燃料及零配件专门零售	1009791.6	118201.8	548070.4	1557882.7	243048.7
汽车零售	864359.3	109320.5	17681.3	882061.3	206928.3
汽车零配件零售	1666.9	1615.5		1666.9	155.2
机动车燃料零售	143765.4	7265.8	530389.1	674154.5	35965.2
家用电器及电子产品专门零售	129275.9	27605.5	889.4	130165.3	37832.6
家用视听设备零售	76.0	49.9	150.0	226.0	86.6
日用家电设备零售	99440.9	5739.6	700.0	100140.9	20248.8
计算机、软件及辅助设备零售	6380.2	2532.2		6380.2	12899.5
通信设备零售	22387.3	18397.5	39.4	22426.7	1943.4
其他电子产品零售	991.5	886.3		991.5	2654.3
五金、家具及室内装饰材料专门零售	15677.8	8758.7		15677.8	3622.5
五金零售	4257.1	3823.5		4257.1	652.1
家具零售	5995.6	2086.1		5995.6	1543.8
陶瓷、石材装饰材料零售	2315.1			2315.1	421.1
其他室内装饰材料零售	3110.0	2849.1		3110.0	1005.5
货摊、无店铺及其他零售业	10003.8	3802.1	400.1	10403.9	328.7
互联网零售	6378.6	3541.1	400.1	6778.7	571
其他未列明零售业	3625.2	261.0		3625.2	-242.3
2.按登记注册类型分					
内资企业	2631271.4	724352.0	701383.9	3332676.1	498190.9
国有企业	28423.1	9470.2	3008.0	31431.2	6315.2
集体企业	19046.3	15639.5	496.3	19542.6	9277.6
股份合作企业	1387.6			1387.6	224.7
联营企业	210.0			210.0	355.0
国有联营企业	210.0			210.0	355.0

单位：万元

实收资本	国家资本	集体资本	法人资本	个人资本	港澳台资本	外商资本
12325.0	30.0	50.0	25.0	12220.0		
3010.0			3010.0			
14352.5	6185.4	270.0	6111.0	1116.0	670.1	
400.5		220.5		180.0		
844.4	10.0	374.4	140.0	320.0		
51143.0		1373.4	26224.9	16944.7	1600.0	5000.0
410.0		312.0		98.0		
48165.9		1061.4	24914.9	16589.6	600.0	5000.0
200.0			160.0	40.0		
1050.0			50.0		1000.0	
1317.1			1100.0	217.1		
19010.1	579.7	1753.6	5335.8	10193.2	1147.8	
506.0				506.0		
100.0				100.0		
2589.7	579.7		2000.0	10.0		
13114.4		753.6	3235.8	7977.2	1147.8	
1050.0		1000.0		50.0		
1000.0				1000.0		
600.0			100.0	500.0		
50.0				50.0		
115204.3	101673.3		8408.0	5123.0		
115004.3	101673.3		8378.0	4953.0		
200.0			30.0	170.0		
244487.8	2350.0	2794.6	158046.0	75297.2	6000.0	
189359.6	1800.0	1767.0	106923.5	72869.1	6000.0	
200.0			100.0	100.0		
54928.2	550.0	1027.6	51022.5	2328.1		
22788.4		150.0	5010.0	17628.4		
100.0			50.0	50.0		
6255.4		150.0	1310.0	4795.4		
12217.0			2000.0	10217.0		
1666.0			1610.0	56.0		
2550.0			40.0	2510.0		
3004.0			1836.0	1168.0		
436.0			326.0	110.0		
1060.0			110.0	950.0		
400.0			400.0			
1108.0			1000.0	108.0		
3303.0	503.0		800.0	2000.0		
2000.0				2000.0		
1303.0	503.0		800.0			
522215.0	118336.4	7869.7	240677.9	155317.5	13.5	
7128.0	4965.0	69.9	2093.1			
1966.8	10.0	1743.8	213.0			
200.0		200.0				
299.0	299.0					
299.0	299.0					

11-5 续表 2-3

指　标	流动负债合计	#应付帐款	非流动负债合计	负债合计	所有者权益合计
有限责任公司	436494.7	180670.4	52569.1	489063.8	141985.7
国有独资公司	5211.8	1434.5	834.7	6046.5	1980.4
其他有限责任公司	431282.9	179235.9	51734.4	483017.3	140005.3
股份有限公司	113665.7	2167.5	529773.1	643438.8	-507.5
私营企业	2031085.9	516133.2	115531.5	2146638.1	334135.6
私营独资企业	2309.7	1736.6		2309.7	1259.4
私营有限责任公司	1603147.4	335785.6	109798.7	1712966.8	315058.7
私营股份有限公司	425628.8	178611.0	5732.8	431361.6	17817.5
其他企业	958.1	271.2	5.9	964.0	6404.6
港、澳、台商投资企业	69890.5	19460.2		69890.5	40713.0
与港澳台商合资经营企业	34022.3	16064.3		34022.3	28788.2
港澳台商独资企业	12171.3	2203.9		12171.3	15365.8
港澳台商投资股份有限公司	23696.9	1192.0		23696.9	-3441.0
外商投资企业	28803.6	9005.4	-1087.3	27716.3	-2111.0
中外合资经营企业	14133.8	2006.4		14133.8	-8241.3
外资企业	14669.8	6999.0	-1087.3	13582.5	6130.3
3.按控股情况分					
国有控股	404566.7	155311.5	544320.6	948887.4	148073.0
集体控股	69179.9	41046.9	21392.5	90572.4	19805.4
私人控股	2039649.9	523234.3	115566.5	2155237.1	330447.9
港澳台商控股	57502.2	7625.4		57502.2	40660.8
外商控股	28803.6	9005.4	-1087.3	27716.3	-2111.0
其他	130263.2	16594.1	20104.3	150367.5	-83.2
4.按经营形式分					
独立门店	1806601.5	530386.5	124672.3	1931294.6	467178.3
连锁总店	461156.6	48884.1	574238.4	1035395.0	55621.3
连锁门店	387296.2	166365.5	834.7	388130.9	5037.2
其他	74911.2	7181.5	551.2	75462.4	8956.1
5.按单位规模分					
大型	1211999.3	395073.5	592537.0	1804536.3	287343.6
中型	1206139.7	281837.0	83522.0	1289661.7	140245.3
小型	280851.2	64772.8	23732.3	304604.2	93714.8
微型	30975.3	11134.3	505.3	31480.7	15489.2
6.按零售业态分					
有店铺零售	2718312.5	748629.3	697279.8	3415613.1	534552.0
便利店	53450.4	22933.1	6071.7	59522.1	12632.6
超市	8482.9	4237.2	834.7	9317.6	3155.7
大型超市	459673.9	200141.5	5523.2	465197.1	-24560.1
百货店	371053.9	50020.7	81044.6	452098.5	41591.1
专业店	951203.4	303339.4	572338.8	1523542.3	348417.2
专卖店	751961.9	125992.0	27976.4	779959.0	172542.3
家居建材商店	3686.5	1277.8		3686.5	748.8
购物中心	92466.1	31451.9	3093.8	95559.9	-25405.2
厂家直销中心	26333.5	9235.7	396.6	26730.1	5429.6
无店铺零售	11653.0	4188.3	3016.8	14669.8	2240.9
网上商店	6378.6	3541.1	400.1	6778.7	571.0

单位：万元

实收资本	国家资本	集体资本	法人资本	个人资本	港澳台资本	外商资本
140819.0	111822.4	2968.6	20173.6	5854.4		
1836.4	1836.4					
138982.6	109986.0	2968.6	20173.6	5854.4		
500.0	260.0	240.0				
365187.2	950.0	2597.4	218173.2	143453.1	13.5	
413.4				413.4		
353685.8	950.0	2343.4	210273.4	140105.5	13.5	
11088.0		254.0	7899.8	2934.2		
6115.0	30.0	50.0	25.0	6010.0		
20531.6			4817.4	6296.3	9417.9	
16941.0			3496.9	6296.3	7147.8	
3090.6			1320.5		1770.1	
500.0					500.0	
7948.0			300.0			7648.0
300.0			300.0			
7648.0						7648.0
128688.4	116306.4	358.9	9569.1	2454.0		
7893.2	250.0	4363.4	2791.8	488.0		
365970.6	950.0	2597.4	218173.2	144236.5	13.5	
20479.4			4765.2	6296.3	9417.9	
7948.0			300.0			7648.0
19715.0	830.0	550.0	10196.0	8139.0		
498759.5	115580.0	7869.7	219479.7	148168.8	7661.3	
33328.7	1020.0		17115.6	5875.0	1670.1	7648.0
7136.4	1736.4		5300.0		100.0	
11470.0			3900.0	7570.0		
256036.0	102020.0	1041.0	126938.1	21036.9		5000.0
184404.2	11859.2	2487.3	82135.2	76526.7	8747.8	2648.0
90858.9	2911.1	4038.1	26451.0	56775.1	683.6	
19395.5	1546.1	303.3	10271.0	7275.1		
543497.8	114649.6	7869.7	245295.3	158603.8	9431.4	7648.0
4100.0			2559.7	1540.3		
3268.6	2336.4	50.0	600.1	268.6	13.5	
23426.4			4650.0	16128.4		2648.0
37699.1	1035.7	1053.7	26509.7	8600.0	500.0	
287142.5	103892.1	3717.9	130982.7	46779.7	1770.1	
165533.2	7075.4	2593.7	67922.9	80793.4	7147.8	
900.0			900.0			
16600.0			8000.0	3600.0		5000.0
4828.0	310.0	454.4	3170.2	893.4		
7196.8	3686.8		500.0	3010.0		
2000.0				2000.0		

11-5　限额以上批发和

指　　标	营业收入	#主营业务收入	营业成本	#主营业务成本	营业税金及附加
总　计	**43245953.1**	**43008921.9**	**41694127.2**	**41598622.0**	**73107.9**
一、批发业	**36408996.2**	**36273658.1**	**35529950.2**	**35453696.9**	**52090.4**
1.按批发行业小类分					
农、林、牧产品批发	10640.3	10559.7	9855.5	9855.5	2.1
谷物、豆及薯类批发	10640.3	10559.7	9855.5	9855.5	2.1
食品、饮料及烟草制品批发	1020203.0	1017826.6	833005.4	832765.0	33108.2
米、面制品及食用油批发	63278.3	63278.3	62404.7	62404.7	53.4
糕点、糖果及糖批发	4633.3	4633.3	4391.5	4391.5	7.1
果品、蔬菜批发	192338.3	192338.3	182605.0	182605.0	57.7
肉、禽、蛋、奶及水产品批发	31828.5	30961.6	27474.1	27474.1	114.1
盐及调味品批发	78170.6	77737.0	61470.7	61431.9	230.2
营养和保健品批发	7861.0	7672.4	7394.5	7206.6	11.3
酒、饮料及茶叶批发	71564.3	71216.4	59321.6	59307.9	190.2
烟草制品批发	530635.3	530522.7	391868.0	391868.0	32363.3
其他食品批发	39893.4	39466.6	36075.3	36075.3	80.9
纺织、服装及家庭用品批发	389807.6	388165.2	345041.9	343967.1	955.2
服装批发	104897.9	104897.9	78714.8	78714.8	538.9
鞋帽批发	28479.5	28479.5	26347.3	26347.3	42.4
厨房、卫生间用具及日用杂货批发	975.2	975.2	735.1	735.1	2.3
家用电器批发	220965.1	219322.7	205330.0	204255.2	229.2
其他家庭用品批发	34489.9	34489.9	33914.7	33914.7	142.4
文化、体育用品及器材批发	482198.3	482198.3	458090.5	458083.7	144.4
文具用品批发	168425.9	168425.9	163336.9	163330.1	76.5
体育用品及器材批发	21216.0	21216.0	20150.2	20150.2	
图书批发	222529.8	222529.8	205209.0	205209.0	
首饰、工艺品及收藏品批发	70026.6	70026.6	69394.4	69394.4	67.9
医药及医疗器材批发	1289176.2	1286016.2	1205232.5	1204571.8	1875.1
西药批发	818563.2	816095.6	769781.8	769121.4	1006.6
中药批发	236089.7	235762.0	216617.3	216617.3	434.9
医疗用品及器材批发	234523.3	234158.6	218833.4	218833.1	433.6
矿产品、建材及化工产品批发	28454147.7	28327341.8	27966974.5	27892968.6	14375.5
煤炭及制品批发	15922821.2	15855790.4	15509020.0	15489502.8	9982.9
石油及制品批发	506544.3	505579.9	500925.1	500533.2	970.9
非金属矿及制品批发	16458.3	16458.3	15618.6	15618.6	62.1
金属及金属矿批发	10886603.8	10829368.8	10840001.8	10786360.1	2840.5
建材批发	651380.8	650973.7	641352.7	641232.1	236.9
化肥批发	382542.8	381554.0	375182.9	374872.8	184.2
其他化工产品批发	87796.5	87616.7	84873.4	84849.0	98.0
机械设备、五金产品及电子产品批发	4344045.6	4342985.1	4308782.8	4308518.1	1372.7
农业机械批发	14124.9	14067.1	12667.6	12667.6	9.2
汽车批发	15720.5	15720.5	15431.6	15431.6	7.2
汽车零配件批发	8394.1	8394.1	7735.9	7735.9	13.7
五金产品批发	13730.9	13730.9	12931.4	12931.4	16.9
电气设备批发	12050.3	12050.3	11187.8	11187.8	15.7
计算机、软件及辅助设备批发	17975.3	17975.3	17423.6	17423.6	18.5

零售业法人企业财务状况(三)

单位：万元

主营业务税金及附加	其他业务利润	销售费用	管理费用	税金	财务费用	利息收入
70497.1	**141764.2**	**713975.9**	**424869.8**	**17797.1**	**236549.0**	**27352.6**
50162.1	**62516.3**	**339089.1**	**237644.3**	**13190.7**	**169774.8**	**20012.8**
2.1		729.4	1549.4	0.1	145.0	3.8
2.1		729.4	1549.4	0.1	145.0	3.8
33084.1	14449.2	44787.6	34540.7	1779.7	4144.5	1920.3
53.4		585.3	648.4	4.4	68.1	3.7
7.1		75.3			-0.2	0.2
57.7	12348.9	8906.3	792.5	179.2	4104.3	
114.1	1069.8	4217.4	795.5	10.5	67.3	1.9
230.2	180.6	10083.1	4109.8	49.6	163.0	8.8
11.3	0.6	362.2	61.3		0.1	
190.2	334.2	11610.9	4393.4	27.8	1407.2	25.5
32363.3	112.5	6006.4	22954.2	1496.6	-1874.6	1876.6
56.8	402.6	2940.7	785.6	11.6	209.3	3.6
955.2	610.9	24905.9	13600.7	306.2	1120.5	551.8
538.9		10204.5	7753.4	154.4	1088.1	-8.8
42.4	716.7	1128.2	171.5	18.2	364.5	53.1
2.3		226.1	41.5	0.2	-1.8	1.9
229.2	490.8	11960.1	4989.0	40.9	-430.1	504.9
142.4	-596.6	1387.0	645.3	92.5	99.8	0.7
144.4	112.3	4281.4	9530.7	313.1	590.1	823.6
76.5	112.3	2089.3	1151.3	32.5	148.7	406.8
		40.9	425.7	17.0	555.7	
		1821.5	7745.2	260.0	-348.9	410.5
67.9		329.7	208.5	3.6	234.6	6.3
1852.6	9754.9	32453.3	22509.0	450.4	13235.6	960.5
1006.6	1043.4	20303.2	10079.4	310.9	8755.6	549.9
434.9	7926.2	5584.3	6629.8	109.4	2476.3	91.3
411.1	785.3	6565.8	5799.8	30.1	2003.7	319.3
12502.3	36680.2	212115.1	135797.0	10058.0	146000.1	15506.6
8110.6	32686.7	169216.2	107538.6	5824.5	105005.8	11640.6
970.9	142.4	16614.4	2717.7	360.8	7677.3	138.8
62.1	82.5	2712.2	550.2	26.0	591.9	12.0
2839.8	2390.0	15834.0	16478.2	3657.9	24064.0	2104.7
236.7	339.9	2425.3	4877.1	159.0	6908.6	579.3
184.2	884.2	3791.5	2117.1	12.3	1101.1	197.7
98.0	154.5	1521.5	1518.1	17.5	651.4	833.5
1372.4	489.2	11100.1	15362.6	92.5	1498.7	166.8
8.9		964.0	859.8		13.6	0.6
7.2	1.0	89.1	409.2	25.6	107.6	0.3
13.7		295.4	300.3	3.2	0.6	0.2
16.9		298.5	431.5	4.1	32.3	7.5
15.7		671.2	137.7	3.0	0.1	0.3
18.5	104.3	199.5	219.4	3.3	86.1	7.5

11-5　续表 3-1

指　　标	营业收入	#主营业务收入	营业成本	#主营业务成本	营业税金及附加
其他机械设备及电子产品批发	4262049.6	4261046.9	4231404.9	4231140.2	1291.5
贸易经纪与代理	292891.6	292891.6	286360.6	286360.6	190.8
贸易代理	292891.6	292891.6	286360.6	286360.6	190.8
其他批发业	125885.9	125673.6	116606.5	116606.5	66.4
再生物资回收与批发	19946.2	19908.0	19293.1	19293.1	8.1
其他未列明批发业	105939.7	105765.6	97313.4	97313.4	58.3
2.按登记注册类型分					
内资企业	30603081.5	30470339.0	29741180.5	29664964.7	51552.9
国有企业	1883251.8	1881571.8	1719277.1	1719233.3	32853.1
集体企业	101168.8	100761.3	95102.7	94873.7	118.7
有限责任公司	22279720.2	22164487.4	21774905.0	21705333.7	11357.9
国有独资公司	10742589.2	10638179.5	10424452.4	10357661.5	7660.4
其他有限责任公司	11537131.0	11526307.9	11350452.6	11347672.2	3697.5
股份有限公司	3011499.9	3000900.0	2984048.2	2979019.1	1517.7
私营企业	3327440.8	3322618.5	3167847.5	3166504.9	5705.5
私营有限责任公司	3200116.6	3195723.3	3061711.7	3060387.5	5296.5
私营股份有限公司	127324.2	126895.2	106135.8	106117.4	409.0
港、澳、台商投资企业	5794560.5	5792831.8	5779478.2	5779440.7	465.7
与港澳台商合资经营企业	5753914.6	5752185.9	5748708.2	5748670.7	216.8
港澳台商独资企业	40645.9	40645.9	30770.0	30770.0	248.9
外商投资企业	11354.2	10487.3	9291.5	9291.5	71.8
中外合资经营企业	11354.2	10487.3	9291.5	9291.5	71.8
3.按控股情况分					
国有控股	31749142.9	31624956.6	31106972.2	31033632.8	44899.0
集体控股	238859.9	237727.6	231029.9	230800.9	209.0
私人控股	3728473.7	3722690.3	3552704.1	3550650.0	5885.8
港澳台商控股	40645.9	40645.9	30770.0	30770.0	248.9
其他	651873.8	647637.7	608474.0	607843.2	847.7
4.按经营形式分					
独立门店	16895778.2	16851467.4	16269450.5	16257911.8	43616.9
其他	19513218.0	19422190.7	19260499.7	19195785.1	8473.5
5.按单位规模分					
大型	10061810.8	10009873.7	9562691.3	9548095.4	39458.9
中型	13524330.8	13498332.5	13206777.3	13199093.4	10813.3
小型	2724612.1	2722188.6	2684176.0	2683843.9	1057.8
微型	10098242.5	10043263.3	10076305.6	10022664.2	760.4
二、零售业	**6836956.9**	**6735263.8**	**6164177.0**	**6144925.1**	**21017.5**
1.按零售行业小类分					
综合零售	1358728.0	1289568.4	1153252.8	1141558.0	7861.3
百货零售	470325.4	454124.0	378773.8	377483.8	4700.9
超级市场零售	683597.9	633532.1	586241.5	577034.3	2375.5
其他综合零售	204804.7	201912.3	188237.5	187039.9	784.9
食品、饮料及烟草制品专门零售	224235.4	221933.6	192371.3	190691.7	1453.6
粮油零售	38439.6	38412.9	37741.2	37736.6	9.7
糕点、面包零售	17370.6	15530.0	13672.9	12115.6	88.4

单位：万元

主营业务税金及附加	其他业务利润	销售费用	管理费用	税金	财务费用	利息收入
1291.5	383.9	8582.4	13004.7	53.3	1258.4	150.4
190.8	133.5	2009.4	1837.6	148.3	2618.3	
190.8	133.5	2009.4	1837.6	148.3	2618.3	
58.2	286.1	6706.9	2916.6	42.4	422.0	79.4
8.1		156.6	586.3	6.2	88.2	1.9
50.1	286.1	6550.3	2330.3	36.2	333.8	77.5
49624.6	61044.8	330368.1	231929.2	10933.6	168431.2	19837.0
32853.1	1143.9	18301.9	32807.0	1891.4	-832.2	2864.5
118.7	180.6	746.6	3760.5	55.8	147.6	1.9
9513.1	50908.7	207782.9	133506.3	6005.4	106555.3	13125.3
5845.3	25190.0	117542.4	74804.4	3469.1	61819.8	6918.9
3667.8	25718.7	90240.5	58701.9	2536.3	44735.5	6206.4
1481.0	5570.8	20779.4	12938.6	1817.5	29611.2	2186.5
5658.7	3240.8	82757.3	48916.8	1163.5	32949.3	1658.8
5249.7	2998.7	76035.3	39975.4	1158.3	31115.6	1656.2
409.0	242.1	6722.0	8941.4	5.2	1833.7	2.6
465.7	457.2	7262.9	5378.5	2254.6	1341.1	175.8
216.8	457.2	3070.7	3888.8	2226.3	1341.3	174.6
248.9		4192.2	1489.7	28.3	-0.2	1.2
71.8	1014.3	1458.1	336.6	2.5	2.5	
71.8	1014.3	1458.1	336.6	2.5	2.5	
43017.8	44055.6	209457.0	169283.6	11468.6	125317.3	16799.2
209.0	905.4	835.3	5426.1	103.4	3989.5	57.6
5839.0	15839.4	95622.7	52606.1	1367.8	37815.1	2178.5
248.9		4192.2	1489.7	28.3	-0.2	1.2
847.4	1715.9	28981.9	8838.8	222.6	2653.1	976.3
41759.1	42551.0	223861.8	149072.4	7753.3	83407.0	10476.2
8403.0	19965.3	115227.3	88571.9	5437.4	86367.8	9536.6
37648.2	36845.7	153569.7	106865.8	5079.4	54690.2	8407.7
10696.7	24553.5	161088.5	103676.8	4790.6	92847.1	9857.3
1057.5	1046.2	21092.2	14175.9	1024.6	18726.9	1468.7
759.7	70.9	3338.7	12925.8	2296.1	3510.6	279.1
20335.0	**79247.9**	**374886.8**	**187225.5**	**4606.4**	**66774.2**	**7339.8**
7526.5	45738.5	131475.9	40011.2	282.3	18121.5	276.9
4538.3	6503.7	33269.7	20917.1	179.2	13974.2	58.3
2203.3	37540.0	91729.4	12682.7	40.3	2806.7	39.1
784.9	1694.8	6476.8	6411.4	62.8	1340.6	179.5
1434.3	1238.9	16583.6	9226.8	204.9	2380.0	119.9
9.7	-8.3	736.1	529.8	14.6	113.4	9.2
88.4	283.3	3695.3	1091.1	43.0	1501.1	49.3

11-5 续表 3-2

指 标	营业收入	#主营业务收入	营业成本	#主营业务成本	营业税金及附加
果品、蔬菜零售	70320.3	70320.3	59513.4	59513.4	760.2
肉、禽、蛋、奶及水产品零售	14192.0	14192.0	11482.1	11482.1	50.7
酒、饮料及茶叶零售	55380.1	55033.4	47381.4	47263.7	364.9
烟草制品零售	10842.8	10842.8	9179.8	9179.8	66.8
其他食品零售	17690.0	17602.2	13400.5	13400.5	112.9
纺织、服装及日用品专门零售	409993.6	395716.9	336960.6	336704.1	2863.7
纺织品及针织品零售	10840.2	10840.2	10692.0	10692.0	7.3
服装零售	375225.1	361114.4	308399.7	308378.8	2701.1
鞋帽零售	1541.8	1541.8	93.7	93.7	11.6
化妆品及卫生用品零售	9500.7	9500.7	7354.4	7354.4	44.3
钟表、眼镜零售	12885.8	12719.8	10420.8	10185.2	99.4
文化、体育用品及器材专门零售	132295.2	131609.2	115671.5	115505.5	1822.5
文具用品零售	1658.6	1658.6	1504.2	1504.2	1.9
体育用品及器材零售	2990.0	2990.0	2852.5	2852.5	5.5
图书、报刊零售	28106.8	27548.0	22826.2	22660.2	1.7
珠宝首饰零售	87094.1	86966.9	77522.2	77522.2	1790.9
工艺美术品及收藏品零售	5786.8	5786.8	4954.3	4954.3	10.1
乐器零售	2640.8	2640.8	2317.5	2317.5	4.8
照相器材零售	3143.4	3143.4	2885.4	2885.4	5.4
其他文化用品零售	874.7	874.7	809.2	809.2	2.2
医药及医疗器材专门零售	617970.8	616487.8	545879.9	545879.9	1568.2
药品零售	616647.9	615164.9	545045.9	545045.9	1563.5
医疗用品及器材零售	1322.9	1322.9	834.0	834.0	4.7
汽车、摩托车、燃料及零配件专门零售	3666273.5	3658538.9	3439165.8	3435862.3	3965.3
汽车零售	2708285.3	2702409.9	2554324.1	2553709.5	3033.8
汽车零配件零售	5860.2	5860.2	5680.7	5680.7	1.6
机动车燃料零售	952128.0	950268.8	879161.0	876472.1	929.9
家用电器及电子产品专门零售	353225.2	347213.9	316282.7	314531.5	1275.3
家用视听设备零售	1387.5	1334.3	1253.4	1253.4	11.2
日用家电设备零售	219986.5	216631.7	191358.4	191210.7	606.5
计算机、软件及辅助设备零售	74829.7	74011.4	71511.5	70081.2	171.6
通信设备零售	46224.3	44549.0	41708.4	41605.2	479.7
其他电子产品零售	10797.2	10687.5	10451.0	10381.0	6.3
五金、家具及室内装饰材料专门零售	21816.5	21811.8	18623.6	18223.3	143.4
五金零售	5354.2	5354.2	5027.0	5027.0	6.4
家具零售	6986.6	6981.9	5415.7	5015.4	108.2
陶瓷、石材装饰材料零售	5674.2	5674.2	4899.1	4899.1	14.8
其他室内装饰材料零售	3801.5	3801.5	3281.8	3281.8	14.0
货摊、无店铺及其他零售业	52418.7	52383.3	45968.8	45968.8	64.2
互联网零售	50627.5	50627.5	44692.1	44692.1	52.4
其他未列明零售业	1791.2	1755.8	1276.7	1276.7	11.8
2.按登记注册类型分					
内资企业	6595649.6	6497782.8	5957731.2	5938755.7	20044.8
国有企业	67873.3	67145.3	62153.3	62082.7	40.8
集体企业	72658.8	72401.8	65581.0	65345.4	280.7
股份合作企业	9948.0	9948.0	8813.3	8813.3	23.2
联营企业	1370.0	1370.0	1335.0	1335.0	6.0
国有联营企业	1370.0	1370.0	1335.0	1335.0	6.0

单位：万元

主营业务税金及附加	其他业务利润	销售费用	管理费用	税金	财务费用	利息收入
760.2		4808.1	1329.6	4.6	445.9	0.1
50.7		2501.4	315.5	19.2	2.3	1.9
345.6	645.2	3025.7	2877.5	105.2	326.8	11.2
66.8	230.8	248.8	1203.0	2.7	25.9	9.7
112.9	87.9	1568.2	1880.3	15.6	−35.4	38.5
2762.1	15984.0	37717.3	33617.2	626.5	7073.0	306.0
7.3			216.3	6.0	9.3	0.2
2599.5	15740.7	34909.9	32207.1	615.6	6816.5	195.7
11.6			377.6		97.7	90.0
44.3	106.2	1152.1	294.4	2.4	−18.6	19.0
99.4	137.1	1655.3	521.8	2.5	168.1	1.1
1820.6	1106.8	12124.0	4627.5	113.6	2314.2	14.0
1.9		142.0			0.1	
5.5		87.0	35.0		10.0	0.1
1.5	288.5	4118.8	1750.3	74.6	35.2	9.9
1790.9	69.6	7015.1	2576.7	3.0	2254.2	3.9
10.1	748.7	272.1	151.0	0.1	7.0	
4.8		267.8	39.5	35.8	2.2	0.1
5.4		159.7	74.7		5.1	
0.5		61.5	0.3	0.1	0.4	
1538.9	1102.8	37038.4	17404.2	621.5	1599.1	1134.9
1534.2	1102.8	36768.0	17196.5	621.5	1598.9	1134.9
4.7		270.4	207.7		0.2	
3917.6	12353.1	109660.2	67254.2	2606.3	34331.6	5105.2
2993.4	12010.0	75443.8	54275.5	2345.1	32291.5	5093.1
1.6		38.2	138.8		0.5	0.2
922.6	343.1	34178.2	12839.9	261.2	2039.6	11.9
1130.3	1722.5	24502.1	10870.6	91.9	688.6	347.8
1.6		107.2	14.1			
549.0		19201.9	8983.1	25.8	312.8	342.8
145.5	110.8	1903.4	844.5	44.7	238.9	5.1
427.9	1572.0	3125.0	850.5	21.0	137.0	
6.3	39.7	164.6	178.4	0.4	−0.1	−0.1
140.5	1.3	1559.1	1145.8	59.3	89.5	10.2
6.4	1.3	94.5	213.7		0.2	0.4
105.3		627.6	475.0	56.9	44.0	9.3
14.8		471.4	198.4	2.3	38.7	0.4
14.0		365.6	258.7	0.1	6.6	0.1
64.2		4226.2	3068.0	0.1	176.7	24.9
52.4		4134.3	2457.6	0.1	171.8	24.9
11.8		91.9	610.4		4.9	
19445.1	75792.8	348130.2	180667.9	4387.8	63945.0	7153.2
40.6	30.0	4319.6	2554.5	139.5	171.4	18.7
280.7	868.1	3203.7	3947.7	108.7	234.1	7.6
23.2			1009.9		30.1	2.3
6.0		9.0	8.0		0.2	
6.0		9.0	8.0		0.2	

11-5 续表 3-3

指 标	营业收入	#主营业务收入	营业成本	#主营业务成本	营业税金及附加
有限责任公司	1184008.6	1170800.8	1052684.0	1050837.3	3771.2
国有独资公司	14385.9	14385.9	13238.9	13238.9	35.8
其他有限责任公司	1169622.7	1156414.9	1039445.1	1037598.4	3735.4
股份有限公司	772965.9	771724.8	718642.4	716189.1	632.6
私营企业	4485467	4403034.1	4047386.6	4033017.3	15288.4
私营独资企业	9741.2	9741.2	8629.6	8629.6	3.4
私营有限责任公司	3784451.7	3748051	3439475.4	3435509.3	11840.3
私营股份有限公司	691274.1	645241.9	599281.6	588878.4	3444.7
其他企业	1358.0	1358.0	1135.6	1135.6	1.9
港、澳、台商投资企业	171197.5	168577.9	149003.5	148727.1	571.5
与港澳台商合资经营企业	85496.9	84384.5	74871.4	74599.6	276.0
港澳台商独资企业	74144.7	73896.8	65066.9	65066.9	139.6
港澳台商投资股份有限公司	11555.9	10296.6	9065.2	9060.6	155.9
外商投资企业	70109.8	68903.1	57442.3	57442.3	401.2
中外合资经营企业	17337.6	16709.0	14433.8	14433.8	155.3
外资企业	52772.2	52194.1	43008.5	43008.5	245.9
3.按控股情况分					
国有控股	1583774.4	1577777.8	1434423.2	1431665.4	3026.4
集体控股	197956.8	195407.7	178929.1	177136.2	722.9
私人控股	4494812.8	4412379.9	4058382.0	4044012.7	15301.7
港澳台商控股	165545.0	162925.4	143912.0	143635.6	571.5
外商控股	70109.8	68903.1	57442.3	57442.3	401.2
其他	324758.1	317869.9	291088.4	291032.9	993.8
4.按经营形式分					
独立门店	4650182.6	4600765.2	4219583.0	4214898.9	15317.2
连锁总店	1379110.9	1370920.1	1238245.9	1234087.6	3323.4
连锁门店	604075.4	560971.3	518575.8	509366.6	2075.3
其他	203588.0	202607.2	187772.3	186572.0	301.6
5.按单位规模分					
大型	3466146.6	3401876.7	3104060.0	3091175.1	10829.8
中型	2587450.5	2552221.7	2336909.9	2332606.4	7677.8
小型	696940.4	695071.7	643361.1	641415.3	1954.0
微型	86419.4	86093.7	79846.0	79728.3	555.9
6.按零售业态分					
有店铺零售	6779968.2	6678302.2	6113488.1	6094240.8	20958.3
便利店	204804.7	201912.3	188237.5	187039.9	784.9
超市	30272.2	30272.2	27228.5	27228.5	70.2
大型超市	690449.8	640182.7	591151.1	581943.9	2392.6
百货店	497478.7	477993.4	400191.7	398858.4	5111.5
专业店	2975592.2	2966629.8	2705110.8	2701646.5	6404.1
专卖店	2119576.4	2110276.4	1982013.0	1978368.1	4323.2
家居建材商店	6080.6	6080.6	5288.7	5288.7	15.3
购物中心	179484.9	168816.5	142828.2	142828.2	1716.1
厂家直销中心	76228.7	76138.3	71438.6	71038.6	140.4
无店铺零售	56988.7	56961.6	50688.9	50684.3	59.2
网上商店	50627.5	50627.5	44692.1	44692.1	52.4

单位：万元

主营业务税金及附加	其他业务利润	销售费用	管理费用	税金	财务费用	利息收入
3579.3	10575.9	64079.5	35664.9	679.4	9246.4	1550.3
35.8		332.6	1187.6	23.8	147.6	2.5
3543.5	10575.9	63746.9	34477.3	655.6	9098.8	1547.8
631.3		22325.8	5972.1	203.8	1040.6	160.0
14882.1	64318.8	254073.3	131422.5	3256.3	53137.4	5414.2
3.4		733.4	285.3	2.2	9.9	
11434.0	28747.4	174075.6	119071.7	3226.3	48644.4	5395.0
3444.7	35571.4	79264.3	12065.5	27.8	4483.1	19.2
1.9		119.3	88.3	0.1	84.8	0.1
488.7	2449.7	14426.1	3980.8	218.3	2526.6	40.7
237.0	840.6	7113.7	1440.0		2001.3	
139.6	354.2	4453.9	1799.7	52.7	459.4	32.9
112.1	1254.9	2858.5	741.1	165.6	65.9	7.8
401.2	1005.4	12330.5	2576.8	0.3	302.6	145.9
155.3	628.6	4655.8	529.4		300.5	20.1
245.9	376.8	7674.7	2047.4	0.3	2.1	125.8
2917.3	3766.7	71294.1	25828.1	832.8	3974.2	1331.6
642.9	2567.5	9958.7	8792.1	175.1	2088.1	68.1
14895.4	64468.9	254539.7	132135.0	3261.2	53145.7	5414.9
488.7	2449.7	14426.1	3980.8	218.3	2526.6	40.7
401.2	1005.4	12330.5	2576.8	0.3	302.6	145.9
989.5	4989.7	12337.7	13912.7	118.7	4737.0	338.6
14749.7	43031.0	210866.9	142040.8	3878.7	55066.9	6406.7
3235.3	1918.6	77380.2	27795.6	579.9	7731.4	829.8
2075.3	33876.6	77777.3	11354.6	23.4	2580.3	1.9
274.7	421.7	8862.4	6034.5	124.4	1395.6	101.4
10491.6	48350.5	202313.8	79209.9	1099.4	23533.7	1561.0
7402.7	26627.4	143158.3	81039.4	3023.2	36758.9	5169.5
1922.3	3956.9	26609.0	25315.8	424.3	6150.5	584.1
518.4	313.1	2805.7	1660.4	59.5	331.1	25.2
20275.8	79256.2	370644.4	184513.4	4593.1	66608.4	7306.8
784.9	1694.8	6476.8	6411.4	62.8	1340.6	179.5
69.8	0.7	1520.6	1877.8	36.4	158.6	1.9
2220.8	37540.0	95280.4	11755.3	19.6	2779.1	44.5
4895.0	9650.0	34984.0	24226.3	556.6	16599.9	67.7
6237.4	6280.9	127567.3	72652.8	1789.4	17594.8	1776.4
4256.8	13185.4	80232.7	44698.5	2058.5	26275.1	5051.3
15.3		471.9	262.1	2.4	38.8	0.4
1658.3	10821.5	22019.6	19124.3	9.8	1744.3	177.6
137.5	82.9	2091.1	3504.9	57.6	77.2	7.5
59.2	-8.3	4242.4	2712.1	13.3	165.8	33.0
52.4		4134.3	2457.6	0.1	171.8	24.9

11-5　限额以上批发和

指　　标	利息支出	资产减值损失	公允价值变动收益	投资收益	营业利润
总　计	**189986.5**	**29633.6**	**1584.6**	**85656.4**	**162622.0**
一、批发业	**154848.5**	**27469.3**	**1460.8**	**85436.3**	**140487.7**
1.按批发行业小类分					
农、林、牧产品批发	145.3				-1641.1
谷物、豆及薯类批发	145.3				-1641.1
食品、饮料及烟草制品批发	460.1	6.5		42.0	70707.5
米、面制品及食用油批发	39.8				-481.6
糕点、糖果及糖批发					159.6
果品、蔬菜批发					-4127.5
肉、禽、蛋、奶及水产品批发	67.0				-784.4
盐及调味品批发	24.4			42.0	2155.8
营养和保健品批发					31.6
酒、饮料及茶叶批发	120.7	6.5			-5365.5
烟草制品批发					79318.0
其他食品批发	208.2				-198.5
纺织、服装及家庭用品批发	621.6	-34.1		193.6	4411.1
服装批发	25.7	91.8		193.6	6700.0
鞋帽批发	402.9	3.8			421.8
厨房、卫生间用具及日用杂货批发					-28.0
家用电器批发	92.6	-129.7			-983.4
其他家庭用品批发	100.4				-1699.3
文化、体育用品及器材批发	688.9				9561.2
文具用品批发	504.2				1623.2
体育用品及器材批发					43.5
图书批发	58.4				8103.0
首饰、工艺品及收藏品批发	126.3				-208.5
医药及医疗器材批发	10256.5	1661.1	4.6	220.8	12892.1
西药批发	6496.3	848.5	4.6	220.8	8017.2
中药批发	1746.7	290.7			4056.4
医疗用品及器材批发	2013.5	521.9			818.5
矿产品、建材及化工产品批发	140145.4	26074.8	1456.2	83620.8	37860.0
煤炭及制品批发	108038.8	24633.7	1439.2	56250.4	55086.4
石油及制品批发	7228.6	-49.3		-34.4	-22346.3
非金属矿及制品批发	598.6				-3076.7
金属及金属矿批发	20138.2	84.8	17.0	26962.7	14279.8
建材批发	2076.2	28.4		380.5	-4067.7
化肥批发	1253.3				166.0
其他化工产品批发	811.7	1377.2		61.6	-2181.5
机械设备、五金产品及电子产品批发	993.2	-237.7		0.3	6182.4
农业机械批发	10.8				-389.3
汽车批发	104.4				-324.2
汽车零配件批发	0.8				48.2
五金产品批发	39.4				20.3
电气设备批发		-1.3			39.1
计算机、软件及辅助设备批发	85.6				28.2

零售业法人企业财务状况(四)

单位：万元

营业外收入	补贴收入	利润总额	应交所得税	应付职工薪酬（本年贷方累计发生额）	应交增值税
33976.8	**9164.1**	**189993.1**	**72128.6**	**326549.0**	**321500.0**
22380.8	**7319.2**	**166384.3**	**54977.5**	**177416.0**	**240386.0**
1813.7	1685.2	170.0		656.0	3.0
1813.7	1685.2	170.0		656.0	3.0
3570.9	724.3	73479.7	21610.5	25132.0	38610.0
439.9	434.1	-41.7	0.4	471.0	157.0
		159.7	39.0	23.0	49.0
2257.0		-1901.1		1317.0	816.0
148.7		-645.2	61.1	2638.0	291.0
202.9	0.2	2357.6	528.9	4790.0	8049.0
		31.6	7.9	103.0	
54.2		-5311.4	-135.6	1699.0	5520.0
173.0		78734.6	21077.8	12683.0	23303.0
295.2	290.0	95.6	31.0	1409.0	426.0
1966.6	266.3	6272.0	897.6	12215.0	4428.0
313.8	263.0	6994.8	739.4	7266.0	2037.0
		419.9	95.2	303.0	365.0
3.3	3.3	-24.7		62.0	
26.2		-1042.0	62.5	4159.0	1826.0
1623.3		-76.0	0.5	425.0	199.0
16.0	13.3	9432.4	2696.6	4593.0	613.0
2.7		1618.1	425.5	1072.0	451.0
13.3	13.3	56.8	14.2	10.0	
		8058.9	2251.2	3286.0	
		-301.4	5.7	224.0	162.0
1509.5	108.5	15028.4	2958.4	17289.0	14100.0
100.0	73.2	8843.9	1028.6	12152.0	9384.0
1404.9	35.3	5390.4	1389.1	3271.0	2955.0
4.6		794.1	540.7	1867.0	1761.0
13065.9	4299.4	54902.0	25025.1	107402.0	179162.0
5636.3	624.6	63153.5	22354.0	73333.0	162545.0
2776.4	5.0	-19590.0	1264.0	7709.0	8610.0
59.0	59.0	-2935.2		203.0	480.0
1055.1	604.1	16003.9	783.0	11679.0	5779.0
29.9	13.5	-4044.2	620.3	2029.0	1033.0
3455.9	2955.4	4470.9		312.0	488.0
53.3	37.8	-2156.9	3.8	12136.0	227.0
254.9	103.6	6280.6	1721.5	8037.0	2916.0
		-389.3	2.7	375.0	38.0
0.1		-324.1	3.1	80.0	13.0
5.0		53.1	15.1	355.0	115.0
		20.0	15.8	246.0	118.0
		39.1	16.0	310.0	64.0
		28.2	10.6	183.0	61.0

11-5　续表 4-1

指　标	利息支出	资产减值损失	公允价值变动收益	投资收益	营业利润
其他机械设备及电子产品批发	752.2	-236.4		0.3	6760.1
贸易经纪与代理	1178.1			1358.8	1233.7
贸易代理	1178.1			1358.8	1233.7
其他批发业	359.4	-1.3			-719.2
再生物资回收与批发	37.4				-186.1
其他未列明批发业	322.0	-1.3			-533.1
2.按登记注册类型分					
内资企业	154431.1	27407.6	1460.8	85419.1	139704.4
国有企业	1495.3	4.1		1143.4	81956.8
集体企业				42.0	1334.7
有限责任公司	107359.7	27219.4	1002.2	37787.9	57226.2
国有独资公司	67427.2	6346.7	985.2	3218.6	54209.4
其他有限责任公司	39932.5	20872.7	17.0	34569.3	3016.8
股份有限公司	29277.8	89.3		44707.7	7223.2
私营企业	16298.3	94.8	458.6	1738.1	-8036.5
私营有限责任公司	15812.9	-271.6	4.6	1999.7	-11144.8
私营股份有限公司	485.4	366.4	454.0	-261.6	3108.3
港、澳、台商投资企业	414.9	61.7		17.2	589.6
与港澳台商合资经营企业	414.2	61.7		17.2	-3355.7
港澳台商独资企业	0.7				3945.3
外商投资企业	2.5				193.7
中外合资经营企业	2.5				193.7
3.按控股情况分					
国有控股	131682.2	26781.6	985.2	57876.2	125308.9
集体控股	3636.6		17.0	25822.0	23209.1
私人控股	17584.0	184.9	458.6	1738.1	-13551.1
港澳台商控股	0.7				3945.3
其他	1945.0	502.8			1575.5
4.按经营形式分					
独立门店	77511.8	4431.5	475.6	29357.1	152310.0
其他	77336.7	23037.8	985.2	56079.2	-11822.3
5.按单位规模分					
大型	54010.8	7505.5		3759.2	140765.5
中型	87847.0	12006.9	1456.2	81622.5	20737.2
小型	11872.5	8221.4		32.9	-22707.1
微型	1118.2	-264.5	4.6	21.7	1692.1
二、零售业	**35138.0**	**2164.3**	**123.8**	**220.1**	**22134.3**
1.按零售行业小类分					
综合零售	8370.3	1955.9		-15.2	6044.4
百货零售	6378.7	20.4		-117.0	18562.3
超级市场零售	528.3	1935.5			-14173.2
其他综合零售	1463.3			101.8	1655.3
食品、饮料及烟草制品专门零售	1862.1	83.2	123.8	58.5	2608.8
粮油零售	87.8				-624.2
糕点、面包零售	1245.1				-2678.2

单位：万元

营业外收入	补贴收入	利润总额	应交所得税	应付职工薪酬（本年贷方累计发生额）	应交增值税
249.8	103.6	6853.6	1658.2	6488.0	2507.0
173.5	109.4	1532.6	43.4	672.0	191.0
173.5	109.4	1532.6	43.4	672.0	191.0
9.8	9.2	−713.4	24.4	1422.0	365.0
0.5		−185.6	3.0	170.0	44.0
9.3	9.2	−527.8	21.4	1252.0	320.0
21677.4	6746.2	164997.3	54311.8	170525.0	237747.0
2469.1	2053.1	83582.2	21957.2	23191.0	24303.0
202.1		1530.7	333.1	1665.0	728.0
11327.7	3633.2	73020.6	23933.4	110639.0	183797.0
3181.6	584.2	56854.2	18363.7	58834.0	148800.0
8146.1	3049.0	16166.4	5569.7	51805.0	34998.0
2507.9		9007.9	661.7	6426.0	7739.0
5170.6	1059.9	−2144.1	7426.4	28604.0	21180.0
4715.7	796.9	−5938.8	2672.2	25145.0	20693.0
454.9	263.0	3794.7	4754.2	3459.0	488.0
676.5	573.0	1166.4	610.6	6050.0	2623.0
676.5	573.0	−2776.0		2340.0	1178.0
		3942.4	610.6	3709.0	1445.0
26.9		220.6	55.1	841.0	16.0
26.9		220.6	55.1	841.0	16.0
14115.7	6259.3	142353.6	45329.7	113019.0	205604.0
290.6		23492.2	334.7	2871.0	732.0
7435.6	1059.9	−5426.1	7492.7	32135.0	22605.0
		3942.4	610.6	3709.0	1445.0
538.9		2022.2	1209.8	25682.0	10001.0
13289.9	5362.1	161979.3	47449.0	118884.0	190821.0
9090.9	1957.1	4405.0	7528.5	58532.0	49566.0
5581.8	637.8	146507.9	39122.4	87569.0	45381.0
13083.7	3944.3	32590.9	13201.4	76447.0	186858.0
1415.4	778.9	−16608.1	797.5	7924.0	5893.0
2299.9	1958.2	3893.6	1856.2	5476.0	2254.0
11596.0	**1844.9**	**23608.8**	**17151.1**	**149133.0**	**81114.0**
7137.9	817.5	8784.7	4887.3	38302.0	40109.0
78.5	6.0	17954.7	4389.8	10237.0	35532.0
6700.0	798.5	−11164.2	8.3	25797.0	2783.0
359.4	13.0	1994.2	489.2	2267.0	1794.0
1201.1	745.9.0	1269.6	326.0	9450.0	3930.0
763.9	736.5	17.5	4.0	279.0	48.0
96.8	6.0	−2581.4		2562.0	619.0

11-5 续表 4-2

指 标	利息支出	资产减值损失	公允价值变动收益	投资收益	营业利润
果品、蔬菜零售	443.1	2.6	2.3	6.5	3469.3
肉、禽、蛋、奶及水产品零售					-160.0
酒、饮料及茶叶零售	85.2	80.6	121.5	52.0	1719.9
烟草制品零售					118.5
其他食品零售	0.9				763.5
纺织、服装及日用品专门零售	5154.7	5.5		96.5	-8147.4
纺织品及针织品零售	9.1				-84.7
服装零售	4978.5	5.5		96.5	-9718.2
鞋帽零售	7.7				961.0
化妆品及卫生用品零售					674.1
钟表、眼镜零售	159.4				20.4
文化、体育用品及器材专门零售	38.2			135.9	-4128.6
文具用品零售					10.4
体育用品及器材零售					
图书、报刊零售	33.1				-625.4
珠宝首饰零售				135.9	-3929.1
工艺美术品及收藏品零售					392.3
乐器零售					9.0
照相器材零售	5.1				13.1
其他文化用品零售					1.1
医药及医疗器材专门零售	2540.1	48.7		6.2	14438.5
药品零售	2540.1	48.7		6.2	14432.6
医疗用品及器材零售					5.9
汽车、摩托车、燃料及零配件专门零售	16761.9	71.0			12603.2
汽车零售	15775.4	36.0			-10559.3
汽车零配件零售	0.2				0.4
机动车燃料零售	986.3	35.0			23162.1
家用电器及电子产品专门零售	125.7			-61.8	-455.8
家用视听设备零售					1.6
日用家电设备零售	16.5				-476.1
计算机、软件及辅助设备零售	109.2				159.8
通信设备零售				-61.8	-138.1
其他电子产品零售					-3.0
五金、家具及室内装饰材料专门零售	88.9				256.4
五金零售	0.1				13.7
家具零售	53.3				316.1
陶瓷、石材装饰材料零售	35.5				51.8
其他室内装饰材料零售					-125.2
货摊、无店铺及其他零售业	196.1				-1085.2
互联网零售	196.1				-880.7
其他未列明零售业					-204.5
2.按登记注册类型分					
内资企业	34259.2	206.6	123.8	220.1	26346.6
国有企业	120.8				-1253.4
集体企业	0.9				-578.4
股份合作企业	31.4				71.5
联营企业					11.8
国有联营企业					11.8

单位：万元

营业外收入		利润总额	应交所得税	应付职工薪酬（本年贷方累计发生额）	应交增值税
	补贴收入				
221.6	3.0	3708.8	4.5	840.0	340.0
		−160.0		1347.0	392.0
25.6	0.4	−378.7	160.4	3033.0	364.0
		118.5	38.5	605.0	246.0
93.2		544.9	118.6	783.0	1920.0
219.0		−9244.6	1294.5	10415.0	3893.0
				126.0	
141.2		−11064.2	943.1	8272.0	3740.0
68.3		1025.1		101.0	
		780.4	331.6	1572.0	
9.5		14.1	19.8	344.0	153.0
571.3		−3583.3	124.1	7119.0	1116.0
		10.4	2.6	50.0	
		17.5	3.5	40.0	56.0
556.4		−69.4	5.7	3581.0	14.0
2.5		−3968.7	2.9	3165.0	973.0
		392.3	98.0	84.0	3.0
		9.0	2.2	112.0	36.0
12.3		25.4	9.1	86.0	33.0
0.1		0.2	0.1	1.0	2.0
116.5		14846.7	4282.9	18700.0	7454.0
116.5		14840.8	4282.4	18635.0	7421.0
		5.9	0.5	66.0	33.0
1791.8	−138.3	12477.6	6080.3	56286.0	23187.0
1783.7	−138.6	−7446.6	2702.4	45585.0	19584.0
		0.4	1.0	49.0	11.0
8.1	0.3	19923.8	3376.9	10652.0	3591.0
244.6	107.6	−563.8	121.4	7437.0	794.0
1.5		3.1	0.5	82.0	1.0
132.5	0.2	−389.3	14.7	4958.0	301.0
110.4	107.4	268.4	91.7	1095.0	239.0
0.2		−442.7	11.1	1163.0	209.0
		−3.3	3.4	140.0	44.0
0.1		359.3	27.2	630.0	528.0
		12.5	2.2	151.0	50.0
		311.7	4.8	189.0	370.0
		51.8	12.4	156.0	89.0
0.1		−16.7	7.8	135.0	19.0
313.7	312.2	−737.4	7.4	795.0	105.0
312.9	312.2	−567.8	7.4	719.0	101.0
0.8		−169.6		76.0	4.0
11387	1815.5	27877.8	14789.6	139940.0	78057.0
1294.6	736.5	−81.9	9.2	3666.0	217.0
112.9		72.0	89.8	2342.0	1505.0
0.3	0.3	52.7	17.6	165.0	158.0
		11.8	0.1	44.0	
		11.8	0.1	44.0	

11-5　续表 4-3

指　　标	利息支出	资产减值损失	公允价值变动收益	投资收益	营业利润
有限责任公司	7515.1	162.2		141.8	18898.2
国有独资公司	146.4				-556.6
其他有限责任公司	7368.7	162.2		141.8	19454.8
股份有限公司	414.8				24352.4
私营企业	26091.6	41.8	121.5	71.8	-15089.8
私营独资企业	9.6				33.2
私营有限责任公司	24657.9	41.8	121.5	15.2	-7914.5
私营股份有限公司	1424.1			56.6	-7208.5
其他企业	84.6	2.6	2.3	6.5	-65.7
港、澳、台商投资企业	451.2				689.0
与港澳台商合资经营企业					-205.5
港澳台商独资企业	451.2				2225.2
港澳台商投资股份有限公司					-1330.7
外商投资企业	427.6	1957.7			-4901.3
中外合资经营企业	325.0	1937.3			-4674.5
外资企业	102.6	20.4			-226.8
3.按控股情况分					
国有控股	3398.6	175.9		6.2	45256.1
集体控股	1410.6			135.6	-2205.7
私人控股	26093.1	41.8	121.5	71.8	-17939.9
港澳台商控股	451.2				128.0
外商控股	427.6	1957.7			-4901.3
其他	3356.9	-11.1	2.3	6.5	1797.1
4.按经营形式分					
独立门店	31255.0	156.9	123.8	174.9	8528.4
连锁总店	2368.6	1957.7		45.2	22721.9
连锁门店	181.1				-8287.9
其他	1333.3	49.7			-828.1
5.按单位规模分					
大型	7483.6	20.1		116.0	46295.3
中型	23591.4	2165.4		-89.7	-19896.4
小型	3882.3	-86.5		135.3	-5865.9
微型	180.7	65.3	123.8	58.5	1601.3
6.按零售业态分					
有店铺零售	34940.6	2164.3	123.8	220.1	23014.0
便利店	1463.3			101.8	1655.3
超市	141.8				-583.3
大型超市	489.1	1955.9			-14864.6
百货店	8831.0			-90.7	16284.6
专业店	10034.6	99.3	123.8	2.9	46619.6
专卖店	13531.5	109.1		135.9	-17200.5
家居建材商店	35.5				3.8
购物中心	382.9			70.2	-7877.4
厂家直销中心	30.9				-1023.5
无店铺零售	197.4				-879.7
网上商店	196.1				-880.7

单位：万元

营业外收入	补贴收入	利润总额	应交所得税	应付职工薪酬（本年贷方累计发生额）	应交增值税
946.0	267.1	19767.1	7265.6	30683.0	10536.0
614.3	236.3	23.6	5.4	774.0	86.0
331.7	30.8	19743.5	7260.2	29910.0	10451.0
63.9		24407.2	3287.7	8363.0	1211.0
8737.9	808.6	−16516.2	4115.1	94422.0	64429.0
0.4		−5.4	1.8	414.0	15.0
2874.1	330.4	−11579.6	4003.0	69464.0	61539.0
5863.4	478.2	−4931.2	110.3	24545.0	2875.0
231.4	3.0	165.1	4.5	254.0	
155.4	5.0	632.0	1860.1	6146.0	1874.0
66.3		−234.4	762.3	3007.0	1530.0
79.8	5.0	2188.0	1097.8	2501.0	344.0
9.3		−1321.6		637.0	
53.6	24.4	−4901.0	501.4	3047.0	1183.0
24.8	24.4	−4684.3		1436.0	434.0
28.8		−216.7	501.4	1611.0	749.0
2071.9	978.8	47485.2	9678.7	30858.0	8264.0
218.6	6.3	−1452.5	247.9	8382.0	2461.0
8737.9	808.6	−19631.0	4120.8	94877.0	64520.0
155.4	5.0	71.0	1860.1	5990.0	1779.0
53.6	24.4	−4901.0	501.4	3047.0	1183.0
358.6	21.8	2037.1	742.2	5980.0	2907.0
4000.9	728.6	6333.0	11851.2	94167.0	67822.0
749.6	110.4	23204.8	4843.8	29153.0	11045.0
6481.7	647.5	−5471.8	316.9	22609.0	1668.0
363.8	358.4	−457.2	139.2	3204.0	579.0
6626.0	543.8	46191.3	11344.4	59933.0	47389.0
3800.5	723.2	−16484.0	4925.4	70549.0	23591.0
925.6	462.3	−5829.7	742.7	17854.0	9957.0
243.9	115.6	−268.8	138.6	796.0	177.0
11283.1	1532.7	24185.2	17137.6	148267.0	80969.0
359.4	13.0	1994.2	489.2	2267.0	1794.0
637.2	236.3	−184.9	7.8	1453.0	129.0
6074.4	562.2	−12453.8	8.3	26593.0	2774.0
200.0	113.4	15804.9	4501.0	11213.0	35866.0
1113.1	134.7	42056.2	8795.8	47665.0	13671.0
2121.1	−151.4	−14882.5	2746.3	54258.0	22909.0
		3.8	12.4	183.0	93.0
59.2		−7842.9	513.3	3205.0	2888.0
718.7	624.5	−309.8	63.5	1430.0	846.0
312.9	312.2	−576.4	13.5	866.0	144.0
312.9	312.2	−567.8	7.4	719.0	101.0

11-6　限额以上住宿和

指　　标	法人企业数（个）	执行《2006年企业会计准则》企业数（个）	年初存货	流动资产合计	应收帐款	存货
总　计	**209**	**194**	**24063.3**	**264347.2**	**37737.6**	**21613.4**
一、住宿业	**88**	**78**	**7529.4**	**133773.7**	**19223.5**	**7560.8**
1.按住宿业行业小类分						
旅游饭店	48	44	5697.7	108979.9	14341.6	5770.7
一般旅馆	38	32	1654.3	23611.9	4879.9	1673.3
其他住宿业	2	2	177.4	1181.9	2.0	116.8
2.按登记注册类型分						
内资企业	87	77	7266.5	130777.0	19099.1	7322.6
国有企业	24	19	2917.7	67872.0	7970.9	2983.9
集体企业	3	3	29.0	433.5	25.2	135.0
有限责任公司	11	9	900.4	10866.3	4864.2	955.8
国有独资公司	1	1	63.9	251.6	87.9	67.3
其他有限责任公司	10	8	836.5	10614.7	4776.3	888.5
股份有限公司	1	1	133.2	149.2	2.0	84.7
私营企业	48	45	3286.2	51456.0	6236.8	3163.2
私营独资企业	1	1	8.2	38.8	0.5	3.7
私营合伙企业						
私营有限责任公司	45	42	2839.1	44674.1	5153.8	2724.6
私营股份有限公司	2	2	438.9	6743.1	1082.5	434.9
港、澳、台商投资企业	1	1	262.9	2996.7	124.4	238.2
与港澳台商合资经营企业	1	1	262.9	2996.7	124.4	238.2
3.按控股情况分						
国有控股	31	24	3551.3	77929.0	12769.4	3699.0
集体控股	3	3	29.0	433.5	25.2	135.0
私人控股	50	47	3353.5	51781.1	6302.5	3238.6
港澳台商控股	1	1	262.9	2996.7	124.4	238.2
其他	3	3	332.7	633.4	2.0	250.0
4.按经营形式分						
独立门店	87	77	7478.4	133652.0	19157.8	7504.8
连锁门店	1	1	51.0	121.7	65.7	56.0
5.按单位规模分						
大型	2	2	906.8	11286.3	564.4	901.3
中型	19	17	3345.9	81769.9	8905.9	3385.7
小型	62	54	2823.9	37488.5	8636.2	2718.7
微型	5	5	452.8	3229.0	1117.0	555.1
6.按星级分						
五星	4	4	2044.2	17450.2	1061.1	1907.0
四星	11	11	1727.9	27695.2	8419.9	1620.5
三星	22	17	1335.0	21713.3	4935.9	1554.1
二星	4	4	73.3	1065.2	87.7	146.3
其他	47	42	2349.0	65849.8	4718.9	2332.9

餐饮业法人企业财务状况(一)

单位：万元

固定资产合计	固定资产原价	累计折旧	#本年折旧	在建工程	资产总计	流动负债合计	#应付帐款	非流动负债合计
219826.8	**433732.8**	**213928.8**	**23702.5**	**60747.2**	**670197.7**	**469028.8**	**102436.9**	**85260.9**
145400.5	**283466.5**	**138066.0**	**13458.2**	**45632.7**	**368188.7**	**216523.9**	**35347.1**	**65652.7**
126612.2	249919.3	123307.1	10525.9	44887.5	313306.7	181021.7	29603.0	63199.4
18639.6	33239.6	14600.0	2885.7	670.5	53476.6	35122.8	5602.2	2453.3
148.7	307.6	158.9	46.6	74.7	1405.4	379.4	141.9	
141462.8	276785.0	135322.2	13140.8	45632.7	361174.0	210910.9	34498.5	65652.7
79598.9	156633.4	77034.5	6167.1	39802.7	194165.8	100329.3	11285.1	44285.1
619.9	1768.8	1148.9	67.7		1704.0	1689.2	129.7	
38546.0	69140.5	30594.5	2073.2	228.5	54545.7	17141.8	2191.9	9678.2
3190.8	6705.3	3514.5			3578.2	1271.5	19.1	
35355.2	62435.2	27080.0	2073.2	228.5	50967.5	15870.3	2172.8	9678.2
125.9	252.0	126.1	41.3		275.2	337.0	139.3	
22572.1	48990.3	26418.2	4791.5	5601.5	110483.3	91413.6	20752.5	11689.4
60.0	218.1	158.1	5.5		98.8	87.4		
21387.1	47385.7	25998.6	4685.9	5601.5	101352.8	86870.1	19851.7	9922.4
1125.0	1386.5	261.5	100.1		9031.7	4456.1	900.8	1767.0
3937.7	6681.5	2743.8	317.4		7014.7	5613.0	848.6	
3937.7	6681.5	2743.8	317.4		7014.7	5613.0	848.6	
111682.9	214033.9	102351.0	7847.0	39824.3	239385.8	110271.7	12565.6	51886.8
619.9	1768.8	1148.9	67.7		1704.0	1689.2	129.7	
23663.2	50720.9	27057.7	4868.8	5601.5	112541.2	91645.7	20925.5	12765.9
3937.7	6681.5	2743.8	317.4		7014.7	5613.0	848.6	
5496.8	10261.4	4764.6	357.3	206.9	7543.0	7304.3	877.7	1000.0
145338.8	283344.8	138006.0	13428.2	45632.7	367945.3	216390.5	35213.7	65652.7
61.7	121.7	60.0	30.0		243.4	133.4	133.4	
16841.3	40564.0	23722.7	2571.7		28172.9	17863.2	4276.4	3537.5
81443.1	138031.2	56588.1	5359.9	43723.2	226462.8	116067.3	15294.8	51978.6
39071.2	78185.4	39114.2	4570.8	1429.0	101340.2	74082.4	14727.6	7636.6
8044.9	26685.9	18641.0	955.8	480.5	12212.8	8511.0	1048.3	2500.0
55035.3	89960.5	34925.2	3900.8		73714.1	25633.6	5542.7	3677.5
26724.4	60253.8	33529.4	2962.9	459.5	61463.3	22072.9	5570.6	17283.9
43158.9	94564.1	51405.2	3569.8	40002.7	119172.8	75882.5	7403.4	23266.9
1069.5	1999.9	930.4	67.4	22.0	2134.8	2427.5	715.0	60.3
19412.4	36688.2	17275.8	2957.3	5148.5	111703.7	90507.4	16115.4	21364.1

11-6 续表 1-1

指 标	法人企业数(个)	执行《2006 年企业会计准则》企业数(个)	年初存货	流动资产合计	应收帐款	存货
二、餐饮业	**121**	**116**	**16533.9**	**130573.5**	**18514.1**	**14052.6**
1.按餐饮业行业小类分						
正餐服务	117	112	14407.5	123262.3	18446.2	11609.8
快餐服务	4	4	2126.4	7311.2	67.9	2442.8
2.按登记注册类型分						
内资企业	117	112	14389.8	125291.1	18438.1	11645.4
国有企业	6	6	403.2	2357.9	666.9	464.7
股份合作企业	1	1	10.1	69.6	15.1	15.7
有限责任公司	16	16	2415.6	30100.4	4516.2	1908.3
国有独资公司	1	1	12.6	1452.8	78.2	14.3
其他有限责任公司	15	15	2403.0	28647.6	4438.0	1894.0
私营企业	93	88	11543.7	92566.3	13206.0	9239.5
私营独资企业	9	9	134.8	1096.5	215.7	172.6
私营有限责任公司	83	78	11348.3	86866.4	8637.9	9007.8
私营股份有限公司	1	1	60.6	4603.4	4352.4	59.1
其他企业	1	1	17.2	196.9	33.9	17.2
港、澳、台商投资企业	2	2	42.7	402.7	76.0	42.1
港澳台商独资企业	2	2	42.7	402.7	76.0	42.1
外商投资企业	2	2	2101.4	4879.7		2365.1
外资企业	2	2	2101.4	4879.7		2365.1
3.按控股情况分						
国有控股	11	11	1357.6	14792.6	1401.9	972.1
私人控股	101	96	12733.1	105297.4	16881.6	10356.6
港澳台商控股	2	2	42.7	402.7	76.0	42.1
外商控股	2	2	2101.4	4879.7		2365.1
其他	5	5	299.1	5201.1	154.6	316.7
4.按经营形式分						
独立门店	114	109	13615.2	118185.8	18100.9	11038.2
连锁总店（总部）	3	3	2474.7	10604.6	183.7	2640.2
连锁门店	2	2	436.8	1652.7	177.0	341.2
其他	2	2	7.2	130.4	52.5	33.0
5.按单位规模分						
大型	2	2	2299.0	8204.8	88.1	2549.0
中型	24	24	6764.0	64411.3	6802.3	6241.7
小型	81	76	6598.2	50493.7	11310.5	4811.3
微型	14	14	872.7	7463.7	313.2	450.6

单位：万元

固定资产合计	固定资产原价	累计折旧	# 本年折旧	在建工程	资产总计	流动负债合计	# 应付帐款	非流动负债合计
74426.3	**150266.3**	**75862.8**	**10244.3**	**15114.5**	**302009.0**	**252504.9**	**67089.8**	**19608.2**
69965.1	140270.8	70328.5	8355.9	12480.3	276673.5	236805.4	63319.6	18958.6
4461.2	9995.5	5534.3	1888.4	2634.2	25335.5	15699.5	3770.2	649.6
69978.2	140145.9	70190.5	8440.2	13952.3	280585.0	239753.5	64368.2	18622.1
3560.5	8998.8	5438.3	676.5	194.2	8245.5	8420.2	6566.1	1384.1
54.5	105.2	50.7	5.7		124.1	9.2	5.8	
9309.0	29430.9	20121.9	2352.2	9578.6	62204.0	61884.5	19822.7	6627.0
424.7	718.0	293.3		60.7	2671.1	2171.1	234.0	
8884.3	28712.9	19828.6	2352.2	9517.9	59532.9	59713.4	19588.7	6627.0
57024.6	101357.6	44355.8	5403.1	4179.5	209784.9	169269.5	37931.7	10611.0
579.6	801.9	222.3	25.6	30.5	2677.1	1104.8	236.5	4.0
50667.9	93411.3	42766.2	5377.5	4149.0	196727.3	158958.7	29561.6	10607.0
5777.1	7144.4	1367.3			10380.5	9206.0	8133.6	
29.6	253.4	223.8	2.7		226.5	170.1	41.9	
334.0	832.8	498.8	33.8		1109.4	373.3	152.6	436.5.0
334.0	832.8	498.8	33.8		1109.4	373.3	152.6	436.5.0
4114.1	9287.6	5173.5	1770.3	1162.2	20314.6	12378.1	2569.0	549.6.0
4114.1	9287.6	5173.5	1770.3	1162.2	20314.6	12378.1	2569.0	549.6.0
4354.5	15034.5	10680.0	688.8	254.9	23953.8	19477.8	7973.7	1384.1
63814.9	121303.0	57510.9	6527.1	13671.1	247219.2	217870.0	54878.7	17238.0
334.0	832.8	498.8	33.8		1109.4	373.3	152.6	436.5
4114.1	9287.6	5173.5	1770.3	1162.2	20314.6	12378.1	2569.0	549.6
1808.8	3808.4	1999.6	1224.3	26.3	9412.0	2405.7	1515.8	
64767.3	129876.1	65131.6	8420.9	13952.3	263454.9	225002.8	60511.3	18648.9
7560.3	18048.4	10488.1	1797.9	1162.2	34299.5	24474.0	6101.6	757.2
978.0	1189.5	211.5	22.9		3003.4	1838.0	123.9	202.1
1120.7	1152.3	31.6	2.6		1251.2	1190.1	353.0	
4877.2	10130.2	5253.0	1797.9	1162.2	24414.8	13035.9	2637.1	723.3
37253.4	78789.4	41536.0	4222.5	11024.3	149430.2	137267.4	34688.7	6760.9
31463.2	58441.5	27001.1	4099.4	2928.0	105182.5	79830.9	25552.6	11889.6
832.5	2905.2	2072.7	124.5		22981.5	22370.7	4211.4	234.4

11-6　限额以上住宿和

指　标	负债合计	所有者权益合计	实收资本			
				国家资本	集体资本	法人资本
总　计	**554289.7**	**115908.0**	**233622.9**	**97231.6**	**1090.1**	**58973.0**
一、住宿业	**282176.6**	**86012.1**	**161896.2**	**89350.8**	**525.1**	**28343.5**
1.按住宿业行业小类分						
旅游饭店	244221.1	69085.6	131440.3	80935.6	137.2	26143.3
一般旅馆	37576.1	15900.5	29345.9	8415.2	387.9	2090.2
其他住宿业	379.4	1026.0	1110.0			110.0
2.按登记注册类型分						
内资企业	276563.6	84610.4	153896.2	89350.8	525.1	28343.5
国有企业	144614.4	49551.4	79847.7	74502.0		5345.7
集体企业	1689.2	14.8	535.1	10.0	525.1	
有限责任公司	26820.0	27725.7	28900.1	14838.8		12223.3
国有独资公司	1271.5	2306.7	4273.0			4273.0
其他有限责任公司	25548.5	25419.0	24627.1	14838.8		7950.3
股份有限公司	337	-61.8	110.0			110.0
私营企业	103103.0	7380.3	44503.3			10664.5
私营独资企业	87.4	11.4	110.0			
私营合伙企业						
私营有限责任公司	96792.5	4560.3	41585.9			10414.5
私营股份有限公司	6223.1	2808.6	2807.4			250.0
港、澳、台商投资企业	5613.0	1401.7	8000.0			
与港澳台商合资经营企业	5613.0	1401.7	8000.0			
3.按控股情况分						
国有控股	162158.5	77227.3	105391.1	89340.8		16050.3
集体控股	1689.2	14.8	535.1	10.0	525.1	
私人控股	104411.6	8129.6	45213.3			10774.5
港澳台商控股	5613.0	1401.7	8000.0			
其他	8304.3	-761.3	2756.7			1518.7
4.按经营形式分						
独立门店	282043.2	85902.1	161786.2	89350.8	525.1	28233.5
连锁门店	133.4	110.0	110.0			110.0
5.按单位规模分						
大型	21400.7	6772.2	7880.5	7880.5		
中型	168045.9	58416.9	84751.8	53691.1		9193.6
小型	81719.0	19621.2	60187.3	20199.8	387.9	18899.9
微型	11011.0	1201.8	9076.6	7579.4	137.2	250.0
6.按星级分						
五星	29311.1	44403.0	52109.6	44109.6		
四星	39356.8	22106.5	28367.4	6000.0		12810.0
三星	99149.4	20023.4	48257.9	30013.7		11113.3
二星	2487.8	-353.0	720.8	516.4	174.4	
其他	111871.5	-167.8	32440.5	8711.1	350.7	4420.2

餐饮业法人企业财务状况(二)

单位：万元

个人资本	港澳台资本	外商资本	营业收入	#主营业务收入	营业成本	#主营业务成本	营业税金及附加	主营业务税金及附加
73739.7	**850.0**	**1738.5**	**397844.0**	**390827.1**	**173295.5**	**172963.5**	**21686.4**	**21684.8**
43676.8			**137948.6**	**137013.9**	**45809.6**	**45805.5**	**8141.8**	**8140.2**
24224.2			109760.4	109357.7	34759.3	34759.0	6431.3	6430.6
18452.6			27097.1	26980.1	10929.6	10925.8	1649.1	1648.2
1000.0			1091.1	676.1	120.7	120.7	61.4	61.4
35676.8			134522.6	133587.9	43830.5	43826.4	7945.7	7944.1
			57795	57754.2	12521.8	12521.7	3346.3	3345.7
			916.4	916.4	233.6	233.6	69.2	69.2
1838.0			22084.0	21883.5	9352.3	9352.1	1268.9	1268.9
			1802.6	1802.6	271.9	271.9	100.9	100.9
1838.0			20281.4	20080.9	9080.4	9080.2	1168.0	1168.0
			361.3	361.3	120.7	120.7	20.5	20.5
33838.8			53365.9	52672.5	21602.1	21598.3	3240.8	3239.8
110.0			237.1	237.1	51.8	51.8	15.0	15.0
31171.4			48141.6	47448.2	19072.8	19069.0	2641.7	2640.7
2557.4			4987.2	4987.2	2477.5	2477.5	584.1	584.1
8000.0			3426.0	3426.0	1979.1	1979.1	196.1	196.1
8000.0			3426.0	3426.0	1979.1	1979.1	196.1	196.1
			74425.9	74184.6	20118.9	20118.6	4280.4	4279.8
			916.4	916.4	233.6	233.6	69.2	69.2
34438.8			54357.7	53664.3	22322.1	22318.3	3299.4	3298.4
8000.0			3426.0	3426.0	1979.1	1979.1	196.1	196.1
1238.0			4822.6	4822.6	1155.9	1155.9	296.7	296.7
43676.8			137185.5	136250.8	45159.6	45155.5	8096.2	8094.6
			763.1	763.1	650.0	650.0	45.6	45.6
			21926.8	21926.8	3751.7	3751.7	1295.6	1295.0
21867.1			64482.0	64240.7	24520.7	24520.4	3851.6	3851.6
20699.7			51277.8	50584.4	17451.8	17448.0	2958.7	2957.7
1110.0			262.0	262.0	85.4	85.4	35.9	35.9
8000.0			29922.2	29922.2	6962.4	6962.4	1718.3	1717.7
9557.4			25003.5	25003.0	9019.0	9018.8	1637.7	1637.6
7130.9			41269.3	41069.3	14538.8	14538.8	2403.1	2403.1
30.0			1726.0	1726.0	220.8	220.8	89.2	89.2
18958.5			40027.6	39293.4	15068.6	15064.7	2293.5	2292.6

11-6　续表 2-1

指　　标	负债合计	所有者权益合计	实收资本	国家资本	集体资本	法人资本
二、餐饮业	**272113.1**	**29895.9**	**71726.7**	**7880.8**	**565.0**	**30629.5**
1.按餐饮业行业小类分						
正餐服务	255764.0	20909.5	68928.2	7880.8	565.0	29569.5
快餐服务	16349.1	8986.4	2798.5			1060.0
2.按登记注册类型分						
内资企业	258375.6	22209.4	69138.2	7880.8	565.0	30629.5
国有企业	9804.3	−1558.8	2080.8	2050.8		30.0
股份合作企业	9.2	114.9	100.0			
有限责任公司	68511.5	−6307.5	15872.6	5830.0		8442.6
国有独资公司	2171.1	500.0	500.0	500.0		
其他有限责任公司	66340.4	−6807.5	15372.6	5330.0		8442.6
私营企业	179880.5	29904.4	50884.8		565.0	22156.9
私营独资企业	1108.8	1568.3	1542.5			626.0
私营有限责任公司	169565.7	27161.6	48742.3		565.0	21080.9
私营股份有限公司	9206.0	1174.5	600.0			450.0
其他企业	170.1	56.4	200.0			
港、澳、台商投资企业	809.8	299.6	850.0			
港澳台商独资企业	809.8	299.6	850.0			
外商投资企业	12927.7	7386.9	1738.5			
外资企业	12927.7	7386.9	1738.5			
3.按控股情况分						
国有控股	20861.9	3091.9	7910.8	7880.8		30.0
私人控股	235108.0	12111.2	55014.8		565.0	24486.9
港澳台商控股	809.8	299.6	850.0			
外商控股	12927.7	7386.9	1738.5			
其他	2405.7	7006.3	6212.6			6112.6
4.按经营形式分						
独立门店	243651.7	19803.2	64763.2	7880.8	565.0	29549.5
连锁总店（总部）	25231.2	9068.3	5688.5			1000.0
连锁门店	2040.1	963.3	1085.0			
其他	1190.1	61.1	190.0			80.0
5.按单位规模分						
大型	13759.2	10655.6	2738.5			1000.0
中型	144028.3	5401.9	28180.1	5500.0		12434.1
小型	91720.5	13462.0	30888.0	2380.8	565.0	12640.7
微型	22605.1	376.4	9920.1			4554.7

单位：万元

个人资本	港澳台资本	外商资本	营业收入	#主营业务收入	营业成本	#主营业务成本	营业税金及附加	主营业务税金及附加
30062.9	**850.0**	**1738.5**	**259895.4**	**253813.2**	**127485.9**	**127158**	**13544.6**	**13544.6**
30062.9	850.0		187149.9	181067.7	91395.6	91067.7	9477.8	9477.8
		1738.5	72745.5	72745.5	36090.3	36090.3	4066.8	4066.8
30062.9			196312.8	190230.6	96982.3	96654.4	9999.5	9999.5
			6041.5	6029.3	3060.7	3060.7	352.5	352.5
100.0			258.8	258.8	124.5	124.5	14.7	14.7
1600.0			49002.0	43215.3	24240.0	23912.5	2267.0	2267.0
			6617.4	6552.7	5832.8	5832.8	201.2	201.2
1600.0			42384.6	36662.6	18407.2	18079.7	2065.8	2065.8
28162.9			140949.1	140665.8	69542.9	69542.5	7361.9	7361.9
916.5			4287.4	4287.4	2327.3	2327.3	226.7	226.7
27096.4			135871.9	135588.6	67008.3	67007.9	7089.4	7089.4
150.0			789.8	789.8	207.3	207.3	45.8	45.8
200.0			61.4	61.4	14.2	14.2	3.4	3.4
	850.0		703.9	703.9	372.1	372.1	40.4	40.4
	850.0		703.9	703.9	372.1	372.1	40.4	40.4
		1738.5	62878.7	62878.7	30131.5	30131.5	3504.7	3504.7
		1738.5	62878.7	62878.7	30131.5	30131.5	3504.7	3504.7
			19878.8	19801.9	10711.4	10711.4	970.4	970.4
29962.9			169637.4	163632.1	83342.1	83014.2	8640.9	8640.9
	850.0		703.9	703.9	372.1	372.1	40.4	40.4
		1738.5	62878.7	62878.7	30131.5	30131.5	3504.7	3504.7
100.0			6796.6	6796.6	2928.8	2928.8	388.2	388.2
25997.9	770.0		174451.6	168369.4	86620.4	86292.5	8667.4	8667.4
2950.0		1738.5	78584.5	78584.5	38037.6	38037.6	4445.4	4445.4
1005.0	80.0		6105.2	6105.2	2426.8	2426.8	374.7	374.7
110.0			754.1	754.1	401.1	401.1	57.1	57.1
		1738.5	73099.9	73099.9	35865.5	35865.5	4092.4	4092.4
10246.0			123825.2	117940.7	61792.4	61464.8	5767.7	5767.7
15221.5	80.0		61625.1	61427.4	28915.7	28915.4	3626.9	3626.9
4595.4	770.0		1345.2	1345.2	912.3	912.3	57.6	57.6

11-6　限额以上住宿和

指　　标	其他业务利润	销售费用	管理费用	税金	财务费用	利息收入
总　计	**25529.0**	**143390.3**	**78211.0**	**1423.7**	**2477.3**	**77.2**
一、住宿业	**20979.4**	**57307.6**	**43127.3**	**900.6**	**2191.9**	**-19.0**
1.按住宿业行业小类分						
旅游饭店	20228.5	46858.8	36718.1	773.3	1998.6	-36.4
一般旅馆	335.9	10027.4	5976.8	124.9	188.4	17.4
其他住宿业	415.0	421.4	432.4	2.4	4.9	
2.按登记注册类型分						
内资企业	20979.4	56493.6	41202.7	900.6	2167.9	-19.8
国有企业	16935.9	27295.4	21628.1	295.9	1308.9	-79.2
集体企业		6.9	780.3	4.9	2.2	0.3
有限责任公司	3163.4	5552.1	6920.4	355.5	232.2	54.2
国有独资公司		895.5	575.7		8.6	0.3
其他有限责任公司	3163.4	4656.6	6344.7	355.5	223.6	53.9
股份有限公司		83.2	149.1		3.8	
私营企业	880.1	23556.0	11724.8	244.3	620.8	4.9
私营独资企业		143.3	17.4		1.4	
私营合伙企业						
私营有限责任公司	880.1	22361.1	10833.2	244.3	535.1	4.9
私营股份有限公司		1051.6	874.2		84.3	
港、澳、台商投资企业		814.0	1924.6		24.0	0.8
与港澳台商合资经营企业		814.0	1924.6		24.0	0.8
3.按控股情况分						
国有控股	19953.9	29935.0	27944.6	544.6	1356.1	-25.3
集体控股		6.9	780.3	4.9	2.2	0.3
私人控股	1025.5	23711.2	11864.7	244.3	635.1	4.9
港澳台商控股		814.0	1924.6		24.0	0.8
其他		2840.5	613.1	106.8	174.5	0.3
4.按经营形式分						
独立门店	20979.4	57227.6	43057.3	900.6	2177.9	-19.0
连锁门店		80.0	70.0		14.0	
5.按单位规模分						
大型	16879.5	9472.4	8130.5	0.6	908.5	-278.8
中型	3109.4	27564.3	18160.7	690.5	372.3	229.1
小型	912.2	20069.4	15150.0	200.1	533.9	30.5
微型	78.3	201.5	1686.1	9.4	377.2	0.2
6.按星级分						
五星	16879.5	13454.8	11889.1	0.6	904.5	-250.0
四星	2816.0	9069.4	9390.5	228.2	199.8	10.4
三星	278.3	16249.6	11553.1	560.0	810.2	203.8
二星		711.6	876.4	5.1	22.8	0.1
其他	1005.6	17822.2	9418.2	106.7	254.6	16.7

餐饮业法人企业财务状况(三)

单位：万元

利息支出	资产减值损失	公允价值变动收益	投资收益	营业利润	营业外收入		利润总额	应交所得税	应付职工薪酬(本年贷方累计发生额)
						补贴收入			
137.3	**53.1**	**-4.0**	**-522.4**	**-20420.4**	**1438.5**	**9.5**	**-17086.5**	**3086.6**	**86169.4**
1539.8	**32.3**		**157.0**	**-18363.5**	**1025.0**	**9.0**	**-15558.8**	**560.6**	**41604.7**
1508.1	32.3		150.0	-16887.9	503.6	9.0	-15082.9	282.3	34629.0
27.9			7.0	-1525.9	521.4		-526.2	260.8	6628.0
3.8				50.3			50.3	17.5	347.7
1539.8	32.3		157.0	-16851.7	1016.0	9.0	-14011.0	560.6	40058.3
1340.0	14.1		157.0	-8022.7	798.9	9.0	-7680.5	84.8	22760.8
1.8				-175.8			-175.9	0.7	483.6
188.0	18.2			-1260.2	122.1		-1152.0	5.3	5461.2
				-50.0	1.6		-51.6		618.9
188.0	18.2			-1210.2	120.5		-1100.4	5.3	4842.3
3.8				-16.0			-16.0		80.2
6.2				-7377.0	95.0		-4986.6	469.8	11272.5
				8.2			8.2	4.7	64.8
6.1				-7300.7	95.0		-4910.3	465.1	10867.1
0.1				-84.5			-84.5		340.6
				-1511.8	9.0		-1547.8		1546.4
				-1511.8	9.0		-1547.8		1546.4
1367.4	32.3		157.0	-8944.6	918.8	9.0	-8496.4	87.8	27201.9
1.8				-175.8			-175.9	0.7	483.6
6.2				-7473.2	95.1		-5082.7	469.9	11382.5
				-1511.8	9.0		-1547.8		1546.4
164.4				-258.1	2.1		-256.0	2.2	990.3
1539.8	32.3		157.0	-18267	1025.0	9.0	-15462.3	560.6	41569.9
				-96.5			-96.5		34.8
1187.3				-1631.9	161.1		-1470.8		7420.9
309.5	19.1		150.0	-9856.7	141.1	9.0	-9402.0	145.3	20677.8
42.9	2.2		7.0	-4739.8	722.2		-2560.8	411.7	12743.7
0.1	11.0			-2135.1	0.6		-2125.2	3.6	762.3
1187.3				-5006.9	269.5	9.0	-4783.3		11513.1
	5.0		150.0	-4167.9	61.0		-3606.4	4.4	5183.3
319.8	27.3			-4312.7	624.9		-3941.0	265.2	14250.2
22.7				-194.8			-66.0	0.3	669.4
10.0			7.0	-4681.2	69.6		-3162.1	290.7	9988.7

11-6 续表 3-1

指 标	其他业务利润	销售费用	管理费用	税金	财务费用	利息收入
二、餐饮业	**4549.6**	**86082.7**	**35083.7**	**523.1**	**285.4**	**96.2**
1.按餐饮业行业小类分						
正餐服务	4549.6	64943.1	29574	523.1	212.5	72.1
快餐服务		21139.6	5509.7		72.9	24.1
2.按登记注册类型分						
内资企业	4549.6	66926.3	30076.7	517.1	260.2	72.1
国有企业	47.1	1591.4	2457.6	55.8	13.9	0.8
股份合作企业		108.6	12.7		0.4	
有限责任公司	2.3	10943.5	7379.9		−2294.3	65.4
国有独资公司		36.8	477.4		7.8	
其他有限责任公司	2.3	10906.7	6902.5		−2302.1	65.4
私营企业	4456.4	54231.3	20226.0	461.3	2540.0	5.9
私营独资企业	65.5	567.7	1018.3	62.9	92.6	
私营有限责任公司	4390.9	52771.2	19030.5	398.4	2441.5	5.9
私营股份有限公司		892.4	177.2		5.9	
其他企业	43.8	51.5	0.5		0.2	
港、澳、台商投资企业		467.1	128.0	6.0	1.1	
港澳台商独资企业		467.1	128.0	6.0	1.1	
外商投资企业		18689.3	4879.0		24.1	24.1
外资企业		18689.3	4879.0		24.1	24.1
3.按控股情况分						
国有控股	47.1	4428.3	5320.6	55.8	21.4	28.5
私人控股	4502.4	59221.5	23891.3	461.3	213.5	43.5
港澳台商控股		467.1	128.0	6.0	1.1	
外商控股		18689.3	4879.0		24.1	24.1
其他	0.1	3276.5	864.8		25.3	0.1
4.按经营形式分						
独立门店	4123.5	58012.2	28063.8	516.1	−371.5	72.0
连锁总店（总部）	281.3	24634.6	6459.3		594.5	24.1
连锁门店		3109.6	550.0	6.0	57.5	
其他	144.8	326.3	10.6	1.0	4.9	0.1
5.按单位规模分						
大型		20713.0	6347.7		31.9	24.1
中型	3782.6	40251.0	14840.8	236.4	−432.8	83.0
小型	717.5	23598.0	13281.5	286.7	702.3	9.8
微型	49.5	1520.7	613.7		−16.0	−20.7

单位：万元

利息支出	资产减值损失	公允价值变动收益	投资收益	营业利润	营业外收入	补贴收入	利润总额	应交所得税	应付职工薪酬(本年贷方累计发生额)
-1402.5	**20.8**	**-4.0**	**-679.4**	**-2056.9**	**413.5**	**0.5**	**-1527.7**	**2526.0**	**44564.7**
-1402.5	20.8	-4.0	-679.4	-7923.1	382.4	0.5	-7082.6	1384.8	42229.5
				5866.2	31.1		5554.9	1141.2	2335.2
-1403.2	20.8	-4.0	-679.4	-7402.2	379.3	0.5	-6583.6	1443.4	43022.5
2.8				-1434.6	82.7		-1305.9	0.3	1355.8
				-2.1			-2.1	7.8	80.7
-2413.4	19.2		-87.1	6359.6	65.9		6447.6	326.0	7945.2
			42.9	104.3	4.1		108.4	22.0	902.5
-2413.4	19.2		-130.0	6255.3	61.8		6339.2	304.0	7042.7
1007.4	1.6	-4.0	-592.3	-12316.7	230.7	0.5	-11714.8	1109.3	33605.0
	1.2	-4.0	-53.5	-3.9	2.8		65.1	23.2	893.2
1007.4	0.4			-11774	225.6	0.5	-11243.4	1086.1	32428.6
			-538.8	-538.8	2.3		-536.5		283.2
				-8.4			-8.4		35.8
0.7				-304.8	3.4		-301.5		199.3
0.7				-304.8	3.4		-301.5		199.3
				5650.1	30.8		5357.4	1082.6	1342.9
				5650.1	30.8		5357.4	1082.6	1342.9
28.6	19.2		-87.1	-1679.6	97.8		-1199.8	22.3	4375.9
-1432.7	1.6	-4.0	-592.3	-5035.6	274.8	0.5	-4814.7	1388.0	37450.6
0.7				-304.8	3.4		-301.5		199.3
				5650.1	30.8		5357.4	1082.6	1342.9
0.9				-687.0	6.7		-569.1	33.1	1196.0
-1403.3	20.8	-4.0	-679.4	-6010.7	377.3	0.5	-5492.0	1075.8	35229.6
				4413.1	32.8		4420.4	1438.9	6909.7
0.7				-413.4	3.4		-410.2		2216.5
0.1				-45.9			-45.9	11.3	208.9
				6049.4	30.8		5756.7	1419.9	6002.5
-1625.8	19.6		-87.1	1499.4	263.4		1675.5	765.1	23274.4
222.4	1.2	-4.0	-592.3	-8533.7	119.3	0.5	-7401.6	341.0	14865.8
0.9				-1072.0			-1558.3		422.0

11-7　对外贸易进出口情况(海关数)

单位：万美元

指　标	2014	2013	比2013年增长%
地区进出口总额	**1067105**	**916349**	**16.5**
出口总额	656967	529482	24.1
进口总额	410138	386867	6.0

11-8　三资企业情况

指　标	单位	2014	2013	比2013年增长%
年内新批三资企业	个	20	18	11.1
总投资额	万美元	54617	112604	-51.5
合同外资额	万美元	24855	15891	56.4
直接到位外资额	万美元	107673	94426	14.0

11-9　旅游人数及收入

指　标	2014	2013
一、海外旅游人数（人次）	**200679**	**465965**
外国人	141356	327396
香港同胞	33214	79445
澳门同胞	3878	8658
台湾同胞	22231	50466
二、国内旅游人数（万人次）	**4176.44**	**3644.73**
三、旅游外汇收入（万美元）	**7665.96**	**27567.04**
四、国内旅游收入（亿元）	**495.33**	**413.52**

11-10　出境旅游人数

单位：人次

指　标	2014	2013
出境旅游人数	**541264**	**509032**
#出国游	266081	303465
香港游	99453	95575
澳门游	92740	66345
台湾游	82990	43647
首站前往国家		
日本	17961	4819
泰国	47453	109427
韩国	84338	61967
德国	6886	3650
澳大利亚	6534	7125
新加坡	13942	24108
马来西亚	6595	15011
印度尼西亚	13642	11304
法国	7319	4973
其他	61411	61081

第12篇

财政、金融、税务和保险

Finance, banking, taxation and insurance

资料整理、审核

师　超　　郑慧华　　李红令　　马　娜　　陶姝钰

12-1 公共财政预算收入

单位：万元

指 标	2014	2013
收入合计	**2588527**	**2473261**
增值税	327030	251424
营业税	684585	734659
企业所得税	281816	258351
个人所得税	92640	86449
资源税	23274	21426
城市维护建设税	180737	186070
房产税	123300	92112
印花税	70298	61917
城镇土地使用税	73417	61023
土地增值税	185624	143576
车船税	36502	32505
耕地占用税	15113	24037
契税	131114	119743
国有资本经营收入	2444	5578
国有资源(资产)有偿使用收入	43033	31480
行政事业性收费收入	96920	95653
罚没收入	46018	58062
专项收入	127423	193114
其他收入	47239	16082

12-2 公共财政预算支出

单位：万元

指 标	2014	2013
支出合计	**3226934**	**3191090**
一般公共服务支出	206292	232335
国防支出	7127	7125
公共安全支出	221750	202508
教育支出	527157	547273
科学技术支出	141469	112969
文化体育与传媒支出	58865	41757
社会保障和就业支出	410154	386625
医疗卫生与计划生育支出	224800	190480
节能环保支出	127804	80181
城乡社区支出	786444	684705
农林水支出	119362	175671
交通运输支出	128858	125481
资源勘探电力信息等支出	62361	90104
商业服务等支出	15222	23431
援助其他地区支出	3669	3448
国土海洋气象等支出	74811	120482
住房保障支出	85615	150304
粮油物资储备支出	6161	6096
金融支出	97	191
国债还本付息支出	9385	3901
其他支出	9531	6023

12-3 财政收入分级情况

单位：万元

指 标	全市	市级	县区
收入合计	**2588527**	**1288629**	**1299898**
增值税	327030	141994	185036
营业税	684585	257527	427058
企业所得税	281816	234587	47229
个人所得税	92640	62039	30601
资源税	23274	12562	10712
城市维护建设税	180737	97858	82879
房产税	123300	53697	69603
印花税	70298	34252	36046
城镇土地使用税	73417	27412	46005
土地增值税	185624	40118	145506
车船税	36502	125	36377
耕地占用税	15113		15113
契税	131114	106707	24407
国有资本经营收入	2444	2396	48
国有资源（资产）有偿使用收入	43033	26964	16069
行政事业性收费收入	96920	64802	32118
罚没收入	46018	24975	21043
专项收入	127423	70605	56818
其他收入	47239	30009	17230

12-4 财政支出分级情况

单位：万元

指 标	全市	市级	县级
支出合计	**3226934**	**1593001**	**1633933**
一般公共服务	206292	64283	142009
国防	7127	2705	4422
公共安全	221750	162905	58845
教育	527157	210040	317117
科学技术	141469	6597	134872
文化体育与传媒	58865	45803	13062
社会保障和就业	410154	163803	246351
医疗卫生与计划生育	224800	96830	127970
节能环保	127804	61188	66616
城乡社区事务	786444	530133	256311
农林水事务	119362	11052	108310
交通运输	128858	106041	22817
资源勘探电力信息等	62361	16223	46138
商业服务业等	15222	12252	2970
金融	97	42	55
援助其他地区	3669	2057	1612
国土海洋气象等	74811	10745	64066
住房保障	85615	75448	10167
粮油物资储备	6161	5226	935
国债还本付息	9385	9385	
其他支出	9531	243	9288

12–5 金融机构(含外资)本外币信贷收支

单位：万元

指 标	年末余额
资金来源	**100352037**
一、各项存款	101440027
1.单位存款	58552040
(1)活期存款	21609639
(2)定期存款	19844519
(3)通知存款	1691659
(4)保证金存款	8283365
2.个人存款	35326831
储蓄存款	33556233
保证金存款	82153
结构性存款	1688445
3.财政性存款	5923481
4.临时性存款	102889
5.委托存款	518569
6.其他存款	1016216
二、金融债券	30
三、中长期借款	31398
四、应付及暂收款	2677088
# 应付利息	1499647
五、同业往来(来源方)	1910271
六、系统内资金往来(来源方)	
七、外汇买卖(来源方)	4229409
# 结售汇	3635532
八、各项准备	3132646
# 贷款损失准备金	2953889
九、所有者权益	2522355
# 实收资本	938627
十、其他	-15591185
资金运用	**100352037**
一、各项贷款	80546359
(一)境内贷款	80543323
1.短期贷款	25675878
2.中长期贷款	49216292
3.融资租赁	190348
4.票据融资	4982131
5.各项垫款	478674
(二)境外贷款	3035
二、有价证券	1501239
三、股权及其他投资	3736887
四、应收及预付款	1137668
# 应收利息	527098
五、同业往来(运用方)	420849
六、系统内资金往来(运用方)	7348893
七、金银占款	
八、外汇买卖(运用方)	4234173
# 结售汇	3634947
九、固定资产	1006288
十、库存现金	419515
十一、投资性房地产	167

12-6　金融机构(含外资)人民币信贷收支

单位：万元

指　标	年末余额
资金来源	**96666782**
一、各项存款	100112594
1.单位存款	57575710
(1)活期存款	21364338
(2)定期存款	19592956
(3)通知存款	1588860
(4)保证金存款	7906697
2.个人存款	34993817
储蓄存款	33257782
保证金存款	81541
结构性存款	1654495
3.财政性存款	5923481
4.临时性存款	90272
5.委托存款	517639
6.其他存款	1011675
二、金融债券	30
三、中长期借款	26376
四、应付及暂收款	2664479
#应付利息	1496898
五、同业往来(来源方)	1551490
六、系统内资金往来(来源方)	
七、外汇买卖(来源方)	1807441
#结售汇	1804861
八、各项准备	3099365
#贷款损失准备金	2921284
九、所有者权益	2526633
#实收资本	934038
十、其他	-15121626
资金运用	**96666782**
一、各项贷款	79453310
(一)境内贷款	79452110
1.短期贷款	24751939
2.中长期贷款	49060262
3.融资租赁	190348
4.票据融资	4982131
5.各项垫款	467429
(二)境外贷款	1200
二、有价证券	1501239
三、股权及其他投资	3736887
四、应收及预付款	1129235
#应收利息	520842
五、同业往来(运用方)	417911
六、系统内资金往来(运用方)	7231922
七、金银占款	
八、外汇买卖(运用方)	1812042
#结售汇	1802512
九、固定资产	1006262
十、库存现金	377810
十一、投资性房地产	167

12-7 国税系统税收入库情况

单位：万元

指 标	2014	2013
合 计	**2484990**	**2319581**
一、按税种分		
国内增值税	1414634	1358903
国内消费税	210502	182617
企业所得税	661712	589869
储蓄利息个人所得税	43	203
车辆购置税	198099	187989
二、按经济类型分		
国有企业	323336	370657
集体企业	26644	28619
股份公司	1245583	1153256
私营企业	307721	291743
外商投资企业	254929	223678
个体	232080	205757

12-8 国税系统县(市、区)税收入库情况

单位：万元

指 标	2014	2013
合 计	**2484990**	**2319581**
市直分局	1217159	1180929
高新区	154006	114480
经济区	208438	174304
民营区	22185	26308
小店区	195162	170194
迎泽区	136351	134684
杏花岭区	139139	120684
尖草坪区	68082	65290
万柏林区	87380	80960
晋源区	53285	49686
古交市	29389	40708
清徐县	83718	65359
阳曲县	14757	20146
娄烦县	40705	47454
不锈钢园区局	35234	28395

12-9 地税系统(分税种)税收

单位：万元

指 标	2014	2013
合 计	**2030068**	**2120660**
营业税	870236	947664
企业所得税	253939	239475
个人所得税	236630	266767
资源税	16354	18034
城市维护建设税	135535	158749
房产税	96992	80484
印花税	54673	52623
城镇土地使用税	61557	56446
土地增值税	147126	133469
车船使用税	35238	31316
耕地占用税	7877	21880
契税	113911	113753

12-10 地税系统(分企业)税收

单位：万元

指 标	2014	2013
合 计	**2030068**	**2120660**
国有企业	159975	208190
集体企业	22257	24776
股份合作企业	3667	1066
联营企业	182	405
股份有限公司	1595355	1565007
私营企业	38781	44071
其他企业	76816	160630
个体	90471	61042
港澳台投资企业	6648	8449
外商投资企业	35916	47024

12-11 地税系统县(市、区)税收

单位：万元

指 标	2014	2013
合 计	**2030068**	**2120660**
市直分局	843250	933608
不锈钢分局	12278	10615
迎泽区	202970	192419
杏花岭区	186222	192001
万柏林区	167189	142755
小店区	264202	295018
尖草坪区	67396	66354
晋源区	87574	60490
古交市	42839	53005
清徐县	41499	42528
阳曲县	30300	34000
娄烦县	26759	36794
民营区	57590	61073

12-12　保险事业基本情况

项　目		原保险保费收入		赔款与给付支出	
		金额（万元）	增长（%）	金额（万元）	增长（%）
合　计		**1139785.11**	**16.82**	**411711.08**	**15.23**
人身险公司	国寿股份	122577.65	4.36	57567.07	-32.25
	国寿存续	8069.27	-1.91	9359.73	-3.48
	太保寿险	72776.42	4.80	10973.83	47.95
	平安人寿	131373.89	22.62	16278.65	6.43
	新华人寿	52272.47	-11.85	20516.80	484.75
	泰康人寿	82850.20	32.67	26469.60	149.02
	太平人寿	42783.23	4.64	3400.72	68.55
	人保寿险	53977.85	-3.50	26592.74	386.26
	农银人寿	10051.66	13.33	5005.56	-16.85
	人保健康	13773.88	46.38	6586.45	-18.17
	合众人寿	2814.48	6.71	1147.93	260.76
	英大人寿	4926.94	20.40	4616.51	1237.07
	民生人寿	11471.13	91.62	289.51	-29.96
	平安养老	6847.85	13.34	2478.07	-36.96
	阳光人寿	15615.95	9.91	1367.85	54.26
	生命人寿	35044.67	179.54	1165.59	-31.05
	光大永明	8017.00	12.57	295.87	48.22
	国华人寿	29148.70	2043.23	158.15	372.30
	幸福人寿	10318.78	196.86	101.18	112.66
	泰康养老	1847.84	150.79	47.24	36237.54
财产险公司	安邦人寿	5.20			
	信诚人寿	220.69		1.36	
	百年人寿				
	人保产险	94765.29	5.04	63069.99	1.72
	太保产险	39066.83	0.36	25870.93	28.65
	永安产险	3673.01	-43.30	3758.87	-14.00
	平安产险	94694.64	25.72	37912.14	2.42
	天安产险	6510.75	93.58	2522.33	41.40
	大地产险	10697.21	-24.34	6640.87	-22.96
	太平产险	12773.29	14.31	4599.12	27.37
	华安产险	8373.65	10.43	3063.28	32.91
	安邦产险	844.95	156.85	314.73	55.31
	永诚产险	6449.02	-5.06	3722.35	-16.81
	阳光产险	10173.36	86.79	3180.59	7.89
	国寿产险	40105.43	4.01	25068.47	24.57
	渤海产险	353.06	9.15	205.49	3.20
	都邦产险	3848.29	23.35	1280.53	7.25
	华泰产险	9496.41	-1.45	3913.74	-11.60
	出口信用	4270.36	24.77	628.50	-7.00
	安盛天平	12174.47	0.65	6024.66	58.60
	安诚产险	2420.55	-13.45	1124.56	47.03
	中银产险	7106.97	28.56	1730.44	472.87
	信达保险	6123.38	17.48	2178.03	-4.66
	中煤产险	15168.62	-3.60	7537.92	49.52
	英大产险	13176.75	-5.46	5297.61	26.35
	紫金产险	5752.08	25.12	2700.35	68.05
	中华联合	14243.50	301.22	4360.86	1482.95
	众安在线	737.45	6580.54	584.32	13579.91

12-13 上市公司主要经济指标

指　标	营业收入（万元）	净利润（万元）	每股收益（元）	总股本（万元）	净资产（万元）	每股净资产（元）	经营活动现金净流量（万元）	每股经营现金净流量（元）	净资产收益率(%)
合　计	**21495418.54**	**20654.85**	**0.01**	**2278755.6**	**8014332.44**	**3.52**	**1072326.59**	**0.47**	**0.26**
太原刚玉	77941.54	1224.11	0.04	34292.62	77379.01	2.26	1196.73	0.03	1.58
煤气化	172357.95	-99492.40	-1.94	51374.70	183226.31	3.57	-156711.58	-3.05	-54.3
西山煤电	2439091.95	27319.90	0.09	315120.00	1585001.03	5.03	93444.97	0.3	1.72
太原重工	902332.17	3213.50	0.01	242395.50	541282.15	2.23	-144221.59	-0.6	0.59
山水文化	1057.83	-1091.40	-0.05	20244.59	6292.86	0.31	-2426.62	-0.12	-17.34
盛和资源	151450.07	19227.12	0.51	37641.58	125469.46	3.33	-10836.71	-0.29	15.32
晋西车轴	250259.01	14037.06	0.21	67121.72	305030.85	4.54	9781.15	0.15	4.6
通宝能源	640288.42	56478.39	0.49	114650.25	434152.70	3.79	145419.04	1.27	13.01
太钢不锈	8676644.15	44195.74	0.08	569624.78	2497972.81	4.39	542138.76	0.95	1.77
ST 狮头	2069.05	-4163.29	0.49	23000.00	46714.62	2.03	-3239.45	-0.14	-8.91
漳泽电力	1092283.74	55054.70	0.24	225373.78	518669.98	2.3	281687.70	1.25	10.61
太化股份	337014.41	1910.59	0.04	51440.20	69538.99	1.35	-12107.53	-0.24	2.75
美锦能源	99810.70	948.56	0.03	27919.84	46051.96	1.65	-2652.33	-0.1	2.06
山煤国际	6323767.06	-172433.94	-0.87	198245.61	618393.15	3.12	99195.79	0.5	-27.88
山西证券	195918.85	58629.47	0.23	251872.52	733834.55	2.91	225267.27	0.89	7.99
跨境通	84182.07	3345.08	0.24	21180.15	183032.66	8.64	-1312.93	-0.06	1.83
*ST 生化	48949.57	12251.66	0.45	27257.76	42289.35	1.55	7703.92	0.28	28.97

第13篇

科教、文卫、体育和民政

Science, education, culture, sports, public health and civil administration

资料整理、审核

王翠莲　　刘红芳　　刘俊欢

13-1 规模以上工业企业 R&D 人员情况(一)

指　标	企业数（个）	R&D 人员合计（人）	#1.参加项目人员	2.管理和服务人员	# 女性	# 研究人员	#1.全时人员	2.非全时人员
总　计	**404**	**16214**	**15035**	**1179**	**2774**	**7182**	**7857**	**8357**
一、按企业规模分组								
大型企业	26	13328	12553	775	2126	6103	6018	7310
中型企业	76	1549	1210	339	354	524	831	718
小型企业	283	1337	1272	65	294	555	1008	329
微型企业	19							
二、按登记注册类型分组								
内资企业	380	16086	14913	1173	2733	7176	7758	8328
港、澳、台商投资企业	4	82	78	4	24	4	53	29
外商投资企业	20	46	44	2	17	2	46	
三、按国民经济行业分组								
采矿业	41	3613	3570	43	248	1776	771	2842
制造业	348	12601	11465	1136	2526	5406	7086	5515
电力、燃气及水的生产和供应业	15							
四、按隶属关系分组								
中央	30	3318	2874	444	942	1308	2008	1310
地方	374	12896	12161	735	1832	5874	5849	7047

13-1 规模以上工业企业 R&D 人员情况(二)

指　标	R&D 人员折合全时当量合计（人年）	# 研究人员	#1.基础研究人员	2.应用研究人员	3.试验发展人员
总　计	**12082.2**	**5077.8**		**571.5**	**11510.7**
一、按企业规模分组					
大型企业	10411.0	4474.0		536.5	9874.6
中型企业	924.5	261.5		13.6	910.9
小型企业	746.7	342.3		21.4	725.3
微型企业					
二、按登记注册类型分组					
内资企业	11986.4	5073.1		558.1	11428.3
港、澳、台商投资企业	49.8	2.7			49.8
外商投资企业	46.0	2.0		13.3	32.7
三、按国民经济行业分组					
采矿业	3538.7	1739.5		345.4	3193.3
制造业	8543.5	3338.3		226.1	8317.4
电力、燃气及水的生产和供应业					
四、按隶属关系分组					
中央	2216.4	836.0		5.3	2211.2
地方	9865.8	4241.8		566.2	9299.5

13-2　规模以上工业企业 R&D 经费支出(一)

单位：万元

指　　标	R&D 经费内部支出合计	(一)按活动类型分组		(二)按支出用途分组				
		应用研究支出	试验发展支出	经常费支出	# 人员劳务费	2.资产性支出	#①土建工程	②仪器设备
总　计	**608666.3**	**33686.0**	**574980.3**	**505579.5**	**60217.6**	**103086.8**	**5940.8**	**97146.0**
一、按企业规模分组								
大型企业	557069.5	30936.0	526133.5	455601.0	48992.9	101468.5	5921.9	95546.6
中型企业	31322.9	1816.6	29506.3	30546.3	5619.4	776.6	15.6	761.0
小型企业	20273.9	933.4	19340.5	19432.2	5605.3	841.7	3.3	838.4
二、按登记注册类型分组								
内资企业	607351.9	33128.7	574223.2	504295.0	59777.5	103056.9	5940.8	97116.1
港、澳、台商投资企业	757.1		757.1	727.2	286.6	29.9		29.9
外商投资企业	557.3	557.3		557.3	153.5			
三、按国民经济行业分组								
采矿业	17895.1	2046.6	15848.5	15119.6	8181.0	2775.5	211.0	2564.5
制造业	590771.2	31639.4	559131.8	490459.9	52036.6	100311.3	5729.8	94581.5
四、按隶属关系分组								
中央	40022.4	263.9	39758.5	33389.1	8175.1	6633.3	121.1	6512.2
地方	568643.9	33422.1	535221.8	472190.4	52042.5	96453.5	5819.7	90633.8

13-2　规模以上工业企业 R&D 经费支出(二)

单位：万元

指　　标	(三)按资金来源分组			R&D 经费外部支出	对境内研究机构支出	对境内高等学校支出	对境外支出
	政府资金	企业资金	其他资金				
总　计	**8764.5**	**599387.6**	**514.2**	**7045.5**	**1503.5**	**1632.9**	**126.2**
一、按企业规模分组							
大型企业	6922.5	550147.0		6283.4	933.8	1477.7	98.0
中型企业	299.6	30688.3	335.0	587.7	491.7	67.8	28.2
小型企业	1542.4	18552.3	179.2	174.4	78.0	87.4	
二、按登记注册类型分组							
内资企业	8737.9	598099.8	514.2	7012.3	1485.4	1617.8	126.2
港、澳、台商投资企业	26.6	730.5		33.2	18.1	15.1	
外商投资企业		557.3					
三、按国民经济行业分组							
采矿业	80.0	17815.1		942.4	524.3	418.1	
制造业	8684.5	581572.5	514.2	6103.1	979.2	1214.8	126.2
四、按隶属关系分组							
中央	2609.0	37078.4	335.0	2305.6	137.2	346.9	
地方	6155.5	562309.2	179.2	4739.9	1366.3	1286.0	126.2

13-3　各类学校及各级教育基本情况

单位：人

指　　标	学校数(所)	在校学生数	招生数	毕业生数	教职工数	# 专任教师
高等教育	**52**	**540233**	**163129**	**147659**	**36288**	**23791**
研究生教育		23148	7650	7051		
普通高等教育	43	400915	122664	98564	34646	22739
成人高等教育	9	116170	32815	42044	1642	1052
中等职业教育	**58**	**100846**	**27660**	**44085**	**6600**	**4659**
中等技术教育	32	65021	20476	23795	4249	2713
成人中等专业教育	11	17721	3629	12240	1261	1069
职业高中教育	15	18104	3555	8050	1090	877
技工学校	**36**	**41205**	**13992**	**12836**	**2516**	**1765**
普通中学	**228**	**217920**	**69502**	**75429**	**24520**	**18477**
高中	94	86437	27521	29830		7007
初中	134	131483	41981	45599		11470
小学	**423**	**261282**	**48128**	**42558**	**16758**	**16691**
幼儿园	**614**	**111691**	**41102**	**37736**	**13055**	**7207**
特殊教育	**6**	**1110**	**212**	**138**	**253**	**210**
工读学校	**1**	**310**	**121**	**90**	**83**	**68**

13-4　研究生教育基本情况

单位：人

指　　标	在校学生数	招生数	毕业生数
合　计	**23148**	**7650**	**7051**
山西大学	4996	1723	1596
太原科技大学	1481	357	517
中北大学	3524	1072	1034
太原理工大学	5554	1748	1602
山西医科大学	3626	1157	1104
山西财经大学	3358	1319	1079
山西中医学院	371	154	64
中国辐射防护研究院	42	14	14
中国日用化学工业研究院	36	12	11
山西省中医药研究院	97	31	30
太原师范学院	63	63	

13-5 普通高等教育基本情况

单位：人

指 标	学校数(所)	在校学生数	招生数	毕业生数	教职工数	# 专任教师
合 计	**43**	**400915**	**122664**	**98564**	**34646**	**22739**
山西大学	1	25075	6182	6246	3844	2037
太原科技大学	1	17550	5120	3004	1641	1100
中北大学	1	30535	8699	6566	2638	1798
太原理工大学	1	28859	7867	6406	4066	2281
山西医科大学	1	20726	5618	4383	1946	1191
山西财经大学	1	16765	4298	2527	1711	1200
太原师范学院	1	17951	6188	3713	1717	821
山西中医学院	1	7795	2595	1874	603	444
太原学院	1	10655	3634	3562	1159	736
太原工业学院	1	14151	4033	3796	781	607
山西传媒学院	1	6428	2248	1572	419	333
山西应用科技学院	1	6983	3332	1214	442	321
山西工商学院	1	15256	4711	1586	1012	737
山西大学商务学院	1	16369	3929	3627	1216	911
太原理工大学现代科技学院	1	13892	3583	3396	1032	766
中北大学信息商务学院	1	13723	3159	3376	716	598
太原科技大学华科学院	1	5365	1198	2016	519	456
山西医科大学晋祠学院	1	2023	295	715	489	260
山西财经大学华商学院	1	4409	1410	2176	537	423
山西艺术职业学院	1	1332	424	362	320	221
山西建筑职业技术学院	1	9700	3324	2988	484	347
山西药科职业学院	1	4918	2030	1422	311	206
山西省财政税务专科学校	1	5317	1827	1584	397	271
山西警官高等专科学校	1	6444	2252	1365	577	344
山西工程职业技术学院	1	6112	1577	2211	377	279
山西交通职业技术学院	1	6317	2633	1418	353	281
山西戏剧职业学院	1	841	278	238	286	179
山西财贸职业技术学院	1	4594	1613	1421	235	181
山西林业职业技术学院	1	5327	1546	1652	306	216
山西职业技术学院	1	10971	4019	3210	711	574
山西煤炭职业技术学院	1	6668	2424	2330	352	256
山西金融职业学院	1	3651	1216	1143	227	166
太原城市职业技术学院	1	5443	1796	1829	400	271
山西体育职业学院	1	1082	476	565	198	135
山西警官职业学院	1	1907	495	507	236	125
山西国际商务职业学院	1	2552	841	695	156	101
太原旅游职业学院	1	4507	1508	1633	353	267
山西旅游职业学院	1	6331	2417	1729	320	235
山西电力职业技术学院	1	4840	1726	1601	502	369
山西经贸职业学院	1	6840	2327	1866	423	289
山西轻工职业技术学院	1	3866	1432	1082	177	127
山西青年职业学院	1	4536	1958	761	233	108
山西老区职业技术学院	1	2987	1118	760	224	171
山西煤炭管理干部学院		2962	1066	1147		
山西省政法管理干部学院		1869	546	510		
山西职工医学院		4491	1696	780		

13-6 成人高等教育基本情况

单位：人

指　　标	学校数(所)	在校学生数	招生数	毕业生数	教职工数	# 专任教师
总　计	**9**	**116170**	**32815**	**42044**	**1642**	**1052**
山西机电职工学院	1	5123	1548	1834	249	137
山西职工医学院	1	2813	796	1353	297	195
山西兵器工业职工大学	1	2141	586	382	122	101
山西省职工工艺美术学院	1	1132	301	353	70	45
山西省广播电视大学	1	3011	1274	1190	230	102
山西煤炭管理干部学院	1	8096	1382	3076	327	237
山西省政法管理干部学院	1	206	94	195	196	148
太原化学工业集团有限公司职工大学	1	925	589	806	60	42
太原钢铁（集团）有限公司职工钢铁学院	1	294	53	303	91	45
山西大学		16233	3724	4955		
太原科技大学		12319	2997	4294		
中北大学		4992	2507	1122		
太原理工大学		31118	9369	10833		
山西医科大学		7235	1927	2934		
山西财经大学		10581	3323	2784		
太原师范学院		3567	1029	2005		
山西中医学院		2155	560	820		
太原学院		144	79	26		
山西工商学院		109		283		
太原工业学院		1481	242	1848		
山西传媒学院		10		23		
山西应用科技学院		151	29	12		
山西省财政税务专科学校		741	226	229		
山西省警官高等专科学校		400		96		
山西艺术职业学院		34	7	12		
山西建筑职业技术学院		77	14	59		
山西工程职业技术学院		274	41	31		
山西交通职业技术学院		8				
山西戏剧职业学院		43	8	31		
山西林业职业技术学院		12		10		
山西煤炭职业技术学院		111	37	14		
山西金融职业学院		168		33		
太原城市职业技术学院		84	14	48		
山西旅游职业学院		75	8	50		
山西电力职业技术学院		155	8			
山西经贸职业学院		152	43			

13-7　中等职业教育基本情况

单位：人

指　标	学校数(所)	在校学生数	招生数	毕业生数	教职工数	# 专任教师
总　计	**32**	**65021**	**20476**	**23795**	**4249**	**2713**
太原市体育运动学校	1	381	117	124	90	49
山西省大众传媒学校	1	345	173	111	35	16
太原市财政金融学校	1	1422	452	530	215	182
山西省四方中等技术学校	1	1083		320	50	30
太原市交通学校	1	2075	609	645	165	123
太原市卫生学校	1	3055	954	834	143	112
山西省现代经贸学校	1	505		554	26	12
太原市财贸学校	1	1757	506	397	115	91
太原市文化艺术学校	1	719	293	192	126	89
太原生态工程学校	1	874	107	615	214	148
山西省中医学校	1	1740	345	759	62	33
山西广播电影电视学校	1	727	472	200	64	28
山西省经贸学校	1	1892	740	375	103	57
山西省司法学校	1	2003	799	722	125	73
山西省邮电学校	1				65	29
山西省工贸学校	1	2611	886	791	137	117
山西省贸易学校	1	4600	1109	1484	151	102

13-7 续表 1

单位：人

指　　标	学校数(所)	在校学生数	招生数	毕业生数	教职工数	# 专任教师
山西省物流技术学校	1	308	71	455	126	81
太原铁路机械学校	1	4928	2156	1756	302	223
山西省工业管理学校	1	3113	1209	1151	249	137
山西省城乡建设学校	1	3332	916	1761	128	79
山西省特殊教育中等专业学校	1	328	95	109	71	27
山西税务学校	1				72	45
山西省商务学校	1	667	147	351	188	113
山西省建筑工程技术学校	1	4747	1370	1984	139	88
山西省好艺中等专业学校	1	2323	772	465	67	40
山西省应用技术学校	1	613	210	263	102	49
山西省人民武装学校	1				62	30
山西省畜牧兽医学校	1	845	392	333	140	85
太原铁路技术中等专业学校	1				360	116
太原幼儿师范学校	1	9824	3594	3848	357	309
山西省财政会计学校	1					
山西省政法管理干部学院		127	55	56		

13-7　续表2

单位：人

指　　标	学校数(所)	在校学生数	招生数	毕业生数	教职工数	# 专任教师
山西煤炭职工联合大学		196	28	128		
山西艺术职业学院		708	177	172		
山西药科职业学院		534	179	284		
山西交通职业技术学院		532	130	227		
山西戏剧职业学院		1170	311	93		
山西职业技术学院		386	39	231		
太原城市职业技术学院				86		
山西体育职业学院		1797	240	181		
山西国际商务职业学院		12	12	45		
太原旅游职业学院		742	180	330		
山西旅游职业学院		71				
山西老区职业技术学院		57	16	49		
太原大学外语师范学院		998	246	567		
山西兴华职业学院		39		61		
太原广播电视中等专业学校		411	126	105		
山西省农业广播电视学校		424	243	51		

13-8 成人中等专业教育基本情况

单位：人

指　标	学校数(所)	在校学生数	招生数	毕业生数	教职工数	# 专任教师
总　计	**11**	**17721**	**3629**	**12240**	**1261**	**1069**
太原广播电视中等专业学校	1				76	39
太原市小店区教师进修学校	1				44	34
太原市迎泽区教师进修学校	1				19	15
太原市杏花岭区教师进修学校	1				26	25
太原市万柏林区教师进修学校	1				15	14
太原市尖草坪区教师进修学校	1				19	17
清徐县教师进修学校	1				19	19
阳曲县教师进修学校	1				25	22
娄烦县教师进修学校	1				28	27
古交市教师进修学校	1				28	23
山西省农业广播电视学校	1	15056	2374	10291	962	834
太原铁路中等技术学校		682	682			
山西煤炭职工联合大学		1983	573	1949		

13-9　职业高中教育基本情况

单位：人

指　　标	学校数(所)	在校学生数	招生数	毕业生数	教职工数	
						# 专任教师
总　计	**15**	**18104**	**3555**	**8050**	**1090**	**877**
太原市第四职业中学校	1	256	53	141	83	68
太原市第五职业中学校	1	741	221	176	138	109
太原第七职业中学	1	332	85	221	103	86
太原市第八职业中学校	1				107	87
太原市综合高级中学校	1	376	255	106	145	120
太原市小店区第一职业中学校	1	575	192	248	52	48
太原市杏花岭区中等职业技术学校	1	189	119	103	30	28
太原市尖草坪区第一职业中学	1	477	55	621	85	80
太原市晋源区高级职业中学	1	100	34	38	20	11
清徐县职业教育中心	1	1750	554	537	102	93
阳曲县高级职业中学校	1	797	186	366	72	51
娄烦县职业高中	1	69	15	62	15	9
古交市职业中学校	1	521	160	181	41	30
山西大昌汽车专业学校	1	1494	593	309	72	39
山西立达中等职业学校	1	483	250	248	25	18
山西长安综合高级中学校		221	150	56		
太原市第九中学校		70		189		
太原市第十六中学校（信息技术学校）		977	363	401		
太原市第五十六中学校（第十职业中学）		212	67	155		
太原市聋人学校		137	45	38		
太原市盲童学校		43	15	7		
太原市财政金融学校		547	143	260		
太原生态工程学校		7737		3587		

13-10 技工学校基本情况

单位：人

指　标	在校生数	招生数	毕业生数	教职工数	# 专任教师
总　计	**41205**	**13992**	**12836**	**2516**	**1765**
晋西机器工业集团有限责任公司技工学校	116	28		33	33
山西冶金高级技工学校	10807	3041	2678	352	282
山西省水利技工学校	331	196	187	29	21
山西五一技工学校			621	23	11
山西电子高级技工学校	31			145	126
山西矿机技工学校	233	21	101	11	11
山西机械高级技工学校	3941	1189	1382	212	146
山西纺织印染技校				15	11
山西盛世餐饮旅游技校	1954	970	384	68	47
山西三飞技工学校	895	267	387	38	19
山西省劳动保障技术学校	934	245	415	49	35
太原市高级技工学校	4701	1303	1444	172	137
山西省林业技工学校	393	178	48	52	45
太原市粮食技工学校	873	158	352	56	28
太原塑料工业技工学校	51		38	21	21
山西烹饪技工学校	494	149	148	38	25
西山煤电(集团)有限责任公司技工学校	2047	879	823	190	121
山西国防军星技工学校	473	141	308	30	30
山西工业造型设计技工学校	675	351	320	65	42
山西通用技术学校			117	25	18
江阳化工厂技工学校	48			18	18
山西省建筑安装技工学校	1424	186	766	140	82
山西晋阳技工学校	1773	573	496	62	40
太原煤炭气化(集团)有限责任公司技工学校	462	213	208	50	35
燃气工程技术学校	709	291	237	66	46
山西新华印刷技工学校			43	5	5
山西省劳动技术学校	1074	576	270	52	52
山西现代经贸技工学校	1773	573	496	62	40
山西大众技工学校	1997	1077		49	31
山西阳煤化工技校	1231	504	188	53	26
山西高新技工学校	747	163	379	38	20
太原市慈善技工学校	655	357		67	36
山西省东华技工学校	363	363		230	125

注：资料来自人社局。

13-11　中学基本情况(一)

单位：人

指　标	学校(所)	班数(个)			在校生数			招生数		
		合计	高中	初中	合计	高中	初中	合计	高中	初中
总　计	**228**	**4671**	**1820**	**2851**	**217920**	**86437**	**131483**	**69502**	**27521**	**41981**
1.教育部门办	176	3300	1221	2079	153459	58940	94519	48142	18434	29708
地方企业办										
民办	50	1352	596	756	63946	27416	36530	21270	9087	12183
其它部门办	2	19	3	16	515	81	434	90		90
2.城区	161	3612	1502	2110	169306	71272	98034	53842	22573	31269
镇区	30	694	247	447	33074	11776	21298	10168	3710	6458
乡村	37	365	71	294	15540	3389	12151	5492	1238	4254
3.清徐县	20	403	154	249	19666	7617	12049	6234	2533	3701
阳曲县	13	175	53	122	7768	2562	5206	2909	947	1962
娄烦县	10	122	33	89	6384	1722	4662	1995	497	1498
古交市	21	288	72	216	13430	3980	9450	4235	1400	2835
迎泽区	21	618	258	360	30594	12499	18095	9528	3927	5601
杏花岭区	41	866	364	502	40438	17369	23069	12700	5380	7320
万柏林区	27	601	246	355	28381	11739	16642	9060	3683	5377
小店区	41	949	375	574	42228	16617	25611	13882	5381	8501
尖草坪区	22	376	162	214	16200	7389	8811	4954	2235	2719
晋源区	12	273	103	170	12831	4943	7888	4005	1538	2467

13-11　中学基本情况(二)

单位：人

指　标	毕业生数			教职工数	专任教师			代课教师	兼任教师
	合计	高中	初中		合计	高中	初中		
总　计	**75429**	**29830**	**45599**	**24520**	**18477**	**7007**	**11470**	**640**	**388**
1.教育部门办	54527	19948	34579	17861	14751	5290	9461	378	3
地方企业办									
民办	20472	9626	10846	6592	3665	1717	1948	262	385
其它部门办	430	256	174	67	61		61		
2.城区	57510	24337	33173	18738	14253	5816	8437	635	388
镇区	12425	4467	7958	3525	3390	931	2459	5	
乡村	5494	1026	4468	2257	834	260	574		
3.清徐县	7589	2820	4769	1990	1671	625	1046	3	
阳曲县	2657	723	1934	979	628	181	447		
娄烦县	2344	619	1725	710	523	128	395	1	
古交市	4608	1210	3398	1535	1214	295	919	22	
迎泽区	10696	4661	6035	2891	2338	998	1340	79	
杏花岭区	14099	5854	8245	4567	3316	1339	1977	220	161
万柏林区	9109	3567	5542	3032	2462	949	1513	152	4
小店区	13699	5491	8208	5586	3567	1378	2189	84	208
尖草坪区	6077	3094	2983	1844	1622	647	975		15
晋源区	4551	1791	2760	1386	1136	467	669	79	

注：按教育局资料分类整理。

13-12 小学基本情况

单位：人

指 标	学校(所)	班数(个)	在校生数	招生数	毕业生数	教职工数	专任教师	代课教师	兼任教师
总 计	**423**	**6818**	**261282**	**48128**	**42558**	**16758**	**16691**	**435**	**4**
1.教育部门办	406	6306	242022	44753	39486	16043	15456	432	4
地方企业办									
民办	9	415	14493	2719	2428	440	988		
其它部门办	8	97	4767	656	644	275	247	3	
2.城区	245	4671	210175	39573	33376	12223	12221	325	4
镇区	54	691	25322	4326	4290	1861	1798	45	
乡村	124	1456	25785	4229	4892	2674	2672	65	
3.清徐县	78	811	21234	3735	3727	1658	1629	20	
阳曲县	20	328	6863	1125	1238	604	597		
娄烦县	16	299	7655	1060	1461	757	754		
古交市	30	555	17655	2774	2925	1595	1534	16	
迎泽区	36	725	32415	5691	5532	2154	2030		
杏花岭区	52	935	41290	7979	7185	2390	2444	5	
万柏林区	57	953	44588	8611	6905	3149	2802	207	4
小店区	67	1163	52908	10178	7823	2130	2640	27	
尖草坪区	38	644	22230	4057	3514	1482	1421	13	
晋源区	29	405	14444	2918	2248	839	840	147	

注：按教育局资料分类整理。

13-13 幼儿园基本情况

单位：人

指 标	幼儿园(所)	班数(个)	在园幼儿	教职工数		
				合计	#专任教师	保育员
总 计	**614**	**4388**	**111691**	**13055**	**7207**	**2089**
1.教育部门办	54	992	25846	1738	1169	178
集体办	276	1030	25142	2100	1363	212
地方办	55	472	15568	2103	1161	366
事业单位办	14	135	4272	585	279	110
部队办	3	28	980	125	34	30
民办	203	1642	36727	5975	2975	1133
其它部门办	9	89	3156	429	226	60
2.城区	418	3246	87400	11748	6342	1924
镇区	49	411	11832	787	507	129
乡村	147	731	12459	520	358	36
3.清徐县	47	485	10424	522	348	52
阳曲县	59	128	2774	69	50	13
娄烦县	7	115	3301	181	122	37
古交市	27	234	5678	585	306	99
迎泽区	73	571	14069	2098	1101	352
杏花岭区	87	601	16121	2031	1065	324
万柏林区	64	517	16009	2124	1180	374
小店区	120	914	21423	2835	1545	467
尖草坪区	57	469	12914	1620	883	244
晋源区	73	354	8978	990	607	127

注：按教育局资料分类整理。

13-14　文化事业情况

指　　标	单　位	2014
影剧院数	个	19
影厅数	个	116
专业、民营艺术表演团体	个	18
演职人员	人	1665
博物馆	个	11
图书馆	个	12
图书馆藏书量	万册	638.38
文化宫	个	4
文化馆（包括群众艺术馆）	个	12
少年宫	个	3

13-15　专业表演团体情况

指　　标	演职人数（人）	演出场次（场）	演出收入（万元）	观众人数（万人次）	总支出（万元）	全部职工工资（万元）
总　计	**1299**	**1825**	**3749.4**	**194.1**	**11647**	**4765.6**
山西省京剧院	170	73	142.2	10.9	1295.0	603.1
山西省晋剧院	234	311	601.1	14.0	2696.1	650.0
山西省歌舞剧院	273	215	1314.6	21.0	2089.7	1242.9
山西省话剧院	134	74	233.4	6.7	1330.9	350.9
山西省曲艺团	21	96	155.2	9.6	366.5	50.3
山西华晋舞剧团	59	58	190.1	7.2	606.9	254.7
山西华夏之根艺术团	33	56	81.1	6.8	240.3	92.5
太原市实验晋剧艺术团有限责任公司	50	211	140.0	63.0	317.0	120.0
太原市实验晋剧艺术院有限责任公司	72	178	200.0	31.8	548.0	293.7
太原市歌舞杂技团	160	441	279.6	7.0	931.2	575.9
太原市话剧团	33	47	88.2	2.2	312.2	181.1
太原舞蹈团	60	65	323.9	13.9	913.6	350.5

注：专业艺术团体共18个，演职人员1299人；其中，规模民营艺术表演团体7个，演职人员366人。

13-16 影剧院及票房收入情况

指 标	影厅数(个)	座位数(座)	票房收入(万元)
总 计	**116**	**15575**	**19857.47**
太原中影新影都	6	1017	3309.88
太原横店电影城	7	713	1877.60
山西省太原贵都横店电影城	5	530	1083.97
山西省太原同至人横店影视电影城	8	1552	704.41
太原华邦影城	7	875	952.97
山西省太原奥斯卡国际影城	10	1453	2698.16
太原市影都	11	1100	781.62
山西剧院	10	1524	2000.63
太原市解放电影院	6	1055	369.33
太原星美影城	4	530	354.32
太原市长风剧场	5	1100	1374.50
太原市宽影幕影院	5	844	584.72
山西省太原市尖草坪文化活动中心影城	2	142	8.95
山西省太原市金刚里影城	7	545	799.46
大地数字影院-太原杏花岭盛世华庭	4	422	73.63
山西省太原市金逸影城	7	813	2638.18
山西太原金亿国际影城	5	438	60.85
红灯笼汽车影院	1	135	15.58
太原今典 17.5 影院顶好时尚商城店	6	787	168.71

13-17 图书出版情况

指 标	图书种数(种)			总印数(万册)	总印张(千印张)	定价总金额(万元)
	合计	新出	重印			
使用《中国标准编号》分类合计	**3458**	**1866**	**1592**	**12864**	**1231303**	**191391**
马列主义、毛泽东思想	7	5	2	2	233	49
哲学	25	20	5	11	1589	404
社会科学总论	15	14	1	5	731	183
政治、法律	52	46	6	25	2913	1065
军事	4	4		1	182	49
经济	104	96	8	51	9425	3313
文化、科学、教育、体育	2324	888	1436	12411	1168532	171640
语言、文字	25	17	8	12	1572	314
文学	310	277	33	146	17153	4061
艺术	134	111	23	45	5820	2676
历史、地理	170	162	8	51	9164	3991
自然科学总论	3		3	6	956	190
数理科学、化学	14	14		6	214	93
天文学、地球科学	4	4		1	132	62
生物科学	8	7	1	2	488	70
医药、卫生	160	114	46	68	8364	2014
农业科学	20	13	7	6	677	164
工业技术	57	52	5	11	2380	729
交通运输	7	7		1	243	49
航空、航天						
环境科学	7	7		3	181	58
综合性图书	8	8		1	356	216

13–18 报纸出版情况

指　标	刊期	实际出版期数(期)	平均期印数(份)	总印数(万份)	总印张(千印张)
总计（共计 49 种）		**8089**	**23768503**	**196501**	**2179274**
科学导报	周二刊	99	85000	842	16830
铁路工程报	周一刊	50	10000	50	500
山西日报	周七刊	365	188554	6882	206467
山西农民报	周二刊	95	54386	517	10333
山西经济日报	周七刊	345	49000	1691	33810
老友导报	周二刊	95	50000	475	4750
生活晨报	周六刊	289	43865	1268	38031
三晋都市报	周七刊	383	80022	3065	99627
人民代表报	周三刊	156	82546	1288	25754
山西晚报	周七刊	350	150000	5250	262500
发展导报	周二刊	94	18000	169	5076
山西市场导报	周二刊	96	35000	336	6720
山西青年报	周六刊	312	65000	2028	60840
山西工人报	周七刊	336	73000	2453	24528
山西妇女报	周三刊	150	25000	375	3750
山西政协报	周二刊	104	21044	219	2189
太原日报	周七刊	350	48000	1680	50400
太原晚报	周七刊	350	120000	4200	168000
太钢日报	周六刊	296	11000	326	1628
现代消费导报	周二刊	98	11000	108	2156
山西法制报	周五刊	245	58000	1421	28420
瓜果蔬菜报	周一刊	50	24000	120	1200
德育报	周二刊	100	100000	1000	10000
学英语报	周三刊	156	1152011	17971	179714
学习方法报	周一刊	52	5700000	29640	148200
山西科技报	周四刊	200	25000	500	10000
山西邮电报	周一刊	50	30000	150	750
市场信息报	周四刊	197	30000	591	11820
人民摄影	周一刊	52	30000	156	7800
集邮报	周一刊	52	6571	34	513
作文周刊	周六刊	288	38000	1094	21888
数理报	周五刊	260	256000	6656	33280
学习报	周六刊	312	550000	17160	85800
山西电力报	周二刊	95	40000	380	3800
山西商报	周七刊	350	55000	1925	38500
语文报	周七刊	365	226000	8249	82490
英语周报	周一刊	52	13591175	70674	353371
山西广播电视报	周一刊	52	150000	780	39000
健康生活报	周五刊	250	24000	600	6000
太原广播电视报	周一刊	52	70000	364	18200
生活文摘报	周二刊	104	144329	1501	30020
良友周报	周二刊	104	210000	2184	43680
山西大学报	周一刊	38	6300	24	120
山西财经大学报	周一刊	40	3000	12	60
山西党校报	旬刊	30	4000	12	120
太原理工大学报	周一刊	40	4700	19	94
山西医科大学报	周一刊	30	6000	18	90
中北大学校报	周一刊	36	10000	36	360
太原科技大学校报	旬刊	24	4000	10	96

13-19　杂志出版情况

指标	刊期	实际出版期数(期)	平均期印数(册)	总印数(万册)	总印张数(千印张)
总计（173 种）		**2381**	**1420641**	**2786.6**	**185338.2**
五台山研究	季刊	4	10000	4.0	201.6
中共山西省委党校省直分校学报	双月刊	6	1000	0.6	37.2
山西青年职业学院学报	季刊	4	1000	0.4	28.0
山西青年	月刊	7	3000	2.1	156.2
小学生	旬刊	36	6500	23.4	702.0
山西老年	月刊	12	213783	256.5	14314.9
青少年日记	半月刊	24	15000	36.0	1113.6
晋阳学刊	双月刊	6	1500	0.9	102.1
山西大学学报（哲学社会科学版）	双月刊	6	1800	1.1	122.5
理论探索	双月刊	6	2500	1.5	120.0
生活潮	半月刊	24	15000	36.0	2008.8
山西高等学校社会科学学报	月刊	12	1100	1.3	108.1
太原理工大学学报（社会科学版）	双月刊	6	1000	0.6	37.8
太原师范学院学报（社会科学版）	双月刊	6	1000	0.6	60.5
太原城市职业技术学院学报	月刊	12	1000	1.2	196.6
中北大学学报（社会科学版）	双月刊	6	1000	0.6	49.1
经济与社会发展研究	月刊	11	2000	2.2	114.8
先锋队	旬刊	36	60000	216.0	9374.4
党史文汇	月刊	12	26000	31.2	1248.0
政府法制	旬刊	35	22100	77.4	3836.6
前进	月刊	12	26800	32.2	1595.1
法制博览	旬刊	36	17500	63.0	3150.0
中共山西省委党校学报	双月刊	6	1500	0.9	90.7
中共太原市委党校学报	双月刊	6	700	0.4	26.5
山西社会主义学院学报	季刊	4	1000	0.4	23.2
山西省政法管理干部学院学报	季刊	4	2000	0.8	80.6
山西煤炭管理干部学院学报	季刊	4	500	0.2	35.3
山西政报	半月刊	24	10000	24.0	600.0
山西警官高等专科学校学报	季刊	4	800	0.3	19.2
太原市人民政府公报	半月刊	24	2000	4.8	238.1
山西财税	月刊	12	21000	25.2	937.4
技术经济与管理研究	月刊	12	1800	2.2	214.3
经济问题	月刊	12	1700	2.0	210.5
会计之友	旬刊	36	6000	21.6	2142.7
山西农经	双月刊	5	1000	0.5	50.4
《经济师》杂志	月刊	12	7000	8.4	1554.0
生产力研究	月刊	12	2000	2.4	278.4
山西财经大学学报	月刊	12	2000	2.4	234.2
山西财政税务专科学校学报	双月刊	6	1200	0.7	45.4
山西经济管理干部学院学报	季刊	4	1000	0.4	37.8
品牌	半月刊	12	3000	3.6	226.8

13-19 续表 1

指标	刊期	实际出版期数(期)	平均期印数(册)	总印数(万册)	总印张数(千印张)
银行家	月刊	12	16023	19.2	1778.6
当代金融家	月刊	13	5000	6.5	568.8
新课程学习	旬刊	36	30760	110.7	16743.3
名师在线	月刊				
山西教育	周刊	48	16500	79.2	3168.0
小学语文教学	旬刊	36	30000	108.0	5011.2
语文教学通讯	周刊	52	25520	132.7	8094.9
搏击	旬刊	36	5000	18.0	1339.2
晋图学刊	双月刊	6	1500	0.9	45.0
教学与管理	旬刊	36	7000	25.2	1386.0
教育理论与实践	旬刊	36	5000	18.0	907.2
编辑之友	月刊	12	5000	6.0	520.8
新闻采编	双月刊	6	2400	1.4	43.2
记者观察	月刊	12	7500	9.0	920.7
山西档案	双月刊	8	3000	2.4	245.5
山西广播电视大学学报	季刊	4	3600	1.4	125.0
小学教学设计	旬刊	36	23600	85.0	3449.4
新作文	旬刊	36	40000	144.0	6681.6
太原大学学报	季刊	4	800	0.3	36.3
中学课程辅导	旬刊	36	5000	18.0	1814.4
NBA 特刊	半月刊	24	10000	24.0	1814.4
新课程	旬刊	36	31260	112.5	17015.4
教育	旬刊	36	6300	22.7	1052.4
世界高尔夫	月刊	12	10000	12.0	1549.8
太原大学教育学院学报	季刊	4	800	0.3	31.3
文化产业	月刊	12	8000	9.6	864.0
科学技术哲学研究	双月刊	6	2180	1.3	115.4
山西财经大学学报（高等教育版）	季刊	4	1000	0.4	29.9
语文研究	季刊	4	2600	1.0	51.6
神州印象	月刊	12	30000	36.0	2160.0
名家名作	双月刊	3	8000	2.4	249.6
对联·民间对联故事	半月刊	24	18000	43.2	1296.0
名作欣赏	旬刊	36	4821	17.4	1968.1
山西文学	月刊	12	9200	11.0	662.4
火花	月刊	12	10000	12.0	744.0
黄河	双月刊	6	2600	1.6	195.0
童话大王	月刊	12	14000	16.8	672.0
都市	月刊	12	3000	3.6	180.0
民间传奇故事	旬刊	36	6000	21.6	1080.0
中外童话故事	旬刊	36	10000	36.0	1339.2
映像	月刊	12	5000	6.0	595.2
黄河之声	半月刊	24	12000	28.8	2672.6
影视圈	月刊	9	7000	6.3	703.1
新美域	季刊	4	5000	2.0	150.0

13-19　续表 2

指标	刊期	实际出版期数(期)	平均期印数(册)	总印数(万册)	总印张数(千印张)
娱乐	旬刊	18	30000	54.0	4276.8
天工	双月刊	1	12000	1.2	151.2
文史月刊	月刊	12	14000	16.8	974.4
文物世界	双月刊	6	2000	1.2	74.4
机械管理开发	双月刊	6	3000	1.8	306.2
电子工艺技术	双月刊	6	3500	2.1	105.8
火力与指挥控制	月刊	13	2000	2.6	339.3
燃料化学学报	月刊	12	1000	1.2	119.0
科技情报开发与经济	半月刊	24	5300	12.7	1642.8
山西科技	双月刊	6	3500	2.1	264.6
太原理工大学学报	双月刊	6	1500	0.9	79.4
太原师范学院学报（自然科学版）	季刊	4	1000	0.4	30.2
太原科技大学学报	双月刊	6	1100	0.7	41.6
系统科学学报	季刊	4	1000	0.4	30.2
美术与市场	季刊	4	12000	4.8	357.1
科技创新与生产力	月刊	12	3800	4.6	319.2
新科幻	月刊	12	2955	3.6	141.8
汽车时代	半月刊	24	9500	22.8	1555.0
量子光学学报	季刊	4	400	0.2	9.3
山西地震	季刊	4	1000	0.4	15.1
华北国土资源	双月刊	6	4300	2.6	255.9
人人健康	半月刊	24	18000	43.2	3348.0
山西医药杂志	半月刊	24	3000	7.2	626.4
山西中医	月刊	12	2000	2.4	111.4
中国保健营养	月刊	12	11600	13.9	1291.8
健康向导	双月刊	6	12000	7.2	334.1
山西医科大学学报	月刊	12	1000	1.2	92.9
中华风湿病学杂志	月刊	12	3000	3.6	187.9
实用骨科杂志	月刊	12	4000	4.8	357.1
山西中医学院学报	双月刊	6	2000	1.2	74.4
护理研究	旬刊	36	1500	5.4	544.3
中国中西医结合肾病杂志	月刊	12	2500	3.0	226.8
实用医学影像杂志	双月刊	6	1500	0.9	55.8
母婴世界	月刊	12	5000	6.0	756.0
实用医技杂志	月刊	12	4300	5.2	419.0
临床医药实践	月刊	12	4000	4.8	297.6
中西医结合心脑血管病杂志	月刊	12	1585	1.9	188.7
校园心理	双月刊	6	5200	3.1	162.9
全科护理	旬刊	36	1200	4.3	326.6
基础医学教育	月刊	12	1000	1.2	92.9
护理研究（英文）	季刊				
循证护理	季刊				
山西林业科技	季刊	4	1300	0.5	25.8
山西农业科学	月刊	12	1500	1.8	136.1
种子科技	月刊	12	5000	6.0	264.6
山西林业	双月刊	6	3000	1.8	68.0
农产品加工	旬刊	36	10954	39.4	2444.9
当代农机	月刊	12	12000	14.4	892.8

13-19 续表 3

指标	刊期	实际出版期数(期)	平均期印数(册)	总印数(万册)	总印张数(千印张)
村委主任	半月刊	24	22000	52.8	2328.5
山西煤炭	月刊	12	4000	4.8	302.4
大众标准化	月刊	12	46600	55.9	2796.0
山西化工	双月刊	6	5500	3.3	166.3
辐射防护通讯	双月刊	6	1000	0.6	18.0
新型炭材料	双月刊	6	1000	0.6	37.2
山西水利	月刊	12	3000	3.6	158.8
电脑开发与应用	月刊	12	2400	2.9	167.0
机械管理开发	双月刊	6	3000	1.8	306.2
电子工艺技术	双月刊	6	3500	2.1	105.8
火力与指挥控制	月刊	13	2000	2.6	339.3
燃料化学学报	月刊	12	1000	1.2	119.0
煤化工	双月刊	6	4500	2.7	119.1
辐射防护	双月刊	6	1200	0.7	37.2
煤炭转化	季刊	4	1500	0.6	45.4
山西冶金	双月刊	6	4500	2.7	170.1
山西水利科技	季刊	4	3000	1.2	90.7
电力学报	双月刊	6	4000	2.4	120.0
日用化学品科学	月刊	12	5000	6.0	491.4
山西电子技术	双月刊	6	3000	1.8	136.1
山西建筑	旬刊	36	5000	18.0	4082.4
建材技术与应用	双月刊	6	8500	5.1	186.7
山西电力	双月刊	6	4000	2.4	139.3
测试技术学报	双月刊	6	1000	0.6	45.4
山西焦煤科技	月刊	12	2000	2.4	97.4
机械工程与自动化	双月刊	6	4000	2.4	434.7
日用化学工业	月刊	12	6000	7.2	725.8
中北大学学报（自然科学版）	双月刊	6	1000	0.6	45.4
食品工程	季刊	4	4100	1.6	82.7
农业技术与装备	半月刊	24	17000	40.8	2040.0
铸造设备与工艺	双月刊	6	6000	3.6	283.5
测试科学与仪器（英文版）	季刊	4	1000	0.4	32.8
能源与节能	月刊	12	3000	3.6	432.0
烹调知识	旬刊	36	15000	54.0	3348.0
山西水土保持科技	季刊	4	2100	0.8	31.8
山西交通科技	双月刊	6	6000	3.6	255.2
山西画报	旬刊	36	7000	25.2	1874.9
炎黄地理	月刊	12	5000	6.0	480.0
科技与创新	半月刊	24	2000	4.8	556.8
经纬天地	双月刊	6	1000	0.6	46.5

13-20　广播、电视主要指标

指　标	单位	省级	市级（教育电视台）	县级
电视台	座		1	
广播电视台	座	1	1	4
中短波转播发射台	座	12	1	
	千瓦	439	10	
电视转播发射台	座	5	1	4
	千瓦	78.3	2	4.4
有线广播电视传输网络干线总长	公里	7628.53	6314	
有线广播电视用户	户	1169	1064153	
数字电视用户	户	1169	1008902	
广播人口覆盖率	%		99.88	
电视人口覆盖率	%		100	
有线电视入户率	%		94.64	

13-21　电视节目主要情况

指　标	单位	省级	市级	县级
节目套数	套	9	6	3
全年播出节目时间	时、分	56860:34	49843:45	11877:03
新闻资讯类节目	时、分	8368:30	7040:50	962
专题服务类节目	时、分	3718:49	4002:30	970:03
综艺益智类节目	时、分	4465:14	5438:10	2196
影视剧类节目	时、分	24207:15	13634:50	5979
广告类节目	时、分	9621:35	6961:20	1170
其它类节目	时、分	6479:11	12766:05	600

13-22　广播节目主要情况

指　标	单位	省级	市级	县级
节目套数	套	7	3	2
全年播出节目时间	时、分	57670:00	25908:35	6187:13
新闻资讯类节目	时、分	5908:38	7045:30	336
专题服务类节目	时、分	14492:42	3847:35	378:03
综艺益智类节目	时、分	11744:25	7052:30	3135
广播剧类节目	时、分	1102:10	4001	1824
广告类节目	时、分	9890:55	3597	514:10
其它类节目	时、分	14531:10	365	

13-23 卫生机构、床位和人员情况(一)

指标	机构数(个)	床位数(张)	卫生人员(人)					
			合计	卫生技术人员				
				小计	执业医师	执业助理医师	注册护士	药师(士)
总计(含村卫生室)	**3612**	**36022**	**59530**	**49053**	**18240**	**1066**	**22159**	**2244**
总计(不含村卫生室)	**2662**	**36022**	**57909**	**48820**	**18115**	**971**	**22146**	**2244**
一、医院	178	33917	43545	36307	12314	401	17769	1876
综合医院	96	20209	28703	24198	8049	233	12316	1184
中医医院	24	3213	3350	2867	1158	57	1169	258
中西医结合医院	7	1788	1897	1647	527	17	732	79
专科医院	51	8707	9595	7595	2580	94	3552	355
口腔医院	6	89	562	417	200	12	143	1
眼科医院	3	310	521	384	176	1	141	21
肿瘤医院	1	2238	1613	1360	510	5	562	56
心血管病医院	1	571	894	727	236		396	25
妇产(科)医院	4	159	294	217	70	4	100	11
儿童医院	1	863	2071	1734	613	5	861	87
精神病医院	5	1450	743	548	120	15	324	21
传染病医院	1	682	792	638	116	1	368	41
皮肤病医院	1	24	20	12	4		2	4
结核病医院	1	520	411	316	95	2	156	17
骨科医院	3	226	243	202	66	4	82	8
康复医院	5	832	533	376	145	20	127	21
整形外科医院	2	40	140	78	31	2	35	4
美容医院	2	38	71	52	17	4	25	2
其他专科医院	15	665	687	534	181	19	230	36
二、疗养院	3	605	266	82	19	5	39	2
三、社区卫生服务中心(站)	287	299	3413	3051	1237	153	1315	146
四、卫生院	62	733	705	613	178	125	168	54
五、门诊部	147	130	1741	1532	727	67	634	39
六、诊所、卫生所、医务室	1925		4676	4587	2672	142	1657	69
七、急救中心(站)	1		231	165	125		32	5
八、采供血机构	1		120	85	19		29	1
九、妇幼保健院(所、站)	12	328	894	743	259	16	354	36
十、专科疾病防治院(所、站)	1	10	102	72	39	1	14	1
十一、疾病预防控制中心	14		866	668	346	48	16	10
十二、卫生监督所(中心)	12		454	364				
十三、医学科学研究机构	1		59	48	9			4
十四、健康教育所(站、中心)	1		24	13				
十五、计划生育技术服务机构	5		58	38	18	3	13	1
十六、其他卫生机构	12		755	452	153	10	106	
村卫生室	**950**		**1621**	**233**	**125**	**95**	**13**	

13-23 卫生机构、床位和人员情况(二)

指 标	卫生人员(人)				其他技术人员(人)	管理人员(人)	工勤技能人员(人)
	卫生技术人员						
	技师(士)		其他				
		#检验师	合计	#见习医师			
总计(含村卫生室)	**2562**	**1814**	**2782**	**664**	**2152**	**3052**	**3885**
总计(不含村卫生室)	**2562**	**1814**	**2782**	**664**	**2152**	**3052**	**3885**
一、医院	1956	1301	1991	624	1811	2489	2938
综合医院	1274	843	1142	452	961	1606	1938
中医医院	148	87	77	24	164	181	138
中西医结合医院	95	71	197	23	37	100	113
专科医院	439	300	575	125	649	602	749
口腔医院	3	1	58	14	36	46	63
眼科医院	12	10	33	16	67	46	24
肿瘤医院	38	24	189		154	34	65
心血管病医院	41	26	29	9	37	61	69
妇产(科)医院	18	16	14		11	28	38
儿童医院	134	95	34	22	100	27	210
精神病医院	26	15	42	17	61	65	69
传染病医院	39	35	73	19	62	58	34
皮肤病医院	2	2				6	2
结核病医院	27	17	19	10	29	22	44
骨科医院	30	11	12	11	2	27	12
康复医院	16	11	47	7	30	82	45
整形外科医院	6	4			30	17	15
美容医院	4	2			2	11	6
其他专科医院	43	31	25		28	72	53
二、疗养院	6	5	11		11	59	114
三、社区卫生服务中心(站)	88	64	112	19	82	132	148
四、卫生院	15	9	73	4	13	18	61
五、门诊部	47	32	18	4			209
六、诊所、卫生所、医务室	29	18	18	2			89
七、急救中心(站)	3	1			27	6	33
八、采供血机构	14	13	22		19	8	8
九、妇幼保健院(所、站)	54	47	24	5	35	51	65
十、专科疾病防治院(所、站)	9	7	8		20	10	
十一、疾病预防控制中心	205	196	43	6	56	86	56
十二、卫生监督所(中心)			364		2	73	15
十三、医学科学研究机构	4	3	31		11		
十四、健康教育所(站、中心)			13		7	4	
十五、计划生育技术服务机构	3	2			2	13	5
十六、其他卫生机构	129	116	54		56	103	144
村卫生室							

注：资料来自卫生局。村卫生室卫生人员合计中包括了乡村医生及卫生员 1388 人。

13-24 律师工作情况

指 标	单 位	2014	2013
律师事务所	个	169	152
律师工作人员(注册)	人	1335	1167
专职律师	人	1245	1084
兼职律师	人	90	83
聘请常年法律顾问的单位	个	2430	1570
民事、经济诉讼代理	件	6539	5031
刑事辨护及代理	件	4849	2970
非诉讼法律事务	件	1967	3144

13-25 公证和调解工作情况

指 标	单 位	2014	2013
公证工作			
公证处	个	7	7
公证员(含公证员助理)	人	112	108
国内民事公证	件	36602	28331
国内经济公证	件	9644	8024
涉外公证	件	24872	20842
涉港澳台公证	件	261	359
调解工作			
专职司法助理员	人	106	105
人民调解委员会	个	1976	1934
调解人员	人	8419	10442
调解各类纠纷	件	35374	35516
防止民间纠纷引起自杀	人	22	14
防止民间纠纷转化为刑事案件	件	37	22

13-26 后备运动员及教练员项目分布情况

单位：人

项 目	运动员	教练员
合 计	**1071**	**80**
田径	208	17
自行车	57	7
击剑	17	2
举重	70	7
柔道	47	2
国际摔跤	79	4
跆拳道	38	2
拳击	19	2
武术套路	40	1
武术散打	30	1
射击	64	7
射箭	34	1
游泳	81	8
跳水	25	1
乒乓球	39	2
篮球	123	8
网球	26	1
体操	33	5
蹦床	41	2

13–27 等级裁判员项目分布情况

单位：人

项 目	一级以上裁判员合计	# 女性	1、国际级裁判员	2、国家级裁判员	3、一级裁判员	二级裁判员
合 计	**1256**	**392**	**28**	**141**	**1087**	**809**
田径	109	37	1	12	96	163
游泳	70	29		10	60	11
跳水	11	3	1	1	9	
自行车	54	14	1	16	37	2
举重	16	11	3	2	11	
射击	80	36	1	4	75	3
射箭	50	22		3	47	
国际摔跤	21	2	1	2	18	1
柔道	15	5	1	7	7	1
跆拳道	36	10	1	3	32	18
拳击	32	4			32	
体操	43	18	6		37	
蹦床	22	12	5		17	
武术套路	70	28	2	10	58	51
武术散打	15	1	1	1	13	
击剑	12	5		1	11	
足球	46	4		3	43	38
篮球	98	9		8	90	229
排球	29	7	1	6	22	56
沙滩排球	6	2	1	5		
乒乓球	66	32		10	56	122
网球	72	12	1	13	58	9
羽毛球	74	19		5	69	90
门球	24	13		2	22	
台球	3	1			3	
中国象棋	18	2		1	17	1
国际象棋	20	5		1	19	8
围棋	16	6		3	13	6
健美操	30	21		2	28	
体育舞蹈	13	5		2	11	
健美	10	4	1	1	8	
健身气功	8	4		1	7	
跳伞	1	1			1	
拔河	2	1		1	1	
毽球	12	4			12	
健身秧歌	2	2		1	1	
电子竞技	6			1	5	
信鸽	30				30	
航模	9			2	7	
定向	5	1		1	4	

13-28 等级运动员项目分布情况

单位：人

项 目	等级运动员合计	# 女性	1、一级运动员	2、二级运动员
合 计	**848**	**316**	**237**	**611**
田径	129	29	6	123
游泳	27	10	7	20
跳水	1		1	
自行车	13	6	8	5
举重	4	2	1	3
射击	29	13	17	12
射箭	10	4	3	7
国际摔跤	26	10	11	15
柔道	7	2	5	2
跆拳道	32	18	25	7
拳击	11	3	5	6
体操	2	2	2	
蹦床	1		1	
武术套路	24	9	5	19
武术散打	24	8	7	17
击剑	3	3	2	1
足球	60	10	5	55
篮球	130	50	34	96
排球	161	73	69	92
沙滩排球				
乒乓球	49	24	11	38
网球	37	18		37
羽毛球	11	5		11
手球	6	4		6
门球				
台球				
中国象棋	16	5	3	13
国际象棋	16	5	5	11
围棋	16	3	2	14
健美操				
体育舞蹈				
健美				
健身气功				
跳伞				
拔河				
毽球				
健身秧歌				
电子竞技				
信鸽				
航模	3		2	1
定向				
橄榄球				

13-29 体育彩票发行情况

年 份	全市体育彩票发行额(万元)	全省体育彩票发行额(万元)	全市体育彩票网点数(个)	全市体育彩票发行额在全省占比(%)
2005	8106	38877	354	20.9
2006	12269	55930	376	21.9
2007	12984	50780	392	25.6
2008	27276	92377	409	29.5
2009	22230	80709	470	27.5
2010	26391	82260	475	32.1
2011	35297	96358	520	36.0
2012	34073	101566	520	33.5
2013	50649	156171	530	32.4
2014	60256	189702	580	31.8

13-30 婚姻登记情况

指 标	结婚登记数(对)	初婚人数(人)	再婚人数(人)			离婚登记数(对)
				#女	恢复结婚(对)	
总 计	**38650**	**68779**	**8521**	**3920**	**746**	**7409**
市本级	18	20	16	7		3
小店区	8103	14565	1641	773	270	1249
迎泽区	5176	9254	1098	312	86	1133
杏花岭区	6315	10943	1687	778	31	1400
尖草坪区	2744	4671	817	392	107	726
万柏林区	5736	9966	1506	712	119	1237
晋源区	1841	3226	456	228	54	353
清徐县	2726	4996	456	261	47	342
阳曲县	1496	2737	255	166	32	227
娄烦县	1659	3081	237	103		332
古交市	2836	5320	352	188		407

13-31　社会救济、收养对象情况

单位：人、个、张

指　　标	城市居民最低生活保障人数	农村居民最低生活保障人数	农村集中五保供养人　数	农村分散五保供养人　数	收养类单位数	收养类单位床位数	收养类单位在院人　数
总　计	**38765**	**46853**	**3243**	**1087**	**49**	**6315**	**5098**
市本级					14	1715	1377
小店区	999	1260	116	146	1	200	166
迎泽区	2509	730	4	18	1	100	8
杏花岭区	9634	2158	30	36	3	272	202
尖草坪区	4495	3367	75	259	4	290	69
万柏林区	4628	5865	41	33	2	90	72
晋源区	1698	5922	82	151	1	117	82
清徐县	1796	4287	458	175	6	633	633
阳曲县	5164	7085	1084	142	11	1269	1084
娄烦县	3889	11047	997		5	1125	1049
古交市	3953	5132	356	127	1	504	356

13-32　优抚对象优待抚恤情况

单位：人、户

指　　标	抚恤、补助优抚对象人数	定期抚恤人　数	定期补助人　数	伤残人数	优待优抚对象户数	优抚对象享受医保人数
总　计	**10457**	**246**	**6988**	**3223**	**6273**	**6520**
小 店 区	1497	26	820	651	1498	408
迎 泽 区	1026	43	215	768	1026	603
杏花岭区	943	41	304	598		64
尖草坪区	782	18	530	234	782	654
万柏林区	667	24	247	396	239	120
晋 源 区	830	6	679	145		243
清 徐 县	2509	18	2346	145	274	2509
阳 曲 县	1043	24	919	100	1179	1043
娄 烦 县	620	34	511	75	735	620
古 交 市	540	12	417	111	540	256

第14篇

县(市、区)经济概况

Basic economic statistics of districts, counties and cities at county level

资料整理、审核

张妙莲

14–1 小店区国民经济主要指标

指 标	单 位	2014
一、基本情况		
行政区域面积	平方公里	295
乡个数	个	2
镇个数	个	1
街道办事处个数	个	6
二、人口		
常住户数	户	167034
常住人口	万人	82.47
户籍人口	万人	62.80
其中:农业户籍人口	万人	15.59
三、综合经济		
(一)地区生产总值	万元	5975892
第一产业增加值	万元	78901
农业	万元	56090
林业	万元	1768
牧业	万元	20891
渔业	万元	152
第二产业增加值	万元	3035330
其中:工业	万元	2217824
第三产业增加值	万元	2861661
其中:农林牧渔服务业	万元	2150
(二)财政、金融		
公共财政收入	万元	233782
各项税收	万元	199281
公共财政支出	万元	178215
其中：农林水事务支出	万元	17413
科学技术支出	万元	1319
医疗卫生支出	万元	18192
教育支出	万元	43389
四、农业		
(一)生产条件		
耕地面积	公顷	10513.5
设施农业占地面积	公顷	280.0
农业机械总动力	万千瓦特	19.05
化肥使用量(折纯量)	吨	3321
农药使用量	吨	60
地膜使用量	吨	60

14-1　续表 1

指　标	单　位	2014
有效灌溉面积	公顷	9990
机电井数	眼	378
机收面积	公顷	6800.0
(二)农作物播种面积	公顷	13372.6
粮食作物播种面积	公顷	8390.0
其中：小麦	公顷	88.0
玉米	公顷	8250.0
大豆	公顷	41.0
蔬菜播种面积	公顷	4971.3
(三)农产品产量		
粮食总产量	吨	72810
其中：小麦	吨	507
玉米	吨	72146
大豆	吨	61
园林水果产量	吨	1050
肉类总产量	吨	4500
其中：猪肉产量	吨	2150
年末生猪存栏	头	19800
年末牛存栏	头	7580
年末羊存栏	只	18000
禽蛋产量	吨	4800
奶类产量	吨	42000
蔬菜产量	吨	274117
水产品产量	吨	42
五、工业及建筑业		
规模以上工业企业单位数	个	47
规模以上工业总产值	万元	568579.8
规模以上工业企业从业人员年平均人数	人	8538
规模以上工业企业主营业务收入	万元	578728.8
建筑业企业单位数	个	254
六、交通		
公路里程	公里	339.9
七、贸易、外经、旅游		
社会消费品零售总额	万元	4183226.7
出口总额	万美元	22178.0
当年实际使用外资金额	万美元	12624.8
八、固定资产投资		
固定资产投资	万元	1908681

14-1 续表 2

指　标	单 位	2014
新增固定资产	万元	3081672
房地产开发投资	万元	844048
其中：住宅	万元	638975
住宅竣工面积		124.20
九、教育、科技、文化、卫生		
普通中学	所	41
小学数	所	67
普通中学专任教师数	人	3567
小学专任教师数	人	2640
普通中学在校学生数	人	42228
小学在校学生数	人	52908
全年专利授权数	件	651
公共图书馆图书总藏量	千册	88.31
剧场、影剧院个数	个	3
体育场馆个数	个	2
医疗卫生机构床位数	床	5782
医疗卫生机构技术人员	人	8563
其中：执业(助理)医师	人	3315
十、居民收入		
居民人均可支配收入		25409
城镇居民人均可支配收入	元	26200
农村居民人均纯收入	元	17097
十一、社会保障		
各种社会福利收养性单位数	个	1
各种社会福利收养性单位床位数	床	200
城镇基本养老保险参保人数	人	76194
城镇基本医疗保险参保人数	人	226926
失业保险参保人数	人	38674
新型农村合作医疗参保人数	人	152035
新型农村社会养老保险参保人数	人	78322
城镇居民最低生活保障人数	人	999
农村居民最低生活保障人数	人	1260
十二、资源与环境		
森林面积	公顷	1247
工业二氧化硫排放量	吨	1726
氮氧化物排放量	吨	1545
烟(粉)尘排放量	吨	1246
污水处理厂数	座	2
垃圾处理站数	个	12
城区空气质量优良以上天数	天	162

14-2 迎泽区国民经济主要指标

指 标	单 位	2014
一、基本情况		
行政区域面积	平方公里	117
镇个数	个	1
街道办事处个数	个	6
二、人口		
常住户数	户	152389
常住人口	万人	60.39
户籍人口	万人	52.73
其中：农业户籍人口	万人	1.99
三、综合经济		
(一)地区生产总值	万元	4986022
第一产业增加值	万元	4203
农业	万元	119
林业	万元	3638
牧业	万元	419
渔业	万元	27
第二产业增加值	万元	727177
其中：工业	万元	379062
第三产业增加值	万元	4254642
其中：农林牧渔服务业	万元	7
(二)财政、金融		
公共财政收入	万元	150414
各项税收	万元	140708
公共财政支出	万元	177465
其中：农林水事务支出	万元	8302
科学技术支出	万元	2154
医疗卫生支出	万元	13273
教育支出	万元	40722
四、农业		
(一)生产条件		
耕地面积	公顷	708.0
设施农业占地面积	公顷	2.0
农业机械总动力	万千瓦特	1.08
化肥使用量（折纯量）	吨	3
农药使用量	吨	1

14-2 续表 1

指　　标	单　位	2014
有效灌溉面积	公顷	110.0
(二)农作物播种面积	公顷	164.7
粮食作物播种面积	公顷	157.0
其中：玉米	公顷	78.0
大豆	公顷	6.0
油料播种面积	公顷	0.7
蔬菜播种面积	公顷	6.9
(三)农产品产量		
粮食总产量	吨	374
其中：玉米	吨	223
大豆	吨	6
油料产量	吨	1
园林水果产量	吨	60
肉类总产量	吨	453
其中：猪肉产量	吨	394
年末生猪存栏	头	3713
年末牛存栏	头	10
年末羊存栏	只	3502
禽蛋产量	吨	193
奶类产量	吨	34
蔬菜产量	吨	261
水产品产量	吨	50
五、工业及建筑业		
规模以上工业企业单位数	个	11
规模以上工业总产值	万元	639432
规模以上工业企业从业人员年平均人数	人	7176
规模以上工业企业主营业务收入	万元	646609
建筑业企业单位数	个	274
六、交通		
公路里程	公里	85.3

14-2　续表 2

指　　标	单　位	2014
七、贸易、外经、旅游		
社会消费品零售总额	万元	3589307.3
出口总额	万美元	26315.0
当年实际使用外资金额	万美元	32.2
八、固定资产投资		
固定资产投资	万元	1530465
新增固定资产	万元	969875
房地产开发投资	万元	881879
其中：住宅	万元	677543
住宅竣工面积	万平方米	75.19
九、教育、科技、文化、卫生		
普通中学	所	21
小学数	所	36
普通中学专任教师数	人	2338
小学专任教师数	人	2030
普通中学在校学生数	人	30594
小学在校学生数	人	32415
全年专利授权数	件	778
公共图书馆图书总藏量	千册	90
剧场、影剧院个数	个	8
体育场馆个数	个	1
医疗卫生机构床位数	床	9032
医疗卫生机构技术人员	人	12496
其中：执业(助理)医师	人	4708
十、居民收入		
居民人均可支配收入	元	25929
城镇居民人均可支配收入	元	26212
农村居民人均纯收入	元	16709
十一、社会保障		
各种社会福利收养性单位数	个	1
各种社会福利收养性单位床位数	床	100
城镇基本养老保险参保人数	人	58750
城镇基本医疗保险参保人数	人	141565
失业保险参保人数	人	15050
新型农村合作医疗参保人数	人	23513
新型农村社会养老保险参保人数	人	14616
城镇居民最低生活保障人数	人	2509
农村居民最低生活保障人数	人	730
十二、资源与环境		
森林面积	公顷	1760
工业二氧化硫排放量	吨	535
氮氧化物排放量	吨	1575
烟(粉)尘排放量	吨	183
垃圾处理站数	个	11
城区空气质量优良以上天数	天	162

14-3 杏花岭区国民经济主要指标

指标	单位	2014
一、基本情况		
行政区域面积	平方公里	170
乡个数	个	2
街道办事处个数	个	10
二、人口		
常住户数	户	176126
常住人口	万人	65.70
户籍人口	万人	59.94
其中：农业户籍人口	万人	3.38
三、综合经济		
(一)地区生产总值	万元	4295962
第一产业增加值	万元	6642
农业	万元	1766
林业	万元	3095
牧业	万元	1781
第二产业增加值	万元	831289
其中：工业	万元	121674
第三产业增加值	万元	3458031
(二)财政、金融		
公共财政收入	万元	157262
各项税收	万元	148975
公共财政支出	万元	172115
其中：农林水事务支出	万元	2553
科学技术支出	万元	1719
医疗卫生支出	万元	10861
教育支出	万元	49365
四、农业		
(一)生产条件		
耕地面积	公顷	950.5
设施农业占地面积	公顷	13.0
农业机械总动力	万千瓦特	1.54
化肥使用量(折纯量)	吨	36
农药使用量	吨	12
地膜使用量	吨	5

14–3 续表 1

指 标	单 位	2014
有效灌溉面积	公顷	100.0
机电井数	眼	2
(二)农作物播种面积	公顷	705.3
粮食作物播种面积	公顷	623.0
其中：玉米	公顷	316.0
大豆	公顷	182.0
油料播种面积	公顷	2.8
蔬菜播种面积	公顷	79.5
(三)农产品产量		
粮食总产量	吨	889
其中：玉米	吨	518
大豆	吨	159
油料产量	吨	2.9
园林水果产量	吨	1045
肉类总产量	吨	1741
其中：猪肉产量	吨	1533
年末生猪存栏	头	16802
年末牛存栏	头	58
年末羊存栏	只	8327
禽蛋产量	吨	411
奶类产量	吨	65
蔬菜产量	吨	2087
五、工业及建筑业		
规模以上工业企业单位数	个	35
规模以上工业总产值	万元	448126
规模以上工业企业从业人员年平均人数	人	15313
规模以上工业企业主营业务收入	万元	512874
建筑业企业单位数	个	175
六、交通		
公路里程	公里	134.5
七、贸易、外经、旅游		
社会消费品零售总额	万元	1679705.4
出口总额	万美元	38601.0
当年实际使用外资金额	万美元	81.0
八、固定资产投资		
固定资产投资	万元	1493174
新增固定资产	万元	766027

14–3 续表 2

指　标	单　位	2014
房地产开发投资	万元	1014151
其中：住宅	万元	785237
住宅竣工面积	万平方米	84.58
九、教育、科技、文化、卫生		
普通中学	所	41
小学数	所	52
普通中学专任教师数	人	3316
小学专任教师数	人	2444
普通中学在校学生数	人	40438
小学在校学生数	人	41290
全年专利授权数	件	148
剧场、影剧院个数	个	2
体育场馆个数	个	1
医疗卫生机构床位数	床	9130
医疗卫生机构技术人员	人	12105
其中：执业(助理)医师	人	4785
十、居民收入		
居民人均可支配收入		25862
城镇居民人均可支配收入	元	26312
农村居民人均纯收入	元	14644
十一、社会保障		
各种社会福利收养性单位数	个	3
各种社会福利收养性单位床位数	床	272
城镇基本养老保险参保人数	人	70627
城镇基本医疗保险参保人数	人	142164
失业保险参保人数	人	28527
新型农村合作医疗参保人数	人	29605
新型农村社会养老保险参保人数	人	20143
城镇居民最低生活保障人数	人	9634
农村居民最低生活保障人数	人	2158
十二、资源与环境		
森林面积	公顷	1687
工业二氧化硫排放量	吨	2823
氮氧化物排放量	吨	3709
烟(粉)尘排放量	吨	1723
垃圾处理站数	个	15
城区空气质量优良以上天数	天	162

14-4　尖草坪区国民经济主要指标

指　标	单　位	2014
一、基本情况		
行政区域面积	平方公里	285
乡个数	个	3
镇个数	个	2
街道办事处个数	个	9
二、人口		
常住户数	户	108753
常住人口	万人	42.61
户籍人口	万人	34.44
其中：农业户籍人口	万人	11.02
三、综合经济		
(一)地区生产总值	万元	2556328
第一产业增加值	万元	29362
农业	万元	18294
林业	万元	4520
牧业	万元	6447
渔业	万元	101
第二产业增加值	万元	1639840
其中：工业	万元	1446766
第三产业增加值	万元	887126
其中：农林牧渔服务业	万元	340
(二)财政、金融		
公共财政收入	万元	62998
各项税收	万元	69404
公共财政支出	万元	102520
其中：农林水事务支出	万元	7691
科学技术支出	万元	1053
医疗卫生支出	万元	11727
教育支出	万元	28155
四、农业		
(一)生产条件		
耕地面积	公顷	4842.8
设施农业占地面积	公顷	118.5
农业机械总动力	万千瓦特	4.17
化肥使用量(折纯量)	吨	1161
农药使用量	吨	110

14-4 续表 1

指 标	单 位	2014
地膜使用量	吨	150
有效灌溉面积	公顷	4370.0
机电井数	眼	184
机收面积	公顷	767.5
(二)农作物播种面积	公顷	5607.7
粮食作物播种面积	公顷	4534.0
其中：玉米	公顷	3635.0
大豆	公顷	306.0
油料播种面积	公顷	42.1
蔬菜播种面积	公顷	989.7
(三)农产品产量		
粮食总产量	吨	14973
其中：小麦	吨	
玉米	吨	13380
大豆	吨	455
油料产量	吨	49
园林水果产量	吨	19914
肉类总产量	吨	4674
其中：猪肉产量	吨	4119
年末生猪存栏	头	30087
年末牛存栏	头	4898
年末羊存栏	只	20197
禽蛋产量	吨	1950
奶类产量	吨	9938
蔬菜产量	吨	65241
水产品产量	吨	220
五、工业及建筑业		
规模以上工业企业单位数	个	56
规模以上工业总产值	万元	8439813
规模以上工业企业从业人员年平均人数	人	53768
规模以上工业企业主营业务收入	万元	14972248
建筑业企业单位数	个	73
六、交通		
公路里程	公里	198.3
七、贸易、外经、旅游		
社会消费品零售总额	万元	759491.8
出口总额	万美元	179411.0
八、固定资产投资		
固定资产投资	万元	1291150

14-4　续表 2

指　　标	单　位	2014
新增固定资产	万元	1462077
房地产开发投资	万元	141816
其中：住宅	万元	136555
九、教育、科技、文化、卫生		
普通中学	所	22
小学数	所	38
普通中学专任教师数	人	1622
小学专任教师数	人	1421
普通中学在校学生数	人	16200
小学在校学生数	人	22230
全年专利授权数	件	803
公共图书馆图书总藏量	千册	98
剧场、影剧院个数	个	1
体育场馆个数	个	2
医疗卫生机构床位数	床	2592
医疗卫生机构技术人员	人	3162
其中：执业(助理)医师	人	1411
十、居民收入		
居民人均可支配收入	元	25147
城镇居民人均可支配收入	元	26035
农村居民人均纯收入	元	11994
十一、社会保障		
各种社会福利收养性单位数	个	4
各种社会福利收养性单位床位数	床	290
城镇基本养老保险参保人数	人	59702
城镇基本医疗保险参保人数	人	103367
失业保险参保人数	人	22667
新型农村合作医疗参保人数	人	109827
新型农村社会养老保险参保人数	人	68058
城镇居民最低生活保障人数	人	4495
农村居民最低生活保障人数	人	3367
十二、资源与环境		
森林面积	公顷	4993
工业二氧化硫排放量	吨	33092
氮氧化物排放量	吨	35565
烟(粉)尘排放量	吨	7785
污水处理厂数	座	2
垃圾处理站数	个	13
城区空气质量优良以上天数	天	162

14-5 万柏林区国民经济主要指标

指　标	单 位	2014
一、基本情况		
行政区域面积	平方公里	305
乡个数	个	1
街道办事处个数	个	14
二、人口		
常住户数	户	157541
常住人口	万人	77.00
户籍人口	万人	56.89
其中：农业户籍人口	万人	4.46
三、综合经济		
(一)地区生产总值	万元	3311570
第一产业增加值	万元	7379
农业	万元	797
林业	万元	5551
牧业	万元	1018
渔业	万元	13
第二产业增加值	万元	1997269
其中：工业	万元	1153222
第三产业增加值	万元	1306922
其中：农林牧渔服务业	万元	700.0
(二)财政、金融		
公共财政收入	万元	120029
各项税收	万元	111736
公共财政支出	万元	151020
其中：农林水事务支出	万元	5637
科学技术支出	万元	1567
医疗卫生支出	万元	10948
教育支出	万元	48507
四、农业		
(一)生产条件		
耕地面积	公顷	1773.6
农业机械总动力	万千瓦特	4.10
化肥使用量(折纯量)	吨	64

14-5　续表 1

指　　标	单　位	2014
农药使用量	吨	2
地膜使用量	吨	2
有效灌溉面积	公顷	1350.0
机电井数	眼	44
机收面积	公顷	285.0
(二)农作物播种面积	公顷	568.5
粮食作物播种面积	公顷	492.0
其中：玉米	公顷	312.0
蔬菜播种面积	公顷	41.2
(三)农产品产量		
粮食总产量	吨	1632
其中：玉米	吨	1054
园林水果产量	吨	461
肉类总产量	吨	916
其中：猪肉产量	吨	856
年末生猪存栏	头	8534
年末牛存栏	头	121
年末羊存栏	只	300
禽蛋产量	吨	480
奶类产量	吨	320
蔬菜产量	吨	1374
水产品产量	吨	20
五、工业及建筑业		
规模以上工业企业单位数	个	24
规模以上工业总产值	万元	3828709
规模以上工业企业从业人员年平均人数	人	115558
规模以上工业企业主营业务收入	万元	6324886
建筑业企业单位数	个	152
六、交通		
公路里程	公里	195.0
七、贸易、外经、旅游		
社会消费品零售总额	万元	2131398.4
出口总额	万美元	13969.0
当年实际使用外资金额	万美元	25000.0
八、固定资产投资		
固定资产投资	万元	3124845
新增固定资产	万元	2334467
房地产开发投资	万元	986039

14-5 续表 2

指　标	单 位	2014
其中：住宅	万元	508998
住宅竣工面积	万平方米	175.44
九、教育、科技、文化、卫生		
普通中学	所	27
小学数	所	57
普通中学专任教师数	人	2462
小学专任教师数	人	2802
普通中学在校学生数	人	28381
小学在校学生数	人	44588
全年专利授权数	件	1073
公共图书馆图书总藏量	千册	31
剧场、影剧院个数	个	5
体育场馆个数	个	3
医疗卫生机构床位数	床	4765
医疗卫生机构技术人员	人	7847
其中：执业(助理)医师	人	3094
十、居民收入		
居民人均可支配收入	元	25602
城镇居民人均可支配收入	元	25820
农村居民人均纯收入	元	17358
十一、社会保障		
各种社会福利收养性单位数	个	2
各种社会福利收养性单位床位数	床	90
城镇基本养老保险参保人数	人	56852
城镇基本医疗保险参保人数	人	180306
失业保险参保人数	人	24362
新型农村合作医疗参保人数	人	81756
新型农村社会养老保险参保人数	人	39825
城镇居民最低生活保障人数	人	4628
农村居民最低生活保障人数	人	5865
十二、资源与环境		
森林面积	公顷	4620
工业二氧化硫排放量	吨	11054
氮氧化物排放量	吨	3644
烟(粉)尘排放量	吨	2022
污水处理厂数	座	1
垃圾处理站数	个	28
城区空气质量优良以上天数	天	162

14-6　晋源区国民经济主要指标

指　　标	单　位	2014
一、基本情况		
行政区域面积	平方公里	288
镇个数	个	3
街道办事处个数	个	3
二、人口		
常住户数	户	64235
常住人口	万人	22.73
户籍人口	万人	20.00
其中：农业户籍人口	万人	13.32
三、综合经济		
(一)地区生产总值	万元	481137
第一产业增加值	万元	37014
农业	万元	26445
林业	万元	2954
牧业	万元	7379
渔业	万元	236
第二产业增加值	万元	173910
其中：工业	万元	108213
第三产业增加值	万元	270213
其中：农林牧渔服务业	万元	510
(二)财政、金融		
公共财政收入	万元	69148
各项税收	万元	64244
公共财政支出	万元	95033
其中：农林水事务支出	万元	6764
科学技术支出	万元	1174
医疗卫生支出	万元	11159
教育支出	万元	21152
四、农业		
(一)生产条件		
耕地面积	公顷	4795.7
设施农业占地面积	公顷	258.2
农业机械总动力	万千瓦特	17.41
化肥使用量（折纯量）	吨	1147
农药使用量	吨	84
地膜使用量	吨	90
有效灌溉面积	公顷	4200.0

14-6 续表 1

指　标	单 位	2014
机电井数	眼	325
机收面积	公顷	760.0
(二)农作物播种面积	公顷	5328.9
粮食作物播种面积	公顷	3100.0
其中：稻谷	公顷	159.0
玉米	公顷	2830.0
大豆	公顷	16.0
蔬菜播种面积	公顷	2228.9
(三)农产品产量		
粮食总产量	吨	23100
其中：稻谷	吨	1038
玉米	吨	21514
大豆	吨	25
园林水果产量	吨	2752
肉类总产量	吨	3946
其中：猪肉产量	吨	2812
年末生猪存栏	头	32639
年末牛存栏	头	3301
年末羊存栏	只	17384
禽蛋产量	吨	4592
奶类产量	吨	11341
蔬菜产量	吨	160978
水产品产量	吨	316
五、工业及建筑业		
规模以上工业企业单位数	个	18
规模以上工业总产值	万元	305289
规模以上工业企业从业人员年平均人数	人	7624
规模以上工业企业主营业务收入	万元	721585
建筑业企业单位数	个	42
六、交通		
公路里程	公里	202.79
七、贸易、外经、旅游		
社会消费品零售总额	万元	262925.1
出口总额	万美元	1438.0
八、固定资产投资		
固定资产投资	万元	1353999

14-6　续表 2

指　标	单 位	2014
新增固定资产	万元	560280
房地产开发投资	万元	206880
其中：住宅	万元	174064
住宅竣工面积	万平方米	10.13
九、教育、科技、文化、卫生		
普通中学	所	12
小学数	所	29
普通中学专任教师数	人	1136
小学专任教师数	人	840
普通中学在校学生数	人	12831
小学在校学生数	人	14444
全年专利授权数	件	40
公共图书馆图书总藏量	千册	15
剧场、影剧院个数	个	1
体育场馆个数	个	1
医疗卫生机构床位数	床	1274
医疗卫生机构技术人员	人	1403
其中：执业(助理)医师	人	570
十、居民收入		
居民人均可支配收入	元	20701
城镇居民人均可支配收入	元	25772
农村居民人均纯收入	元	11591
十一、社会保障		
各种社会福利收养性单位数	个	1
各种社会福利收养性单位床位数	床	117
城镇基本养老保险参保人数	人	19151
城镇基本医疗保险参保人数	人	20334
失业保险参保人数	人	6878
新型农村合作医疗参保人数	人	121520
新型农村社会养老保险参保人数	人	77960
城镇居民最低生活保障人数	人	1698
农村居民最低生活保障人数	人	5922
十二、资源与环境		
森林面积	公顷	4840
工业二氧化硫排放量	吨	11280
氮氧化物排放量	吨	23105
烟(粉)尘排放量	吨	1710
污水处理厂数	座	1
垃圾处理站数	个	3
城区空气质量优良以上天数	天	162

14–7　清徐县国民经济主要指标

指　　标	单 位	2014
一、基本情况		
行政区域面积	平方公里	609
乡个数	个	5
镇个数	个	4
二、人口		
常住户数	户	121275
常住人口	万人	35
户籍人口	万人	32.83
其中：农业户籍人口	万人	26.01
三、综合经济		
(一)地区生产总值	万元	1130755
第一产业增加值	万元	142498
农业	万元	109100
林业	万元	2763
牧业	万元	29770
渔业	万元	865
第二产业增加值	万元	616309
其中：工业	万元	537437
第三产业增加值	万元	371948
其中：农林牧渔服务业	万元	3890
(二)财政、金融		
公共财政收入	万元	59008
各项税收	万元	48153
公共财政支出	万元	115972
其中：农林水事务支出	万元	20616
科学技术支出	万元	1136
医疗卫生支出	万元	19504
教育支出	万元	31127
年末金融机构各项存款余额	万元	1711500
其中：居民储蓄存款余额	万元	1228600
年末金融机构各项贷款余额	万元	1329400
四、农业		
(一)生产条件		
耕地面积	公顷	25571.4
设施农业占地面积	公顷	913.3
农业机械总动力	万千瓦特	37.25
化肥使用量（折纯量）	吨	13049
农药使用量	吨	472
地膜使用量	吨	638
有效灌溉面积	公顷	24870.0
机电井数	眼	1388
机收面积	公顷	14427.0

14-7　续表 1

指　　标	单　位	2014
(二)农作物播种面积	公顷	30456.4
粮食作物播种面积	公顷	20488.0
其中：小麦	公顷	61.0
玉米	公顷	19488.0
大豆	公顷	209.0
油料播种面积	公顷	30.1
花生	公顷	13.5
棉花播种面积	公顷	13.2
蔬菜播种面积	公顷	9611.6
(三)农产品产量		
粮食总产量	吨	129407
其中：小麦	吨	370
玉米	吨	124410
大豆	吨	357
油料产量	吨	51
花生	吨	21
棉花产量	吨	22
园林水果产量	吨	45239
肉类总产量	吨	23050
其中：猪肉产量	吨	17350
年末生猪存栏	头	138987
年末牛存栏	头	9769
年末羊存栏	只	94362
禽蛋产量	吨	6500
奶类产量	吨	16633
蔬菜产量	吨	634435
水产品产量	吨	1349
五、工业及建筑业		
规模以上工业企业单位数	个	58
规模以上工业总产值	万元	1702882
规模以上工业企业从业人员年平均人数	人	17786
规模以上工业企业主营业务收入	万元	1755751
建筑业企业单位数	个	19
六、交通、通讯与能源		
公路里程	公里	529.46
民用汽车拥有量	辆	42000
年末公交车路数	路	26
年末实有公共汽(电)车营运车辆数	辆	66
年末实有出租汽车数	辆	100
固定电话用户	户	35400
移动电话用户	户	295100
互联网宽带接入用户	户	45800
全社会用电量	万千瓦时	68731.55
其中：居民生活用电量	万千瓦时	14291.31

14-7 续表 2

指 标	单 位	2014
七、贸易、外经、旅游		
社会消费品零售总额	万元	457799.2
出口总额	万美元	1821.0
当年实际使用外资金额	万美元	3200.0
八、固定资产投资		
固定资产投资	万元	730611
新增固定资产	万元	145074
房地产开发投资	万元	40357
其中：住宅	万元	30844
住宅竣工面积	万平方米	4.92
九、教育、科技、文化、卫生		
普通中学	所	20
小学数	所	78
普通中学专任教师数	人	1671
小学专任教师数	人	1629
普通中学在校学生数	人	19666
小学在校学生数	人	21234
全年专利授权数	件	22
公共图书馆图书总藏量	千册	102
剧场、影剧院个数	个	1
体育场馆个数	个	1
医疗卫生机构床位数	床	691
医疗卫生机构技术人员	人	651
其中：执业(助理)医师	人	320
十、居民收入		
居民人均可支配收入	元	16735
城镇居民人均可支配收入	元	24886
农村居民人均纯收入	元	14529
十一、社会保障		
各种社会福利收养性单位数	个	6
各种社会福利收养性单位床位数	床	633
城镇基本养老保险参保人数	人	33370
城镇基本医疗保险参保人数	人	38104
失业保险参保人数	人	14275
新型农村合作医疗参保人数	人	249694
新型农村社会养老保险参保人数	人	165872
城镇居民最低生活保障人数	人	1796
农村居民最低生活保障人数	人	4287
十二、资源与环境		
森林面积	公顷	5993
工业二氧化硫排放量	吨	7100
氮氧化物排放量	吨	3626
烟(粉)尘排放量	吨	4227
污水处理厂数	座	1
城区空气质量优良以上天数	天	187

14-8 阳曲县国民经济主要指标

指 标	单 位	2014
一、基本情况		
行政区域面积	平方公里	2059
乡个数	个	6
镇个数	个	4
二、人口与就业		
常住户数	户	60979
常住人口	万人	12.19
户籍人口	万人	15.22
其中：农业户籍人口	万人	11.81
三、综合经济		
(一)地区生产总值	万元	373684
第一产业增加值	万元	49849
农业	万元	29414
林业	万元	4380
牧业	万元	16030
渔业	万元	25
第二产业增加值	万元	235295
其中：工业	万元	225729
第三产业增加值	万元	88540
其中：农林牧渔服务业	万元	1260
(二)财政、金融		
公共财政收入	万元	39695
各项税收	万元	25908
公共财政支出	万元	87925
其中：农林水事务支出	万元	12051
科学技术支出	万元	839
医疗卫生支出	万元	10333
教育支出	万元	15172
年末金融机构各项存款余额	万元	525329
其中：居民储蓄存款余额	万元	398919
年末金融机构各项贷款余额	万元	193249
四、农业		
(一)生产条件		
耕地面积	公顷	28103.0
设施农业占地面积	公顷	359.0
农业机械总动力	万千瓦特	20.94
化肥使用量（折纯量）	吨	8515
农药使用量	吨	96
地膜使用量	吨	1254
有效灌溉面积	公顷	1400.0
机电井数	眼	301

14-8 续表 1

指 标	单 位	2014
机收面积	公顷	13550.0
(二)农作物播种面积	公顷	25053.8
粮食作物播种面积	公顷	20741.0
其中：玉米	公顷	14840.0
大豆	公顷	872.0
油料播种面积	公顷	531.8
花生	公顷	0.7
蔬菜播种面积	公顷	2940.9
(三)农产品产量		
粮食总产量	吨	68509
其中：玉米	吨	56133
大豆	吨	1409
油料产量	吨	709
花生	吨	0.9
园林水果产量	吨	3764
肉类总产量	吨	7563
其中：猪肉产量	吨	4922
年末生猪存栏	头	40176
年末牛存栏	头	6988
年末羊存栏	只	198319
禽蛋产量	吨	6220
奶类产量	吨	19150.3
蔬菜产量	吨	93835
水产品产量	吨	40
五、工业及建筑业		
规模以上工业企业单位数	个	20
规模以上工业总产值	万元	745656
规模以上工业企业从业人员年平均人数	人	4330
规模以上工业企业主营业务收入	万元	593185
建筑业企业单位数	个	6
六、交通、通讯与能源		
公路里程	公里	741.86
民用汽车拥有量	辆	6567
年末公交车路数	路	31
年末实有公共汽(电)车营运车辆数	辆	62
年末实有出租汽车数	辆	60
固定电话用户	户	12348
移动电话用户	户	107673
互联网宽带接入用户	户	13670
全社会用电量	万千瓦时	50082.42
其中：居民生活用电量	万千瓦时	4019.17
七、贸易、外经、旅游		
社会消费品零售总额	万元	104841.1

14-8　续表 2

指　　标	单　位	2014
出口总额	万美元	8.0
八、固定资产投资		
固定资产投资	万元	457242
新增固定资产	万元	65496
房地产开发投资	万元	76874
其中：住宅	万元	64232
住宅竣工面积	万平方米	1.24
九、教育、科技、文化、卫生		
普通中学	所	13
小学数	所	20
普通中学专任教师数	人	628
小学专任教师数	人	597
普通中学在校学生数	人	7768
小学在校学生数	人	6863
全年专利授权数	件	22
公共图书馆图书总藏量	千册	52
剧场、影剧院个数	个	1
体育场馆个数	个	1
医疗卫生机构床位数	床	1054
医疗卫生机构技术人员	人	666
其中：执业(助理)医师	人	227
十、居民收入		
居民人均可支配收入	元	10099
城镇居民人均可支配收入	元	18786
农村居民人均纯收入	元	6512
十一、社会保障		
各种社会福利收养性单位数	个	11
各种社会福利收养性单位床位数	床	1269
城镇基本养老保险参保人数	人	17579
城镇基本医疗保险参保人数	人	21111
失业保险参保人数	人	5979
新型农村合作医疗参保人数	人	109610
新型农村社会养老保险参保人数	人	69362
城镇居民最低生活保障人数	人	5164
农村居民最低生活保障人数	人	7085
十二、资源与环境		
森林面积	公顷	38820
工业二氧化硫排放量	吨	2603
氮氧化物排放量	吨	5591
烟(粉)尘排放量	吨	3452
污水处理厂数	座	1
城区空气质量优良以上天数	天	251

14–9 娄烦县国民经济主要指标

指　标	单 位	2014
一、基本情况		
行政区域面积	平方公里	1276
乡个数	个	5
镇个数	个	3
二、人口与就业		
常住户数	户	49704
常住人口	万人	10.79
户籍人口	万人	12.61
其中：农业户籍人口	万人	9.81
三、综合经济		
(一)地区生产总值	万元	161049
第一产业增加值	万元	19306
农业	万元	11029
林业	万元	3656
牧业	万元	4384
渔业	万元	237
第二产业增加值	万元	60008
其中：工业	万元	58877
第三产业增加值	万元	81735
其中：农林牧渔服务业	万元	770
(二)财政、金融		
公共财政收入	万元	38571
各项税收	万元	26169
公共财政支出	万元	130123
其中：农林水事务支出	万元	17463
科学技术支出	万元	728
医疗卫生支出	万元	10174
教育支出	万元	10613
年末金融机构各项存款余额	万元	422900
其中：居民储蓄存款余额	万元	255400
年末金融机构各项贷款余额	万元	125300
四、农业		
(一)生产条件		
耕地面积	公顷	18844.3
设施农业占地面积	公顷	24.6
农业机械总动力	万千瓦特	10.86
化肥使用量(折纯量)	吨	968
农药使用量	吨	10

14-9　续表 1

指　　标	单　位	2014
地膜使用量	吨	81
有效灌溉面积	公顷	1370.0
机电井数	眼	37
机收面积	公顷	2600.0
(二)农作物播种面积	公顷	11557.8
粮食作物播种面积	公顷	10076.0
其中：玉米	公顷	1694.0
大豆	公顷	1466.0
油料播种面积	公顷	1152.0
蔬菜播种面积	公顷	263.4
(三)农产品产量		
粮食总产量	吨	15997
其中：玉米	吨	3455
大豆	吨	2169
油料产量	吨	1432
园林水果产量	吨	905
肉类总产量	吨	2304
其中：猪肉产量	吨	1131
年末生猪存栏	头	11000
年末牛存栏	头	3563
年末羊存栏	只	64793
禽蛋产量	吨	415
蔬菜产量	吨	9615
水产品产量	吨	462
五、工业及建筑业		
规模以上工业企业单位数	个	15
规模以上工业总产值	万元	224524
规模以上工业企业从业人员年平均人数	人	1620
规模以上工业企业主营业务收入	万元	99481
建筑业企业单位数	个	1
六、交通、通讯与能源		
公路里程	公里	420.94
民用汽车拥有量	辆	5518
年末公交车路数	路	5
年末实有公共汽(电)车营运车辆数	辆	35
年末实有出租汽车数	辆	30
固定电话用户	户	12794
移动电话用户	户	79431
互联网宽带接入用户	户	14276

14–9　续表 2

指　　标	单　位	2014
全社会用电量	万千瓦时	18468.92
其中：居民生活用电量	万千瓦时	3237.00
七、贸易、外经、旅游		
社会消费品零售总额	万元	39825.3
八、固定资产投资		
固定资产投资	万元	194905
新增固定资产	万元	111546
房地产开发投资	万元	64246
其中：住宅	万元	50425
住宅竣工面积	万平方米	8.75
九、教育、科技、文化、卫生		
普通中学	所	10
小学数	所	16
普通中学专任教师数	人	523
小学专任教师数	人	754
普通中学在校学生数	人	6384
小学在校学生数	人	7655
公共图书馆图书总藏量	千册	50
医疗卫生机构床位数	床	290
医疗卫生机构技术人员	人	320
其中：执业(助理)医师	人	147
十、居民收入		
居民人均可支配收入	元	9023
城镇居民人均可支配收入	元	16295
农村居民人均纯收入	元	5082
十一、社会保障		
各种社会福利收养性单位数	个	5
各种社会福利收养性单位床位数	床	1125
城镇基本养老保险参保人数	人	10786
城镇基本医疗保险参保人数	人	14170
失业保险参保人数	人	5402
新型农村合作医疗参保人数	人	105584
新型农村社会养老保险参保人数	人	48709
城镇居民最低生活保障人数	人	3889
农村居民最低生活保障人数	人	11047
十二、资源与环境		
森林面积	公顷	19980
工业二氧化硫排放量	吨	1465
氮氧化物排放量	吨	281
烟(粉)尘排放量	吨	3239
污水处理厂数	座	1
城区空气质量优良以上天数	天	295

14-10　古交市国民经济主要指标

指　　标	单　位	2014
一、基本情况		
行政区域面积	平方公里	1584
乡个数	个	7
镇个数	个	3
街道办事处个数	个	4
二、人口		
常住户数	户	80921
常住人口	万人	21.06
户籍人口	万人	22.25
其中：农业户籍人口	万人	7.65
三、综合经济		
(一)地区生产总值	万元	235972
第一产业增加值	万元	18920
农业	万元	8992
林业	万元	4741
牧业	万元	5148
渔业	万元	39
第二产业增加值	万元	75051
其中：工业	万元	52961
第三产业增加值	万元	142001
其中：农林牧渔服务业	万元	1910.0
(二)财政、金融		
公共财政收入	万元	58588
各项税收	万元	36180
公共财政支出	万元	118255
其中：农林水事务支出	万元	8711
科学技术支出	万元	153
医疗卫生支出	万元	10976
教育支出	万元	27878
年末金融机构各项存款余额	万元	149708
其中：居民储蓄存款余额	万元	1168701
年末金融机构各项贷款余额	万元	458749
四、农业		
(一)生产条件		
耕地面积	公顷	20089.9
设施农业占地面积	公顷	72.0
农业机械总动力	万千瓦特	21.50
化肥使用量（折纯量）	吨	773
农药使用量	吨	31
地膜使用量	吨	133

14-10 续表 1

指 标	单 位	2014
有效灌溉面积	公顷	780.0
机电井数	眼	149
机收面积	公顷	3184.0
(二)农作物播种面积	公顷	9128.7
粮食作物播种面积	公顷	7521.0
玉米	公顷	1470.0
大豆	公顷	1338.0
油料播种面积	公顷	743.8
蔬菜播种面积	公顷	544.6
(三)农产品产量		
粮食总产量	吨	11290
玉米	吨	2789
大豆	吨	1789
油料产量	吨	842
园林水果产量	吨	636
肉类总产量	吨	4319
其中：猪肉产量	吨	2540
年末生猪存栏	头	22215
年末牛存栏	头	2350
年末羊存栏	只	71733
禽蛋产量	吨	3450
奶类产量	吨	150
蔬菜产量	吨	39833
水产品产量	吨	70
五、工业及建筑业		
规模以上工业企业单位数	个	17
规模以上工业总产值	万元	135401
规模以上工业企业从业人员年平均人数	人	4563
规模以上工业企业主营业务收入	万元	166081
建筑业企业单位数	个	10
六、交通、通讯与能源		
公路里程	公里	725.28
民用汽车拥有量	辆	9312
年末公交车路数	路	21
年末实有公共汽(电)车营运车辆数	辆	164
年末实有出租汽车数	辆	237
固定电话用户	户	38945
移动电话用户	户	19158
互联网宽带接入用户	户	37425
全社会用电量	万千瓦时	27502.82
其中：居民生活用电量	万千瓦时	5359.17

14-10　续表 2

指　标	单 位	2014
七、贸易、外经、旅游		
社会消费品零售总额	万元	408540.8
出口总额	万美元	2.0
八、固定资产投资		
固定资产投资	万元	512806
新增固定资产	万元	513959
房地产开发投资	万元	95425
其中：住宅	万元	70784
住宅竣工面积	万平方米	12.12
九、教育、科技、文化、卫生		
普通中学	所	21
小学数	所	30
普通中学专任教师数	人	1214
小学专任教师数	人	1534
普通中学在校学生数	人	13430
小学在校学生数	人	17655
全年专利授权数	件	1
公共图书馆图书总藏量	千册	46
剧场、影剧院个数	个	1
体育场馆个数	个	1
医疗卫生机构床位数	床	1412
医疗卫生机构技术人员	人	1840
其中：执业(助理)医师	人	729
十、居民收入		
居民人均可支配收入		20883
城镇居民人均可支配收入	元	24093
农村居民人均纯收入	元	12233
十一、社会保障		
各种社会福利收养性单位数	个	1
各种社会福利收养性单位床位数	床	504
城镇基本养老保险参保人数	人	44586
城镇基本医疗保险参保人数	人	65577
失业保险参保人数	人	37277
新型农村合作医疗参保人数	人	73072
新型农村社会养老保险参保人数	人	39504
城镇居民最低生活保障人数	人	3953
农村居民最低生活保障人数	人	5132
十二、资源与环境		
森林面积	公顷	27167
工业二氧化硫排放量	吨	17201
氮氧化物排放量	吨	17378
烟(粉)尘排放量	吨	11416
污水处理厂数	座	4
城区空气质量优良以上天数	天	285

中国统计出版社最新图书简目

（仅供参考，以最后出书为准）

统计资料

中国统计年鉴　中国统计摘要　中国发展报告
中国经济普查年鉴 2013　国际统计年鉴　金砖国家联合统计手册
中国-东盟国家统计手册　中国区域经济统计年鉴　中国县域统计年鉴
中国城市统计年鉴　中国农村统计年鉴　中国地区经济监测报告
中国贸易外经统计年鉴　中国对外直接投资统计公报　中国商品交易市场统计年鉴
大中型批发零售和住宿餐饮企业统计年鉴　中国零售和餐饮连锁企业统计年鉴　中国住户调查年鉴
中国价格统计年鉴　中国农产品价格调查年鉴　全国农产品成本收益资料汇编
中国环境统计年鉴　中国能源统计年鉴　国外资源、能源和环境统计资料汇编
中国工业统计年鉴　中国建筑业统计年鉴　中国房地产统计年鉴
中国城市建设统计年鉴　中国城乡建设统计年鉴　中国第三产业统计年鉴
中国证券期货统计年鉴　中国科技统计年鉴　中国高技术产业统计年鉴
工业企业科技活动资料　中国劳动统计年鉴　中国人口和就业统计年鉴
中国人才资源统计报告　中国社会统计年鉴　中国文化及相关产业统计年鉴
文化及相关产业统计概览　中国教育经费统计年鉴　中国民政统计年鉴
中国民族统计年鉴　中国工会统计年鉴　中国残疾人事业统计年鉴
中国妇女儿童状况统计资料（英）　中国乡镇街道行政区域简册

省级综合统计年鉴系列

北京　天津　河北　山西　内蒙古　辽宁　吉林　黑龙江　上海　江苏　浙江　安徽　福建　江西　山东　河南　湖北　湖南
广东　广西　海南　重庆　四川　贵州　云南　西藏　陕西　甘肃　青海　宁夏　新疆　新疆生产建设兵团

市（县）级综合统计年鉴系列

天津滨海新区　石家庄　唐山　邯郸　保定　沧州　邢台　廊坊　承德　衡水　秦皇岛　张家口　太原　大同　阳泉　长治　晋城
朔州　晋中　运城　忻州　临汾　呼和浩特　呼和浩特新城区　鄂尔多斯　包头　沈阳　大连　长春　四平　哈尔滨　齐齐哈尔
黑龙江垦区　上海浦东新区　南京　无锡　徐州　常州　苏州　南通　连云港　淮安　盐城　扬州　镇江　泰州　宿迁　江阴
丹阳　杭州　宁波　温州　嘉兴　绍兴　金华　衢州　舟山　台州　丽水　合肥　安庆　马鞍山　福州　厦门　宁德　南昌　九江
上饶　新余　抚州　济南　青岛　枣庄　滕州　郑州　洛阳　平顶山　三门峡　南阳　商丘　济源　武汉　十堰　荆州　宜昌　荆门
咸宁　长沙　广州　深圳　惠州　东莞　南宁　柳州　桂林　来宾　海口　三亚　成都　贵阳　昆明　西安　兰州　庆阳　银川
乌鲁木齐　兵团一师　兵团十师

调查年鉴系列

天津　山西　内蒙古　辽宁　吉林　上海福建　河南　湖北　湖南　广西　重庆四川　云南　甘肃　宁夏　新疆

“十二五”规划教材

统计学（经济管理类专业本科适用，单薇　等）　抽样调查理论与方法（冯士雍　等）
贝叶斯统计（茆诗松　等）　统计学（黄良文　等）　试验设计（茆诗松　等）
统计学：从数据到结论（吴喜之）　医学统计学（于浩）　统计学（经济、管理类专业基础教材，张小斐）
概率论与数理统计三十三讲（魏振军）　概率论与数理统计三十三：学习指导与习题解答（魏振军）
非参数统计（吴喜之　等）　统计学：经济与管理中的数据分析（李慧云　等）
卫生管理统计学（新编医学院校基础课教材，尚磊）　医院统计学（新编医学院校基础课教材，徐天和　等）
社会统计学（蒋萍　等）　现代金融投资统计分析（李腊生　等）
国民经济核算初级教程（经济类、统计类、管理类专业适用，蒋萍　等）

重点图书

图解中国经济　2015 新编英汉汉英统计大词典　中华医学统计百科全书
挑大学选专业 2016—考研择校指南　挑大学选专业 2015—高考志愿填报指南

中国统计出版社发行部电话：(010)63376907,63376908　同櫸行书店电话：68783171,68783172
通讯地址：北京市丰台区西三环南路甲 6 号　邮政编码：100073
网址：http://www.zgtjcbs.com